KB052914

현장 사례로 보는
기록관리

현장 사례로 보는
기록관리

한국기록관리학회 엮음

한울
아카데미

차례

발간사

한국기록관리학회가 2024년에 출간하는 기록관리 사례집은 2018년부터 현재까지 기록관리학회지에 출판된 공공기관 및 시민단체의 혁신적인 기록관리 사례를 모은 것입니다. 2007년 공공기록물법 개정 이후, 국내의 기록관리는 눈부신 발전을 이루었습니다. 그동안 한국기록관리학회는 기록관리 이론과 방법론에 관한 학문적 논의를 담아내기 위해 꾸준히 노력해왔고, 기록관리학회지를 출판함으로써 이를 실천해 왔습니다.

이 사례들은 2018년부터 2023년까지 매호 2편씩 한국기록관리학회지에 수록된 기록관리 우수 사례들입니다. 기록관리학회 편집위원회는 그동안 출판되었던 사례들을 저자들과 함께 꼼꼼히 살펴보고, 2024년 사례 기관에서 이루어진 개선사항을 반영했습니다. 현장에서 이루어진 최신의 사례들을 구체적으로 소개함으로써 기록관리 이론과 실제, 학계와 현장을 연계할 뿐 아니라 한국 사회의 기록관리가 실제 어떠한 방식으로 운영되고 있는지를 보여주고자 했습니다.

이 책은 크게 세 부분으로 이루어져 있습니다. 첫째, 지역적 이슈를 근간으로 기록을 모으고 아카이브를 구축하는 로컬리티 아카이빙 사례들, 둘째 민간영역에서 자발적으로 이루어진 기록관리 사례들, 그리고 마지막으로 공공영역의 기록관리 분야에서 혁신적 성과를 소개하는 사례들로 구성되어 있습니다. 여기에는 법무부나 한국국토정보공사, 경남기록원, 증평군과 서울신용보증재단 같은 공적 기관의 기록관리 혁신 사례뿐 아니라 느티나무 도서관, 경기도 대표 도서관, 전쟁과여성인권박물관, 우리소리박물관, 김대중도서관, 공주대학교 등의 다양한 문화기관에서 진행되고 있는 아카이빙 사업들도 소개되어 있습니다. 그뿐 아니라 1997년 외환위기 아카이브나 코로나19 디지털 아카이브, 성북마을아카이브 및 김포 북변동 아카이브 등 시민 영역에서 자발적으로 설립·구축되는 아카이브 사례들도 실렸으며, 항공우주연구소와 부산대학교, 공주대학교 등 교육기관에서 시도된 사업들도 포함되어 있습니다. 이 사례집에는 다양한 공공기관의 혁신 사례와 더불어 실제 현장의 민간 아카이브 사례도 실려 있기에 기록관리 현장의 새로운 움직임을 알고자 하는 독자들의 기대감을 만족시킬 수 있을 것으로 보입니다.

기록관리 영역의 현장 사례를 소개하고자 하는 시도는 한국기록관리학회가 단지 이론적 논의에 멈추지 않고 끊임없이 현장에서 이를 적용하고 발전시키고자 노력하고 있음을 보여주는 좋은 예시라고 생각합니다. 이를 통해 기록관리학회지 독자들과 현장 전문가에게는 최신의 사례를 직접적으로 접할 수 있는 기회를, 그리고 기록관리를 배우는 학생들에게는 대학 교육과 실제 경험 간의 접점을 제공할 수 있을 것입니다.

이 사례집의 출판을 위해 애써주신 한국기록관리 학회 회장 정경희 교수님, 부회장 김지현 교수님, 총무이사 박진호 교수님께 감사를 드립니다. 무엇보다 책의 출판을 위해 시간과 노력을 아끼지 않은 이경남 부편집위원장

님, 이유경 편집간사와 이지수 교수님을 비롯한 한국기록관리학회 편집이
사님들께 감사의 인사를 드립니다.

한국기록관리학회 편집위원장

윤은하

1부 공공기관 및 대학 기록관리 사례

1

기록관 중심의 라키비움 설립과 운영

LX 한국국토정보공사 사례

강구민

이 글은 2021년 3월 개관한 LX 한국국토정보공사 라키비움의 설립과 운영 사례를 소개한다. 한국국토정보공사가 기록관 중심의 라키비움을 건립·운영하기 위해 거쳐왔던 과정을 기술했다. 정부산하 공공기관에서 드물게 시도되고 있는 기록관 중심의 라키비움 구축이라는 목적을 달성하기 위해 겪은 경험을 공유하여 향후 더 많은 기록관들이 새롭고 다양한 시도를 할 수 있는 사례로 활용하고자 한다.

LX 한국국토정보공사[1](이하 LX)는 1977년 설립된 대한지적공사를 전신으로 하는 국토정보와 공간정보 관리기관이다. 2015년 LX 한국국토정보공사로 사명을 변경하고 지적정보 생산관리와 함께 국토정보의 조사와 관리 등 다양한 공간정보사업을 담당하고 있다. LX는 사명 변경과 함께 사업 범위를 확대하여 기존 지적측량사업 외 공간정보체계 구축 지원과 관련 연구, 표준화, 기술개발, 교육사업, 국제교류와 해외사업 등을 추진하고 있다. 이를 위해 행정기관 곳곳에 산재해 있는 국토공간정보를 수집해 체계적으로 관리하고 서비스하기 위한 '국가공간정보 통합 포털' 사업을 시작했다. 이를 통해 국토실태조사, 국토공간정보 체계구축서비스, 공간 빅데이터 분석 등 국토정보 관련 업무, 공간정보 기반의 무인비행장치, 로봇, 자율주행자동차, 사물인터넷, 3D프린터 등 신기술 활용 업무를 확대해 나가고자 한다.

이에 LX 기록관은 기관의 중요 중점관리 기록인 지적측량결과도의 충실한 보존과 공간정보 전자기록의 통합관리를 효율적으로 수행하기 위해 새로운 기록정보센터 구축을 진행하고 있다. LX 이사회는 충청남도 공주시에 대지면적 14만m²(42,350PY), 857억 원 예산을 투입하여 국토정보교육원을 건립하고 여기에 도서관과 박물관, 기록관을 포함하는 라키비움(LARCHI-VEUM)을 설립·운영하기로 결정했으며, 2020년 12월 공식 준공과 함께 기록관리 분야의 필수 업무를 수행하고 있다. 또한 전국 공공기관 기록관에 다양한 벤치마킹 활동을 지원하며 기록관리 우수 기관으로의 역할을 수행하고 있다.

---

1 LX 한국국토정보공사 홈페이지(http://www.lx.or.kr/) 참조.

1. LX 기록관리 주요 수행내용

LX의 기록관리는 2013년 11월 여의도에서 전북혁신도시로 본사를 이전하면서 본격적으로 시작되었다. LX는 본사, 13개 지역본부, 부설기관(교육원, 연구원), 167개의 지사로 구성되어 있으며 2022년 기준 현원 5,400명으로 직원 숫자 대비 많은 수의 지역본부와 지사를 운영하고 있는 것이 특징이다.

전국의 지사에서 개별적으로 중요 기록인 지적측량결과도를 각각 보관하고 있으며, 상이한 보존환경과 관리체계로 말미암아 효율적인 기록물관리에 어려움이 있었다. 이에 LX 기록관에서는 기록관리 분야의 중장기 계획을 수립하여 공사 미래성장 전략에 포함시키고 기록관리 기본계획을 수립하여 세부 기록관리 지표를 수행했다. 그리고 2년여의 기간 동안 전국 지사에 보관 중이던 약 30만 권의 비전자기록물 실물 이관을 2023년 3월에 완료했다. 이는 대한민국 기록관리에 유례가 없는 전국 단위 비전자기록물 실물 이관이며, 이러한 이관 업무를 통해 국민의 재산권이 수록된 측량기록의 체계적 관리와 후대 전승을 위한 기반을 마련했다.

2. LX 라키비움²의 설립

1) 국토정보교육원 이전 사업

LX 국토정보교육원은 소방방재교육연구단지 및 정부통합전산센터 건립과 함께 추진되는 사업으로 현재 용인시에 소재한 국토정보교육원을 공주시 사곡면 소재 교육연구단지로 확대·이전하는 것이 주된 내용이다. 이전 사업을 통해 기존 교육시설의 노후 및 협소, 연구시설의 독립적인 공간 부재에 따른 업무효율성 향상과 공간정보 교육 수요를 해결하고자 했는데, 2016년 하반기에는 당초 설립 예정이었던 도서관과 박물관에 추가로 기록관까지 별도의 건물로 신축하여 라키비움 형태로 운영하기 위한 건축 계획도 함께 추진되었다.

LX 라키비움은 실질적으로 정부산하 공공기관에서 최초로 시도되는 기록관 중심의 라키비움 신축 설립이라고 할 수 있기 때문에 벤치마킹이 가능한 사례가 거의 없다. 2018년에 개원한 경남기록원과 한국원자력연구원에서 운영하고 있는 원자력 라키비움의 경험을 참조했지만, 이 역시 기록관 중심의 라키비움이 아니라 순수 기록관 기능과 도서관을 주축으로 설립·운영된 사례로 LX의 목적과는 상이한 점이 있었다

---

2   라키비움은 도서관(Library), 기록관(Archives), 박물관(Museum)의 다양한 매체 정보물을 한꺼번에 집약적으로 수집하고 서비스하는 조직을 지칭한다.

2) LX 기록관 건립계획 수립

LX 이사회는 전자정보화 시대 현대화된 전문서고 구축의 필요성과 단순한 기록물 보존 위주에서 기록물 지식 자원화로 기록관리의 패러다임이 변화하고 있음을 배경으로 지사에서 보관하고 있는 지적측량결과도의 실물이관을 위한 공간이 필수적이라는 데 동의했다. 그리하여 'LX 기록관 건립계획'을 수립하고 건축 예산 79억 원의 규모로 이사회 의결을 통과했다. 기본 방향은 국토정보교육원 신축 시 LX 기록관 설계를 포함하여 추진하고 기록관 건축 예산은 별도로 수립하여 적극적인 대국민 기록정보서비스 제공을 통한 국민 알 권리 보장의 핵심 시설로 건립하는 것이었다. 현대적이고 미래지향적인 전문서고로 건립하여 주요 시설인 도서관, 박물관과의 협력·연계를 통한 라키비움 모델의 구현을 최종 목표로 설정했다.

그림 1-1 **국토정보교육원 내 LX 라키비움 조감도**

3) LX 기록관리시스템 개발

먼저 LX는 LX 라키비움을 운영하는 데 통합관리시스템이 필요하다고 판단했고「정부산하 공공기관 등의 기록관리를 위한 시스템 기능요건」표준을 준용한 LX 기록관리시스템을 개발했다. 간행물(도서) 등록과 대출, 행정박물의 등록·관리 기능과 시청각기록까지 관리할 수 있도록 2017년 기록관리시스템을 개발 완료했다. 여기에 2014년부터 수행했던 기록물 전산화 DB 구축사업의 결과물을 업로드하고 LX에서 보유하고 있던 사진과 필름, 영상기록들도 디지털 변환 후 등록했으며, 2018년 12월에는 기록관리시스템의 스토리지 용량도 15테라로 증설하여 추후 LX 라키비움에서 전자기록의 운영관리를 위한 사전준비를 마쳤다.

4) LX 기록관

이전의 LX 기록관은 본사 1층 200m²의 공간에 문서고와 열람실로 구성되어 있으며, 약 1만 3천 권의 비전자기록물을 보존·관리하고 있다. 현재 LX의 전체 비전자기록물 보유량은 대략 35만 권으로 추산되어 전문적인 별도의 기록관이 필요했다. 그리하여 LX 기록관은 지하 1층(국토정보박물관)부터 지상 3층까지 연건평 약 3,300m²(1,000PY) 규모로 현재 충청남도 공주시에 건축 완료했으며, 2019년 10월부터 모빌랙·항온항습기·탈산·소독·스캔·복원장비를 설치하여 기록관을 시험 운영했고 2021년 3월 개관에 맞추어 기록체험전시관을 오픈하여 대국민서비스를 제공했다. 2023년 LX 라키비움을 개관하여 2년 6개월 정도 본격 운영했으며, 보존서고, 스캐닝실, 탈산소독실, 수리복원, 이관 등 기록의 생애주기를 충실히 관리하고 있다.

그림 1-2 LX 기록관 전체 단면도

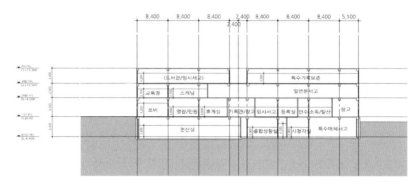

그림 1-3 LX 기록관(라키비움)

5) LX 도서관

한국국토정보공사 도서관은 1998년 지적 전문도서관으로 개관했으며, 단행본 2만 권과 연구논문 4천 권을 보유하고 있다. 국내 유일의 국토정보 전문도서관으로서 국토정보 분야와 관련된 각종 자료를 체계적이고 합리적으로 수집·정리·보존·관리하여 도서관 홈페이지를 통해 전국 어느 곳에서나 목록, 초록은 물론 원문 정보 등 다양한 정보를 편리하게 제공받을 수 있도록 운영하고 있다. 이전 사업으로 시설이 현대화되고 북카페가 신설되어 국민에게 양질의 도서 정보서비스를 제공하고 있다. LX 도서관은 기존에 근무하던 사서직 직원을 통해 국토정보교육원 교육동 2층에 도서관 서가 배치와 함께 각종 장비의 설치를 완료하여 도서관 서비스를 제공하고 있다.

6) LX 박물관

기존에는 LX에서 별도로 운영하는 박물관은 없었으며, 용인 시절 국토정보교육원에 약 270m² 정도의 수장고 형태의 사료실에 행정박물을 보관하고 있었다. LX 라키비움 지하 1층에 박물관이 포함된 것은 제대로 된 지적박물관을 개관하기 위해 많은 지적인들이 노력한 결과이며, 2021년 국토정보박물관 공식 개관 후 지역본부와 지사의 행정박물을 조사하고 수집하여 상설전시하고 있으며, 앞으로도 국민의 재산권과 밀접한 관계를 가진 지적의 역사에 대해 제대로 전달드릴 예정이다.

3. LX 라키비움의 개관과 운영

1) LX 기록관 준공

2020년 12월 기록관의 지상 1층에 위치한 기록체험전시관 설치를 마지막으로 3년에 걸친 건축 공사를 마무리하고 각종 시설과 장비의 시범 운용을 거쳐 2021년 3월부터 본격적으로 운영을 개시했다. 당초 본사에 배치된 기록물관리 전문요원 2명 중 1명을 국토정보교육원 소속으로 변경하여 LX 공주기록관 개관과 운영 업무를 전담하게 했으나 2021년 창궐한 코로나로 인해 결국 한 번의 연기 끝에 공식 개관식 없이 운영에 들어갔으며, 2022년부터는 국토정보교육원 소속 기록물관리 전문요원을 다시 본사 소속으로 인사 발령 후 기록관 업무는 본사 경영지원실에서 총괄하고 있다.

2) 기록관 시설 및 장비

기록의 생애주기를 완벽하게 관리하기 위한 목적으로 만들어진 LX 기록관은 기록물의 보존과 이관, 폐기를 위해 가장 효율적인 동선과 구조로 설계되었다. 먼저 지상 2층과 3층에 약 1,980m² 규모의 보존서고를 구성하고 전동수동 겸용 모빌랙을 설치했으며 건축설계 단계부터 결로현상을 방지하고 항온과 항습의 효율성을 위해 창문을 없앴다. 이와 함께 패키지 형태의 항온항습기 10대를 설치했으며, 1층에 위치한 할로겐 가스가 충전된 소화가스실과 연결된 배관을 보존서고 천정으로 배치하여 화재에 대비했다. 지상 1층 하역장은 5톤 트럭까지 출입이 가능하도록 공간을 구성했고 가변식 리프트를 사용하여 이관 작업 시 편의성을 높였으며, 임시서고 2곳과 연

그림 1-4 **LX 기록관 시설 및 장비**

결하여 이관 상자를 옮길 수 있도록 물류센터에서 활용하는 롤러와 이동형 리프트를 비치했다. 탈산소독실에서는 저산소 살충챔버와 탈산 장비, 수리 복원 장비를 설치하여 비전자기록물의 완벽한 보존을 위해 가동하고 있으며, 특히 저산소 살충챔버는 안전사고를 방지하기 위해 챔버 내부를 확인할 수 있는 투명창과 함께 내부에서도 출입구를 개방할 수 있는 기능을 추가했다. 자동상자제작실도 별도로 운영하고 있고 국내 최초로 무인으로 작동하는 자동상자제작기를 도입하여 다양한 사이즈의 중성보존상자를 직접 제작한다. 특히 LX에서 도입한 자동상자제작기는 국내에서 생산한 제품으로 유지관리와 보수에 편의성을 가지고 있으며, 다양한 기술지원도 받을 수 있는 것이 장점이다. 지상 2층에 별도의 스캐닝실을 구성하여 매년 약 10만 면의 비전자기록물을 전자화하고 있으며 오버헤드 북스캐너, 도면스캐너, 고속스캐너, 필름스캐너, 행정박물 촬영장비, 비디오변환기, 플로터 등을 설치하여 기록물의 이중 보존과 후대 전승에 노력하고 있다.

3) LX 기록관 운영

정부산하 공공기관에서 LX 기록관 정도 규모의 기록관 운영 사례가 없었기 때문에 개관 이후 2023년 현재까지도 다양한 방식의 운용을 시도하고 있다. 개관 당시에는 기록물관리 전문요원을 본사기록관에 1명, 공주기록관에 1명 배치하고 1년 정도 운영해 보았으나 업무 범위가 모호해서 2022년 다시 본사에서 총괄하는 방식으로 전환했으며, 지금은 공주기록관에 근무지 발령 형식으로 기록물관리 전문요원 1명이 상주하고 있다. 추후에는 기록물관리 팀이나 부서가 만들어져야 한다는 데 내부 직원들도 공감하고 있으며, 본사기록관을 제1기록관으로 하여 총괄기획 업무를, 공주기록관을 제2기록관으로 하여 비전자기록물 중심 업무를, 그리고 세종시에 건설 예정인 LX 정보센터의 일부 시설을 제3기록관으로 지정하여 전자기록 업무를 전담하게 한다면 LX의 모든 기록정보를 완벽히 관리하고 기록관리 체계를 구축하는 방식으로 운영해나가는 것이 가장 적절해 보인다. 기록관 운영에 가장 큰 성과는 개관 후 2년 6개월 동안 전국 169개 지사에서 분산 보관하고 있던 지적측량결과도 9만 권을 공주기록관으로 실물 이관 완료한 것으로 일반 비전자기록물까지 더해 약 30만 권의 기록물 이관을 마무리했다는 점이다. 대한민국 기록사에 유례가 없었던 전국 단위 대규모 비전자기록물 실물 이관이었으며 국민의 소중한 토지재산권이 수록된 지적측량결과도의 기록관 이관 완료는 국민의 실생활과 공공 행정의 연속성 부분에 많은 기여를 할 것이다.

4) 기록관리 교육과 대국민서비스

정부산하 공공기관 최초로 기록관 중심의 라키비움을 건립하면서 고민했었던 기록관의 확장성과 관련하여 LX 기록관은 기록관리 실무교육과 대국민 기록문화 확산으로 방향성을 잡고 업무를 추진했다.

먼저 기록학 과정을 운영하고 있는 대학원들과 산학협력을 맺고 석·박사과정 학생들을 대상으로 기록관리 실무교육 과정을 개설했다. 2박 3일 동안 LX 기록관에서 현장 실무에 관련된 여러 가지 교육 커리큘럼을 이수하고 실제 공공의 영역에서 기록관리를 했을 때 맞닥뜨리는 상황들에 대한 사례와 대응방안을 공유하고 자료를 배포했다. 200명까지 숙식이 가능하고 전산강의실과 분임토의실 등 여러 교육시설을 운영하고 있는 국토정보

그림 1-5 **기록관리 교육과 기록체험전시관**

교육원과 협력하여 기존에 존재하지 않던 형태의 확장성이 가미된 기록관 모델을 구축했다. 그리고 교육의 대상을 계속 늘려나가 현재는 기록관리에 관심 있는 국민들을 대상으로 1년에 6회 기록관리 교육을 진행하며, 공공기관 임직원 대상 기록관리 교육 과정도 상시 운영하여 2023년 기준 약 3천 명 이상의 기록관리 체험 교육도 수행했다. 또한 교육부 꿈길 과정도 함께 운영하여 국민을 대상으로 진로체험 교육도 지원하고 있으며, LX 기록체험 전시관을 통해 대한민국과 LX의 기록관리 발전상과 미래 비전에 대한 콘텐츠도 국민에게 서비스하고 있다.

4. 기록관리 대·내외 활동 참여

이러한 LX의 취지와 LX 라키비움의 설립을 대·내외에 알리고자 LX 기록관리 담당부서는 2016 ICA 세계기록총회에 "공간정보 기록으로 국토에 가치를 더하다"라는 주제로 체험관을 운영했고, 국내외 기록전문가와 해외 외교사절단에게 대한민국 기록관리의 우수성과 LX의 기술력을 세계에 알렸다. 이러한 공로를 인정받아 LX 창사 이래 최초로 대통령 기관표창을 수여받았다. 이를 계기로 5천여 명의 LX 직원들이 기록관리에 많은 관심을 가지게 되었고, LX 라키비움 설립에도 실질적인 지원을 받을 수 있었다. 또한 2018년 중국 푸저우에서 열린 EASTICA 국제회의에 정부산하 공공기관으로는 최초로 참여하여 전 세계 기록전문가들과 교류하기도 했다. 이에 더해, 2019년 호주에서 열린 ICA 국제회의에도 국토교통부 산하 4개 공공기관이 함께 참여했고 2022년 로마에서 열린 ICA 국제회의에도 참여하여 LX 기록관리의 우수성을 알렸다. 또한 2018년 발족한 국토교통부 산하 기록관리협의회 회장사의 위치에서 국토교통부 산하기관의 체계적 기록관리에 힘을 보태고 있다. 2018년 12월 12일, 국가기록원에서 이소연 국가기록원장과 LX 최창학 사장 참석하에 2013년 체결된 국가기록원과 LX와의 MOU 세부사항에 대한 후속 조치를 상호 협의했고 그 결과로 2023년 국가기록원 기록관리 교육 경력자 과정에 공식 견학기관으로 선정되어 전국의 기록전문가들에게 기록관 건립에 관한 생생한 경험을 공유하고 있다. 이는 국가 기록관리의 발전에 두 기관이 함께 기여할 수 있는 방안에 대한 논의의 결과이며, 앞으로도 두 기관은 LX 라키비움의 공동 활용방안과 교육과 관련한 협력을 지속적으로 진행할 예정이다. 그리고 대전·충청권역에 위치한 국가기록원(대전), 대통령기록관(세종), LX 라키비움(공주)이 국가기록관리에 중요한 역할을 해야 한다는 공감대를 형성했다. 그뿐만 아니라 2023년 국가기록원에서 추진하고 있는 국가기록관리 체계 고도화 작업에 LX 기록물관리 전문요원이 함께 참여하여 정부산하 공공기관의 목소리를 전달하고 있다.

5. 나아가며

「공공기록물 관리에 관한 법률」 제3조(정의)에 명시된 기록물의 정의와 범위를 살펴보면 공공기관이 업무와 관련하여 생산하거나 접수한 문서·도서·대장·카드·도면·시청각물·전자문서 등 모든 형태의 기록정보 자료와 행정박물(行政博物)이라고 정의했다. 도서관에서 관리하는 도서와 박물관에서 수집·관리하는 행정박물 또한 기록의 범위에 포함되어 있다. 그러나 법령에 명시된 다양한 형태의 기록물을 모두 관리하고 보존하는 것은 현실적으로 매우 힘든 일이다. 게다가 정부산하 공공기관은 각 기관마다 유형과 특성이 다양해서 표준화된 지침으로 관리하기 어렵다. 때문에 각 공공기관의 기록관에서는 해당 기관 기록물의 특성을 파악하여 기록관리의 방향성을 잡아가는 것이 무엇보다 중요하다. LX는 공공기록물법에 명시된 기록물의 정의를 근거로 기록관을 중심으로 도서관과 박물관의 기능을 추가한 라키비움을 LX의 기록관리를 위한 최적의 모델로 판단했다.

LX는 2013년 기록물관리 전문요원을 채용하여 현재까지 LX 기록물의 특성에 대한 분석을 거쳤으며, 17대 김영표 사장 때부터 본격적으로 기록관리를 시작하여 현재 20대 김정렬 사장에 이르기까지 최고 관리자들의 기록에 대한 관심과 지지, 지원 속에서 공공분야 기록관리 모범기관으로의 역할을 충실하게 수행하고자 노력하고 있다. LX 라키비움 설립을 진행하면서 예상치 못했던 여러 번의 시행착오를 겪었지만 다양한 기록공동체와의 정보 교류를 통해 문제점을 해결했다. 그 과정에서 1인 기록관의 한계를 체감하고 빠른 시일 내에 팀 단위의 기록관리 부서를 만들 수 있도록 준비하고 있으며, 2020년 기록물관리 전문요원을 1명 증원했다. 그리고 앞으로 기록관리 연찬회, 기록인 대회, 아키비스트 캠프, 국제기록세미나, 기록학대학원 실습, 기록관리 교육 위탁센터 운영 등 기록관리 분야의 다양한 활동을 추진하고자 한다.

2

변화를 위한 도전, 법무부 기록관의 건립

임진수

이 글은 2015년부터 현재까지 법무부에서 추진한 기록관 건립과 관련된 제반사항에 대한 추진 경과 및 남은 과제를 소개한다. 기록관을 건립하기 위해서는 내부적 합의 도출, 관계기관과의 협의, 기록관 조직 구성 및 운영체계 확립 등 내·외부의 다각적인 분야에서 상호 유기적인 협의와 검토 및 반영 과정이 장기적이면서도 반복적으로 이루어지는데, 이 글에서는 각 분야별 추진사항과 결과를 중심으로 요약·정리했다. 새로운 변화와 발전을 도모하고자 하는 법무부의 기록관 건립 사례가 향후 기록관 건립을 모색하는 기관들에게 유용하고도 유익한 사례가 되기를 기원한다.

1. 변화가 요구되는 기록관

기록관은 '무엇을 하는 기관인가?'라는 질문에 보통은 처리과와 영구기록물관리기관 사이에 위치하면서, 소관기록물 관리에 관한 중간관리자 내지 중개자와 같은 역할과 기능을 수행하는 기관이라고 답할 수 있다. 이와 같은 질문에 우리가 일관되고도 유사하게 답할 수 있는 이유는 공공기록물법[1]에 정의된 기록관의 역할과 기능에 대해 인지하고 있기 때문일 것이다.

하지만 '그것으로 충분한가?'라는 질문을 던진다면 마치 커다란 나무 한 그루가 사방으로 나뭇가지를 뻗어내듯이 기록관이 속해 있는 기관의 업무 특성과 기록관을 운영하는 전문 인력들의 성향 및 지향점, 소관기록물의 특수성 등 여러 가지 요소들이 복합적으로 작용하여 질문에 대한 답은 매우 다양하게 나뉠 것이다.

그러나 현재 공공기록물법에서 정의하는 기록관의 역할 및 기능은 다소 수동적이면서 국한적인 특성을 띠고 있어 기록관이 주체적으로 업무 범위를 확장한다거나, 기관 및 소관기록물의 특수성을 반영하여 운영 방식 및 체계를 기관 맞춤형으로 변화시키는 것은 공공기록물법에 정의된 기록관의 역할과 업무 범위를 벗어나기에 이상적이고 발전적인 답을 한 경우 그것을 실현하기까지는 많은 어려움이 뒤따를 것이다.

필자가 재직하고 있는 법무부는 기록물관리와 관련된 내·외부적인 문제점들을 근본적으로 개선하기 위해 2015년부터 '법무부 기록관' 건립을 추진했으며, 9년이 경과된 2024년 1월 준공하여 개관을 준비하고 있는 상황이

---

[1] 「공공기록물 관리에 관한 법률」 제13조(기록관)에서는 기록관의 설치 범위 및 수행 업무 등을 규정하고 있다. 이하 공공기록물법이라 칭한다.

다. 법무부는 기록관 건립을 계기로 운영 조직을 비롯하여 기록관의 기능 및 업무 범위를 확장·개발하고, 소관기록물 특성에 부합하는 관리체계를 재정립하기 위해 많은 노력을 기울이고 있다. 이에 이 글에서는 법무부 기록관 건립 사례를 소개하고자 하며 현재의 틀에 만족하지 않고, 보다 발전적이고 기관 특성에 부합하는 기록관의 운영 및 건립을 추구하고자 하는 이들에게 '할 수 있다'는 작은 희망의 메시지를 전하고자 한다.

2. 기록관 내·외부 환경 분석과 대책 마련

기관 내에서 기록관 건립과 같은 대규모 사업을 추진하는 일은 기록관 운영을 담당하는 전문 인력의 의지와 발전적인 생각만으로는 결코 관철될 수 없다. 즉, 기관 내부적으로도 기록관 건립에 대한 필요성과 타당성, 적정성 등이 사전에 충분히 논의 및 검토되어야 하고, 이를 뒷받침하는 자료 또한 명확히 제시되어야 기록관 건립에 대한 내부적인 합의를 도출해낼 수 있다.

법무부가 별도의 기록관 건립을 추진하게 된 배경에는 '보존공간 부족, 국가기록원의 이관보류 및 자체보관 지정 조치, 분산 보관에 따른 위험요소 증가, 비정상적인 기록관 운영' 등 여러 가지 산재된 문제점들이 있었다.

법무부는 본부[2]와 소속기관[3]에서 매년 보존기간 30년 이상인 장기보존 대상의 비전자(종이)기록물이 약 42만 권[4] 생산되는데, 매년 대량의 기록물

---

2   본부는 2실, 3국, 2본부, 9관·단, 42개 처리과로 구성되어 있다.
3   소속기관으로는 법무연수원(1), 보호관찰기관(66), 소년보호기관(31), 교정기관(58), 출입국기관(46), 북한인권기록보존소(1) 등 총 203개가 있다.

그림 2-1 포화 상태에 이른 법무부 산하 소속기관의 기록물 보존서고

이 반복적으로 생산되는 반면, 기록관의 보존 인프라[5]는 매우 미비한 상황과 추가 확보의 한계로 인해 공공기록물법에 따른 이관 업무를 적절히 수행할 수 없었다. 즉, 생산된 대부분의 기록물은 그림 2-1과 같이 기록관이 아닌 생산기관에서 장기간 보관할 수밖에 없었고, 기록관은 국가기록원으로 이관한 수량 정도만 선별적으로 이관 받아 보관하는 형태로 운영할 수밖에 없었다.

그러던 중 국가기록원의 이관 보류(2015.3)로 이관업무 이행 불가 및 보존서고 포화 등의 문제점에 직면했고, 기록물 보존관리 대책 마련이 시급한 과제로 부각되었다.

이에 법무부는 기록관이 처해 있는 내·외부 환경을 분석하기 위해 소속기관의 기록물 보유 현황에 대한 전수 조사와 더불어 보존서고 현황 및 실

---

4   본부(약 1만 권), 보호관찰기관(약 6만 권), 소년보호기관(약 1만 권), 교정기관(약 10만 권), 출입국기관(약 24만 권).

5   법무부는 정부과천청사(1동)에 입주해 있으며, 기록관 건립 이전까지는 총 4개 서고(합 1,137㎡, 약 344평)를 과천청사(1)와 서울구치소(2), 여주교도소(1)에 분산 운영하는 실정이었다(합동청사 특성상 공간확보 곤란).

태에 대한 대대적인 점검을 실시하는 등 다각적인 방법으로 보존 현황 및 관리 실태를 분석했다.

그리고 보존공간 추가 확보를 위한 외주 보관용역 검토와 M/F 촬영을 통한 원본 폐기, 보존기간 하향 조정 등 대책 마련을 위한 다양한 방법들을 검토하던 끝에 최선이자 최후의 대책이라 할 수 있는 '기록관 건립'에 대한 합의를 이끌어냈고, 2015년 5월 '법무부 기록관 설립에 관한 기본계획'을 수립함으로써 변화를 위한 도전의 첫발을 내딛었다.

3. 기록관 건립을 위한 관계기관 협의

물론 기관 내부적으로 기록관 건립 계획을 수립했다 할지라도 건립에 필요한 부지, 예산, 인력 등 여러 제반사항을 자체적으로 조달하기란 현실적으로 불가능하기에 청사 면적, 부지, 예산, 조직을 관장하는 행정안전부, 기획재정부 등 관계기관들과 협의를 진행해야 하고, 각각의 필요 요건들이 상호 유기적으로 적정한 시기에 반영되어야만 기록관 건립을 가시화할 수 있다.

예컨대 신축 청사의 면적은 용도 및 운영 인력, 사무 및 기타 시설 등을 종합적으로 고려하여 기관 내부에서 우선 산정하고, 이에 대한 적정성 및 필요성 등을 행정안전부에서 검토하여 청사수급계획[6] 반영 여부를 결정하

---

6   정부청사관리규정 제4조에 따라 청사를 취득하고자 하는 행정기관의 장은 매년 2월 말까지 다음 연도의 청사수급관리계획안을 작성하여 행정안전부 장관에게 제출해야 하고, 행정안전부 장관은 그 타당성 및 적정성을 검토하여 다음 연도의 종합적인 청사수급관리계획을 수립해야 한다.

는데, 이러한 협의 및 검토 과정을 진행하기 위해서는 사전에 신축 부지가 확보된 상태이거나, 국가의 비축부동산[7]으로서 사용예약 상태여야 한다.

비단 이러한 요건들의 상호 작용은 청사수급 및 부지에 한정되는 것이 아니라 기록관 건립을 위한 공사비 및 보존처리에 필요한 장비 도입 예산

표 2-1 **법무부 기록관 건립 관련 추진 내용 및 협의 결과**

추진 내용		
구분	추진 경과	소요 기간 (2024년 1월 기준)
신축부지	기획재정부 비축부동산 사용 신청(2016.3)➡사용예약(2017.1)➡사용승인(2018.6)➡관리전환(2018.7)	28개월
청사수급	기록관 신축 청사수급 요청(2016.1)➡반영(2017.3)	14개월
신축예산 (공사비)	신축예산 요청(2016.2)➡기본설계비 반영(2017.12)➡실시설계비 반영(2018.12)➡공사비(1~4년차) 반영(2019.12~2022.12)	82개월
운영예산 (자산취득비 등)	운영예산 요청(2021.2)➡BPR/ISP사업비 반영(2021.12)➡시스템 구축 및 보존장비 도입 등 예산 요청(2022.1)➡운영예산 반영(2022.12)	30개월(연차 소요로 계속 요구 필요)
조직 및 인력	기록관 운영인력 증원 요청(2016.3)➡5명 증원(2022.12)	81개월

협의 결과		
구분	세부 내용	비고 (2024년 1월 기준)
신축부지	경기도 수원시 원천동 567번지(7,048m², 약 2,132평)	확정
청사수급	기록관 연면적(18,031m², 약 5,454평)	확정
신축예산 및 사업기간	총 사업비 약 464억 원/ 2018~2023년	확정
운영예산	시스템 구축(32억 원), 보존장비 도입(40억 원), 운영비 등(7억 원)	매년 단위로 변동
조직 및 인력	운영지원과 소속 '기록관 운영팀' 5명 증원	추가협의 예정

---

7   국유재산법 제10조 제1항에 따라 확보한 재원. 비축필요성을 고려하여 취득한 국유재산으로서 장래 행정목적으로 활용될 토지와 건물을 말한다.

확보, 기록관 운영에 필요한 조직 구성 및 인력 확보 시에도 동일하게 작용함에 따라 건립을 추진하는 기관에서는 이를 위한 기초 자료(필요성, 타당성, 시급성, 적정성 등)와 증빙 자료를 충실히 준비하여 적극적으로 관계기관들과 협의를 진행해야 한다.

이에 법무부는 내부적인 대책을 도출한 2015년 5월부터 각 분야별로 관계기관들과 기록관 건립을 위한 협의를 진행했고, 다년간에 걸쳐 표 2-1과 같은 협의 결과를 이루어낼 수 있었으며, 이러한 과정들을 통해 현재 기록관 건립을 현실화할 수 있었다.

4. 기록관 시설 인프라 구축

앞서 언급한 법무부 기록관 건립 관련 추진 내용 및 협의 결과와 같이 기록관 시설 인프라 구축은 신축 예산이 반영된 시점인 2017년 12월 이후부터 진행할 수 있었고, 공공 건축을 위한 사전 검토를 시작으로 발주계획 수립, 공고, 현장 설명, 공모 심사과정을 거쳐 「법무부 기록관 신축 설계용역사업」에 대한 계약을 2018년 12월 체결함으로써 본격적인 인프라 구축에 돌입했다.

기록관 시설의 인프라 구축은 표 2-2와 같이 대지면적, 건축면적, 연면적, 건폐율 등 건축에 필요한 사항 및 기록관의 보존설비, 업무처리 과정, 운영인력을 종합적으로 고려하여 설계를 진행하고, 그에 따라 배치도, 입면도, 공사 방법 및 기간, 총 공사비를 확정 짓는데 이런 기본설계 및 실시설계는 실질적인 기록관의 내·외부 모습을 형상화하는 매우 중요한 단계라고 할 수 있다.

표 2-2 **법무부 기록관 시설 및 면적 개요**

시설 개요		
구분	내용	비고
지역지구	지구단위계획, 도시지역	
대지면적	7,048m^2(2,132평)	
건축면적	4,089m^2(1,069평)	
연면적	18,031m^2(5,439평)/ 지상(16,595m^2), 지하(1,436m^2)	
건폐율	58.02%	법정: 60% 이하
용적률	233.79%	법정: 400% 이하

면적 개요		
업무시설	1,459m^2(441평)	사무공간
교육연구시설	16,572m^2(5,013평)	서고공간, 기록물처리공간, 관리 및 보조 공간

특히 각 실별 배치도의 경우는 기본설계 단계에서 확정[8]됨에 따라 기록물이 기록관으로 유입 및 서고에 배치되기까지의 과정과 기록관에서 이루어지는 업무 프로세스(등록, 분류, DB화, 탈산·소독 등)를 감안하여 기록물처리 영역과 관리 영역, 보존 영역에 대한 배치를 실용적이고 조화롭게 이루어내야 한다. 이에 법무부는 대통령기록관, 국가기록원 나라기록관 및 대전기록관, 국가형사사법기록관 등 국내 기록물관리기관들과 프랑스의 Nievre's Departmental Archives, 독일의 Leiska Archive, 네덜란드의 City Archive Delft 등 해외 기록물관리기관의 건축물 구조와 규모, 서고 및 보존처리공간, 사무공간 등의 배치도를 비교·분석했고, 법무부 기록관이 실질적으로 보관해야 하는 기록물의 유형 및 수량 등을 종합적으로 고려하여

---

8   부득이한 상황으로 실시설계나 공사 단계에서도 배치에 대한 설계 변경이 가능하나 이 경우에는 재차 관계기관과 협의를 거쳐 승인을 받아야 하기에 사업 진행에 여러 가지 차질을 빚게 된다.

그림 2-2 설계용역 사업 당선작 조감도 및 기록물처리·사무 영역 배치도

지상2층 평면 (민원인 영역, 기록물처리 영역)

지상3층 평면 (사무영역)

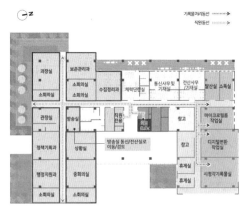

그림 2-3 **법무부 기록관 신축공사 진행 과정 및 준공 사진**

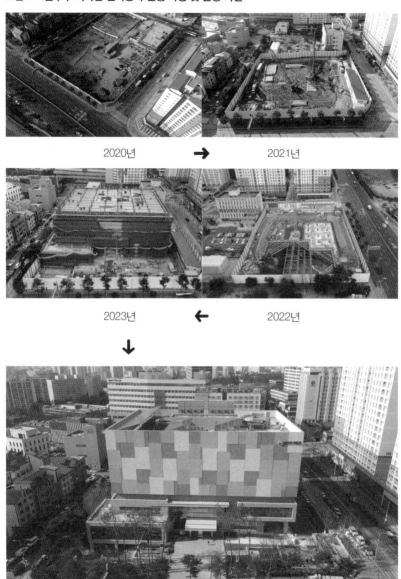

2020년 → 2021년

2023년 ← 2022년

↓

2024년

기본설계 작업을 진행했다.

　기본설계가 종료되면 산출되는 기본설계도에 입각하여 구조, 전기, 방재, 기계, 건축, 토목, 조경 등 각 부문별로 실시계획 도면을 작성하고, 재료마감표, 입단면 및 부분 상세도 등 기본설계 결과를 심화하는 단계인 실시설계를 진행하는데 이러한 기본·실시설계 과정은 20개월(2018.12~2020.8)에 걸쳐 진행되었고, 최종 설계안을 토대로 2020년 12월 착공하여 2024년 1월 준공, 현재 개관을 준비하고 있는 상황이다.

5. 기록관 기능 및 조직

　기록관을 운영하기 위해서는 기록관에 주어진 역할과 기능에 따라 조직을 구성하거나 그에 부합되는 전문 인력을 배치하여 각 기능별 다양한 업무를 체계적으로 수행해야 한다.

　이에 법무부는 기록관 건립 및 보존장소 변경 등 변화되는 내·외부 환경을 반영하여 기록관 운영 조직을 구성하기 위해서 「법무부 기록관 조직 구성 및 운영방안」에 관한 과제를 정책연구과제로 선정하고, 2019년 5월부터 9월까지 연구용역사업[9]을 수행했으며, 연구용역 결과물을 토대로 2020년 법무부 중기인력운영계획에 반영하고 이를 관철시키기 위해 행정안전부와 협의를 진행했다.

　하지만 행정안전부와 협의하는 과정에서 도출된 여러 가지 문제점으로 인해 추가 보완 및 후속 조치가 이루어졌고, 그로써 기록관 직제 및 정원에

9　한국국가기록연구원에서 연구과제 수행.

관한 협의가 장기간에 걸쳐 진행되어 지난 2022년 12월 기록관 운영을 위한 인력 5명[10] 증원을 확정했다.

행정안전부의 입장에서 기관의 조직 및 정원의 책정과 관리는 정부조직 관리지침에 따라 국정과제, 법령 제·개정, 시설·장비 도입, 국민접점 현장 서비스와 직접적으로 결부된 필수 인력을 최우선적으로 검토하고 증원 여부를 결정 짓는 데 법무부 기록관의 경우에는 당시 기록관 준공 시기가 2023년으로 예정되어 있어서 요구시기(2016~2020년) 대비 증원의 필요성 및 시급성이 다소 부족하다는 이유 등으로 거듭 반영되지 않았다.

그와 더불어 기록관의 역할과 기능 측면에서도 법무부 기록관의 경우에는 공공기록물법 시행령 제30조에 따라 보존장소가 기록관으로 변경된 보존기간 30년, 준영구인 기록물(현재 보유량 약 568만 권, 연간 약 40만 권 생산)을 장기간 보존·관리해야 하는 상황으로 기록관 본연의 업무 외에도 장기보존 및 관리에 요구되는 기능[11]을 추가적으로 수행해야 하지만, 이를 뒷받침하는 법적 근거가 부재한 상황으로 공공기록물법 개정 등을 통해 보완이 필요하다는 이유로 반영되지 않았고, 그로써 협의 및 검토 기간이 장기화될 수밖에 없었다.

오랜 협의 과정을 거쳐 운영 인력을 일부 증원은 했지만 법무부 입장에서 기록관은 실상 독립된 청사로 이에 대한 운영 및 관리와 더불어 보존기

---

10   연구관·5급 1명, 연구사 2명, 7급 1명, 8급 1명.
11   행정안전부 국가기록원과 협의를 통해 법무부 기록관이 추가적으로 수행할 수 있는 사항
      은 ① 보존기간 30년 이상 기록물의 장기보존을 위한 보존시설·장비 및 환경 구축, ② 30
      년 경과 비공개기록물 공개재분류, ③ 기록물 소독 등 보존처리 및 훼손기록물의 복원, ④
      전자적으로 생산되지 아니한 기록물의 전자적 관리, ⑤ 서고관리, 서고배치, 정수점검 및
      상태검사, ⑥ 보존 중인 기록물의 보존매체 수록, ⑦ 기록관 보존 중인 기록물의 재평가
      및 폐기, ⑧ 지방교정청 기록관 소관기록물의 위탁 보관 등이 있다.

간 30년 이상 대량의 기록물을 이관, 보존처리 및 활용하는 업무 등을 수행해야 하는데 증원된 인력만으로는 실질적인 운영이 곤란하다고 판단한다.

이에 법무부는 앞으로도 행정안전부와 지속적인 협의를 거쳐 인력을 보강해나갈 예정이며, 그와 더불어 국가기록원과도 법무부와 같이 보존장소가 기록관으로 변경되는 기록관들의 역할과 기능을 명문화하고 법률로서 보장받을 수 있도록 법제화 협의를 지속적으로 진행할 예정이다.

6. 나아가며

2019년 법무부 기록관 건립에 관한 사례보고 시 법무부 기록관과 법무부 산하의 지방교정청 기록관의 통합 필요성과 그에 따른 관련법령 개정 등에 대해 언급한 바 있었으나 사례보고 이후 공공기록물법이 개정[12](2020년 3월)되면서 기록관의 설치 기준이 정비[13]되었고, 그에 따라 기록관을 통합하여 운영할 수 있는 법적 기반이 마련되어 이에 부합하는 기관들은 보다 자율적인 형태로 기록관을 운영할 수 있게 되었다.

현재 법무부는 개정 이전의 체계를 유지하고 있지만 2024년 상반기부터 본격적으로 법무부 산하의 지방교정청 기록관의 운영 실태 및 기록물관리 현황을 면밀히 분석하고, 보다 효율적인 조직 운영 및 기록물관리의 체계

---

12 「공공기록물 관리에 관한 법률」 시행령 제10조(기록관의 설치).

13 종전에는 기록물의 양에 관계 없이 기관당 1개의 기록관을 의무적으로 설치·운영하도록 했으나, 연간 기록물이 1천 권 이상이거나 보존 대상 기록물이 5천 권 이상에 해당하는 경우에만 기록관을 설치·운영하도록 하고, 필요 시 2개 이상의 기록관을 설치·운영하도록 했으며, 시·도 교육청 및 교육지원청은 관할 영구기록물관리기관장의 승인을 받아 관할 지역 내에서 기록관을 통합·운영할 수 있도록 정비했다.

그림 2-4 **법무행정기록정보시스템 구성도**

범례 ○ 연동 　개선 과제　 　신규 과제　

법무부 법무행정기록정보시스템

| 생산/연계 | 정보유형 | 통합 시스템 | | | 홈페이지 | 활용 |

생산/연계
- 본부 / 법무부
- 소속기관 / 법무부
- 외부수집 / 법메데이터
- 연계정보 / 정부조직분류 · SSO통합인증

정보유형
- 행정기록물: 종이기록물, 시청각기록물, 박물류, 간행물/도서
- 웹기록물: SNS, 홈페이지
- 행정정보: 생산시스템, 처분도구
- 조직정보: 사용자정보, 부서정보

통합 시스템
- 기록물 등록: 기록관 기록물 등록 · 본부 기록물 등록 · 소속기관 기록물 등록 · 등록원부 관리
- 기록물 이관: 이관 대상 선정 · 이관 신청 관리 · 이관 실행 관리 · 이관 대상 검사 · 이관 결과 관리
- 기록물 디지털화: 기록물 정리 및 재편철 · 원본파일 스캐닝 · 원본파일 업로드 · 기록물 색인 · 기록물 품질검사
- 기록물 보존/평가: 서고/전자상자 관리 · 점수점검 · 상태검사 · 탈산 및 소독관리 · 공개재분류 및 폐기관리
- 기록정보 도구: 전거정보 · 시소러스 · 기술계층 · 기술정보 · 감사추적
- 기록물 수집: 행정정보 수집대상 관리 · 서호도구 관리 · 행정정보 데이터 이관 · 웹기록물 수집대상 관리 · 웹기록물 데이터 수집
- 기록관 장비 관리: 바코드 출력 관리 · RFID 출력 관리 · 소독 및 탈산 장비 관리 · 기타장비 현황 관리
- 검색 및 통계: 통합 검색 · 기록물 유형별 검색 · 전거 검색 · 파일 검색 · 각종 통계
- 시스템 관리: 사용자 관리 · 부서 및 처리과 관리 · 메뉴 및 권한 관리 · 시스템 코드 관리 · 메타데이터 관리

홈페이지
- 공개서비스: 통합검색 · 인물검색 · 단체검색 · 사건검색 · 지도검색 · 컬렉션검색 · 기록콘텐츠 · 열람신청 · 설문조사 · 만족도 조사 · 제도 소개 · 알림정보 · 참여정보

활용
- 본부 / 법무부
- 소속기관 / 법무부
- 외부서비스 / 대국민서비스 · 전문가 및 연구기관 · 유관기관(MLA, 타 부처)

전자정부 표준 프레임워크 V.4.0 　Grid　 검색엔진 　포맷변환
통합DB: 기록물, 행정정보, 파일정보, 보존정보, 평가정보, RFID, 감사추적

화를 위해 필요하다면 지방교정청 기록관과의 통합을 추진할 예정이며, 그에 따른 인력 재배치를 위해 행정안전부 등 관계기관과 협의를 진행해나갈 예정이다.

또한 법무부는 향후 기록관이 장기 보존 및 관리해야 하는 보존장소 변경된 대량의 비전자(종이)기록물의 이관 및 인수, 전자화 변환, 보존매체(M/F) 변환 및 수록, 인수기록물의 행정정보 데이터 패키지 이관 및 매칭에 관한 사항을 체계적으로 운영·관리하기 위해서 법무행정기록정보시스템 (LARIS: Legal Affairs Record and Information System) 구축사업을 3개년(2023~2025)에 걸쳐 추진할 예정이다.

2023년(1차)에는 법무부 기록관의 보존처리 절차에 근거한 법무행정기록정보시스템 개발 및 인프라(기록관 네트워크 및 시스템 HW, SW) 구축을 중점적으로 추진했으며, 2024년(2차)에는 행정정보 데이터 패키지의 정의와 더불어 전자적 인수를 위해 부내 행정정보시스템과의 연계 기능 개발 및 인프라(네트워크 보안 및 백업 장비 증설, 인터넷망 구축 등)를 보완 구축할 예정이다. 마지막으로 2025년(3차)에는 대국민서비스를 위한 포털을 개발해 법무부 기록관이 장기보존해야 하는 기록물을 적극적으로 서비스할 수 있는 기반을 마련하여 기록관리의 궁극적인 목적을 실현시키기 위해 한걸음 더 나아갈 예정이다.

참고문헌

[관련 법령]
공공기록물 관리에 관한 법률
국유재산법
정부청사 관리 규정

3

경남의 모든 기록은 경상남도기록원으로 통한다

전가희

경상남도기록원은 지방에서 최초로 건립된 영구기록물관리기관이다. 2007년 「공공기록물 관리에 관한 법률」에 의해 지방기록물관리기관이 설립 의무화되어 17개 시·도 모두 건립을 위한 최초계획을 작성한 후, 약 10년이 지나서야 경남에서 그 첫발을 내딛었다. 기록물관리의 불모지, 경남에서 첫발을 내딛은 경상남도기록원은 2018년부터 2024년 현재까지 경남의 기록관리의 발전과 확산이라는 목표로 끊임없이 정진하고 있다. 그러나 '처음'이라는 것은 생소하고 많은 과제를 안고 있다. 선언적인 법률을 실질적으로 구현하고 경남의 기록문화가 안착될 수 있도록 다양한 일들을 수행해야 한다. 때문에 '처음'은 영광이라기보다 책임감이 더 필요한 단어인지 모른다. 지금 경상남도기록원에서 수행하고 있는 여러 업무들과 그것의 결과물에 책임감을 갖고 가려고 한다. 시간이 흘러 경상남도기록원을 생각할 때 '최초'만이 아닌 기록문화 확산의 선도자, 책임자로서 기억되도록 매일 성실히 기록을 관리하고 있다.

1. 경남의 모든 기록은 경상남도기록원을 통한다

한국의 공공기록관리 업무는 중앙 집중적이었다. 법에서 규정해놓은 영구기록물관리기관의 형태는 다양했지만 1999년 「공공기관의 기록물관리에 관한 법률」(이하 공공기록물법) 제정 이후 20년 동안 실질적인 영구기록물관리기관은 국가기록원 한곳이었다. 전국 기록관의 중요 기록(보존기간 30년 이상 기록)은 국가기록원으로 향했고 기록물관리 전문요원들은 국가기록원의 정책 방향에 맞추어 업무를 수행했다. 강산이 두 번 바뀐 20년이 흐른지금, 일부나마 지방의 중요 기록을 관리할 수 있는 공간과 조직이 생겼고그동안 익숙했던 조직 체계는 새로운 시대를 준비하는 적응 기간을 거치고있다. 적응 시간은 누구에게나 어색하고 처음이라는 직관적인 찬사 외에실제적으로 숙련되지 못해 받을 수 있는 비판의 시간이 있지만 계속적인발전과 성장을 위해서는 혁신과 모험이 필요하다. 때문에 '처음'이라는 찬사를 즐긴다면 곧 한계에 봉착할 것이다. 지금 우리에게 필요한 것은 끊임없는 자기 반성과 목표에 대한 전략, 그리고 결과에 대한 책임의식이다. 이러한 과정을 겪은 후, 경남의 중요 기록은 경상남도기록원을 통할 것이고'처음'이라는 영예도 향유할 수 있을 것이다.

1) 건립 과정

2007년 공공기록물법의 개정으로 시·도의 지방자치단체가 기록물관리기관을 의무적으로 건립하도록 규정한 이후, 이 법에 따라 같은 해 경상남도기록원 건립 기본계획이 수립되었으나 국비 확보 등의 어려움으로 보류되어왔다. 그러나 지역균형 발전과 서부 경남의 행정편의 개선을 위해 경

그림 3-1 연도별 경상남도기록원 설립 경과

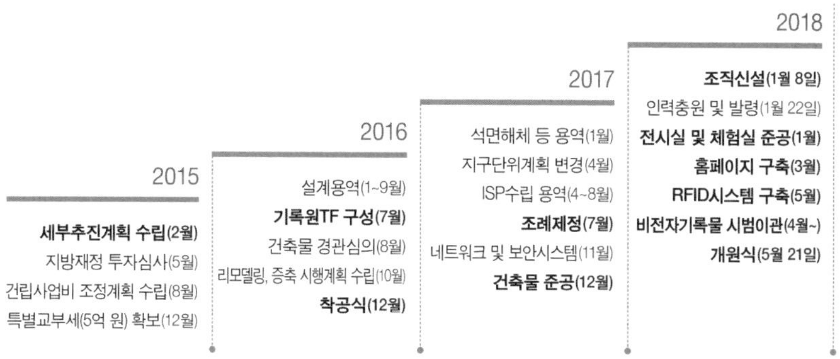

2015
세부추진계획 수립(2월)
지방재정 투자심사(5월)
건립사업비 조정계획 수립(8월)
특별교부세(5억 원) 확보(12월)

2016
설계용역(1~9월)
기록원TF 구성(7월)
건축물 경관심의(8월)
리모델링, 증축 시행계획 수립(10월)
착공식(12월)

2017
석면해체 등 용역(1월)
지구단위계획 변경(4월)
ISP수립 용역(4~8월)
조례제정(7월)
네트워크 및 보안시스템(11월)
건축물 준공(12월)

2018
조직신설(1월 8일)
인력충원 및 발령(1월 22일)
전시실 및 체험실 준공(1월)
홈페이지 구축(3월)
RFID시스템 구축(5월)
비전자기록물 시범이관(4월~)
개원식(5월 21일)

남도청의 일부 공공기관이 서부청사로 이전함에 따라 유휴청사 활용방안에 대한 용역사업이 진행되었다. 그 결과 경상남도기록원(지방기록물관리기관)이 적합하다는 결과가 도출되었고 「경상남도 지방기록물관리기관 건립 세부추진계획」(2015.2.27)이 수립되었다. 총 사업비, 운영 방식, 운영비, 인력, 재원 구성, 시설 배치, 조직 구성 및 당면 추진사항 등이 계획에 포함되었고 이에 근거하여 기록원 건립이 시작되었다.

2) 공간 및 수용능력

경상남도기록원은 지하 1층, 지상 5층, 6,584m² 규모로 리모델링한 건물이며 사업비는 총 127억 원이 소요되었다(건축 90억 원, 전산장비 20억 원, 서고 장비 14억 원, 기타 3억 원).

기록 보존 및 관리를 위한 서고, 탈산·소독실, 수선작업실 등이 있으며, 대도민 기록정보서비스를 제공하기 위한 전시실과 체험실 같은 민원공간이 있다.

경상남도기록원의 서고 수용량은 약 64만 권이며 문서, 도면, 시청각, 마

표 3-1 **경상남도기록원 공간 구성**

구분		보존공간	작업공간	민원공간	업무공간	부대공간
	공간비	41%	11%	8%	4%	36%
6,584m²		2,731m²	720m²	505m²	259m²	2,396m²
주요 용도		•일반서고 2,256 •특수매체서고 170 •특수기록서고 305	•탈산·소독실 41 •하역, 인수실 52 •평가, 분류실 99 •수선작업실 등 528	•기록전시실 163 •교육/회의실 119 •기록체험장 49 •열람실 등 174	•사무실, 안내실 등 259	•기계, 전기, 통신, 소화약제실, 계단통제실, 공조실, 엘리베이트, 복도화장실 등 2,369

이크로필름, 행정박물, 민간기록, 비밀문서까지 다양한 기록을 보존할 수 있다. 2023년 기준으로 도·시군 및 국가기록원으로부터 재이관한 일반문서, 시청각, 행정박물 등 36만여 권을 보존하고 있다. 관할기관은 도·시군 기록관, 교육청, 기타 공공기관(공사·공단, 출자·출연, 특수법인)을 포함한 97 개이다.

그러나 실제 수용해야 할 기록물의 양과 수용 가능한 공간에는 차이가 있다. 이는 우리 원뿐만 아니라 모든 기록물관리기관이 겪는 일일 것이다. 때문에 생산해야 하고, 생산되는 기록, 기록관에 보존해야 하거나, 기록원으로 이관해야 하는 기록을 정의하는 일은 필수이며, 이를 통해 보다 실질적이고 효율적인 기록관리 운영체계를 구축할 수 있을 것이다. 모든 기록을 수용할 수 없기에 필수 보존기록을 분석하는 일은 지방기록물관리기관 운영의 필수요소다.

2. 경상남도기록원의 조직 구조 및 운영

1) 조직 형태

경상남도기록원은 1원장 2과 5담당이며 정원 21명, 현원 20명의 직원이 일하고 있다. 기록원장(행정/4급)을 포함해 기록연구사 외 사서, 전산, 행정, 건축, 학예 등 다양한 분야의 전문가들과 청원경찰, 공무직 등 12명이 있다. 기록원 운영은 기록연구사만의 몫은 아니다. 한 기관을 운영하기 위해서는 다양한 업무의 협업이 필요하며 그러한 과정을 통해서만 온전하게 기록을 관리할 수 있다. 소독·탈산을 위한 공업직렬, 시스템 구축 및 관리를 위한 전산직렬, 행정처리절차 업무를 수행하기 위한 행정직렬, 건물 수선·유지를 위한 시설직렬, 훼손기록물의 복원을 위한 학예직렬 등 다양한 분야의 전문가들의 이해와 활동이 필요하다.

그래서 기록전문직에게는 기록 업무뿐 아니라 각 직렬들 간의 소통이 필요하며 전문적인 기록관리 업무가 일반인에게도 쉽게 인식될 수 있는 다양한 방법이 필요하다. 지역의 기록문화가 확산되려면 시민들의 이해와 협력이 핵심이지만 그 시작은 내부 직원들 간의 소통이기 때문이다.

2) 비전 및 목표

경상남도기록원은 경남의 공공기관에서 생산되고 생산되어야 하는 기록을 관리하며, 보다 정확하고 신속하게 이용될 수 있도록 해야 한다. 특히 역사적으로 보존가치가 있는 기록을 평가·선별하여 후대에 길이 보존할 책임이 있다. 또한 민간기록도 함께 수집하여 경남 역사의 결락을 보완하고

그림 3-2 **경상남도기록원 비전**

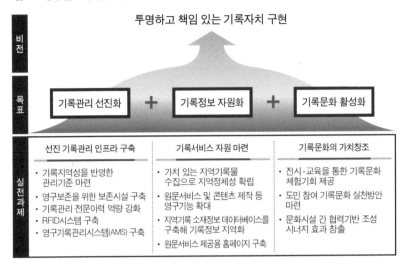

보다 질적으로 우수한 기록정보서비스가 수행될 수 있도록 해야 한다. 이러한 이상을 위해 경상남도기록원은 '투명하고 책임 있는 기록자치 실현'이라는 비전 아래 그에 따른 목표와 실천과제를 정의했다.

지방기록물관리기관은 지역 상황에 적합한 기록관리 기준을 수립해야 한다. 이는 기록의 가치 중 시민의 '정체성'과 연관된다. 예컨대 서울기록원과 경남기록원의 경우 민간기록의 안전한 보존 및 효율적 활용이라는 측면에서 민간기록 수집 목표는 같을지라도 내용은 지역 사정에 따라 다를 수밖에 없다. 지역기록물이 지역민의 정체성을 확립한다고 본다면 지역의 특성은 다를 수밖에 없기에 기록의 수집 범위와 활용 계획도 그에 맞춰 진행해야 한다.

그 밖에 수집, 보존, 서비스로 이루어지는 기록관리 업무 절차, 업무수행 과제에 대한 능률화 및 혁신은 지난 시간 기록관리 업무를 진흥하고자 하는 마음이 있는 사람이라면 누구나 공감하는 대동소이한 내용일 것이다. 이는 국가기록원이 2005년부터 2017년까지 보고했던 '혁신'의 과제들이 대부분 연결성(유사성)을 가지고 있었다는 것에 비추어 설명할 수 있다. 우리가 기록관리 업무를 통해 추구하려는 목표는 그것의 전문가들 사이에서 이제 익숙한 것일 것이다. 계속 혁신을 말하는 것 말고도 이때까지 주장해왔던 것들의 결과 분석, 문제점 도출, 해결방안이 우선이고 지역 특성과 상황에 맞게 업무를 조정하고 수행하는 것도 필요하다. 기록관리 선진화, 기록정보 자원화, 기록문화 활성화는 익숙하기도 하며 당연한 핵심과제이나, 이제 그 실천이 필요한 때이다.

3) 운영 현황

(1) 개원 전

경상남도기록원 건물 준공 후, 국가기록원을 벤치마킹하고 「기록물관리 기본계획」을 세웠으며, 경상남도기록원이 해야 하는 업무를 분석·표준화한 「경남기록원 기록물관리 업무 처리절차 표준설계」 작성으로 경상남도 기록원에서 제정해야 할 각종 규정, 예산, 고유 업무 및 용역 등을 산출했다. 그리고 국가기록원과 업무 인수·인계, 기(旣) 완성된 전시실과 체험실 정비 및 서고환경 개선작업, 각종 규정 제정 등을 실천했다. 도 및 시·군 기록관 중요 기록물 만 여권을 이관하고 민간기록물을 기증 받았다. 그동안 법률에 규정되어 있었지만 준수하지 않았고, 실행하기 힘들었던 '기관장 기록물 이관'도 개원식을 계기로 이관 받고 전시하여, 앞으로 도 및 시·군 등 관할 기록관의 기록관리 업무가 강화되기를 염원했다.

그림 3-3

기록물 보존서고   체험실 전경

(2) 개원 후

2019년에는 경상남도기록원 운영에 기록 관련 전문직이 절대적으로 부족한 상황에서 기록연구사뿐만 아니라 사서, 전산, 행정, 공업 등 기록원에서 반드시 필요한 전문직들을 충원하기 위해 노력했으며 그 결과 짧은 시간 내에 서비스 담당 신설 및 인원 증원 등 많은 결실을 이루어낼 수 있었다. 또한 기록원 홈페이지, 경상남도 영구기록관리시스템(GNAMS) 1차사업과 관련 장비·보안시스템을 구축했으며 구축에 따른 업무(생산현황 통보, 단위과제 확정, 전자기록물 이관 등)를 수행 중이다. 법상 존재하는 유명무실한 규정, 예컨대 '속기록·회의록 지정' 등을 현실화하기 위해 도 및 시·군의 주요 회의를 취합하고 539건의 속기록(녹취록)을 지정했다. 더하여 기록문화를 확산하기 위한 학술 심포지엄(왜 지방기록물관리기관인가?, 2018.12.6, 경남대표도서관)을 개최하기도 했다.

처음으로 도 및 시·군을 대상으로 2만 4천 권의 기록물을 이관하고 민간

표 3-2 **경상남도기록원 기록물 보유 현황(2024년 1월 2일 기준)**

총계 (권·점)	일반기록물(권)				시청각 기록물 (점)	행정 박물 (점)	비고
	일반문서	간행물	민간기록물	비밀기록물			
361,975	342,385	3,350	15,447		436	357	

기록물 수집사업을 시작했다. 그 외 "경상남도기록원 건립백서"를 발간했으며 기록원 1주년을 기념하는 기획전시, 청소년 대상 특강 등을 진행했다. 또한 기록원을 운영하기 위한 각종 운영규정(평가심의, 열람규정, 서고관리규정 등)을 제정했다. 2023년 기준 경남기록원은 2건의 조례 1개의 시행규칙(민간기록물 수집관련 규칙) 및 13개의 운영규정(소장기록물 열람규정, 대여관리규정 등)을 제정·운영 중이다.

2020년부터 2023년까지 경상남도기록원은 국가기록원으로 이관한 기록물 23만 권을 4개년에 걸쳐 재이관하는 사업을 수행했으며 도 및 시·군으로부터 2018년부터 2023년까지 총 10만 권의 기록물을 이관했다. 민간기록물의 경우 2018년부터 2024년 현재까지 1만 5천여 권을 기증 받았으며, 2020년 시행된 「경상남도 민간기록물 관리에 관한 조례」에 따라 도 지정기록물 2건을 지정하고 고시했다. 2024년 1월 기준 민간·공공의 이관·수집 기록물은 약 36만 권(점, 철)이다.

매년 보존서고의 적합한 운영을 위한 보존서고 환경관리(공기질 측정, 청소, 유해생물조사 등)와 기록물의 보존을 위한 소독·탈산 및 복원 업무를 수행하고 있다. 또한 이관기록물 관리를 위한 기록물 정리 및 공개재분류 사업을 수행 중이며 시청각 디지털화 장비를 이용하여 민간 및 공공으로부터 이관한 시청각기록물을 검수하고 있다.

대도민 기록문화 활성화를 위한 프로그램을 2019년부터 운영 중이며, 여

름방학 특강, 청소년 진로 특강, 유아 체험 프로그램 등 다양한 프로그램을 매년 운영하고 있다. 또한 소장기록물을 제공하는 각종 프로그램으로 도민들에게 다가가는 기관이 되려고 노력하고 있다.

3. 나아가며

경상남도기록원을 개원한 지 6년의 시간이 흘렀다. 문서 보존량 0에서 시작하여 현재는 36만여 권의 기록물을 보유하고 있으며, 탈산·소독, 복원 등 기록물 보존을 위한 숙련도는 증가했다. 기록물의 증가량만큼 기록물 열람요청 건수도 증가하고 18개 시·군을 관할하던 초기와 비교하면 교육청 및 기타 공공기관 97개를 관할하고 있는 만큼 기록관 지정, 분류체계 정비, 각종 교육 및 컨설팅 요청도 증가하고 있다.

다만 기록원은 어떤 기관이 되어야 하는가? 라는 질문에 지금 답할 입장은 아닌 것 같다. 초기에 상상했던 기록원의 모습과 달리 시간이 갈수록 많은 난관을 맞고 있으니 말이다. 처음이라는 영광이 지속되기 위해서는 끊임없는 노력, 책임 그리고 성찰이 필요하다고 기록원 개원 초기에 이야기한 적이 있다. 그래서 지금 우리는 그 노력과 책임, 성찰을 했는지 생각해야 하는 순간을 맞이했는지 모른다.

사람이 살다 보면 적은 노력으로 큰 성공을 얻을 때가 있고, 많은 노력을 했지만 잘 되지 않을 때가 있으며, 노력한 만큼 결과가 주어지는 합당한 보상의 순간도 있을 것이다. 이런 결과에 개개인의 노력이 필수 요건임은 당연하지만 개인을 둘러싼 환경 역시 무시할 수 없는 부분이다. 다만 그 환경은 우리의 의지와는 다르게 돌아가는 경향이 있다. 기록원 운영도 마찬가지다. 구성원 모두 노력했지만 결과론적으로는 쓰디쓴 결과를 맞을 때가 있고, 적은 노력을 들였음에도 좋은 상황에 절묘하게 들어맞아 큰 성과를 거둘 때도 있다. 그러나 이때 그 무엇보다 중요한 것은 "나는 왜 기록을 관리하는가? 기록을 관리하는 목적은 무엇인가? 우리는 그 목적에 부합하게 기록을 관리하고 있는가?"라는 성찰일 것이다.

상황은 내 의지 이상의 일임을 명심하고, 비록 그 결과가 원하는 바는 아닐지라도 경남기록원의 설립 목적을 잊지 않고 차근차근 가다 보면 "경남의 모든 기록이 경상남도기록원으로 통하는" 순간을 맞이하리라 믿는다. 경상남도기록원은 그렇게 꿋꿋이 한 발 한 발 걸어가고 있다.

참고문헌

경상남도. 2015. 경상남도 지방기록물관리기관 건립 세부추진계획.
경상남도기록원. 2018. 기록물관리 기본계획.
㈜서린엔지니어링·해동건축사무소·㈜현대산업경제연구원. 2014. 직속기관 이전과 대체시설 설치 타당성조사 및 기본계획수립 용역.

4

연구기록의 재발견, 항우연 연구성과물 전시

김슬기·연지현

한국항공우주연구원은 1989년 창립된 국책연구기관으로, 우주기술 분야의 특성상 연구기록의 보안 및 공개에 민감하다. 때문에 연구기록의 보안 절차나 공개승인 절차에 대한 관심이 높은 반면, 축적된 기록의 공개나 활용에 대한 고려는 이루어지지 않았다. 이 글에서는 연구기록에 대한 폐쇄적인 분위기 속에서 진행했던 연구기록물의 공개재분류, 연구성과물 전시와 같은 사례를 소개하고, 이를 통해 기관에서 '연구기록'에 대한 인식이 어떻게 바뀌고 있는지를 공유하고자 한다.

1. 한국항공우주연구원 연구기록 관리의 특징

최근 한국형 발사체인 누리호, 달 궤도선 다누리의 연이은 성공 소식을 들려주며 30여 년간 항공우주 분야에서 많은 성과와 실적을 이뤄낸 한국항공우주연구원은 국책연구기관으로서 기관의 설립 목적 및 주요 활동이 과학기술 연구개발이다. 기관에서 가장 중요하게 여겨지는 기록은 연구과정이나 성과를 담고 있는 연구기록이며, 연구기록은 기관 창립부터 현재까지 매년 생산되는 기록의 대부분을 차지하고 있다.

한국항공우주연구원(이하 항우연) 연구기록 관리의 가장 큰 특징은, 각 연구분야별로 독립적인 연구기록 관리체계가 형성되어 있다는 점이다. 비교적 최근에서야 내부 관리체계가 정비된 행정기록과는 달리[1] 연구기록은 효율적인 연구 수행을 지원하기 위한 방안으로서 일찍이 논의되어왔다. 초창기 항우연은 선진국과의 기술격차를 따라잡기 위해 선행국가의 연구체계를 받아들였다. "형상관리"라고 하는 이 체계는 연구개발 산출물에 대한 각 요소와 형상을 연구 전 생애주기에 걸쳐 관리하고 통제하는 것으로, 연구개발 과정과 내용에 대한 꼼꼼하고 체계적인 문서화를 의미한다. 5~10년에 걸친 장기 프로젝트가 진행되는 항공우주 분야 특성상 절차를 통해 변경된 내용, 조건에 따른 실험 결과를 명확하게 기록으로 남겨야 지속적인 연구개발이 가능하기 때문이다.

이렇듯 연구기록 관리체계는 연구 수행과정을 문서화하여 이력을 남기고, 내용 증빙을 위한 검토의 관점에서 정립되어왔다. 특히 국가 간 기술이전이 상당히 제한적인 분야인 만큼 연구자료의 공개나 유통보다는 자료의

---

[1]   1989년 창립 시 제정한 "문서분류 및 보존요령"을 2017년도에 처음 개정.

보안, 유출 방지의 업무가 발달해왔는데, 연구기록 관리시스템 역시 문서의 제·개정 이력을 철저하게 남기는 것은 물론 연구 관련자가 아니라면 접근도 불허하는 등 엄중히 운영되고 있다. 허가 받지 않은 자의 기록 열람, 획득을 방지하기 위한 기능 역시 일찍이 도입되어 보안 강화에 기여하고 있다. 현재 항우연은 주요 연구부서별[2]로 형상관리 담당부서 혹은 담당자가 지정되어 있으며, 사전에 정의된 양식 및 절차에 따라 각 연구자들이 연구기록을 생성하여 시스템에 등록하고 있다. 여기서 기관 특성에 근거한 한계가 발생하는데, 기록물관리 전문요원 역시 연구 관련자가 아니므로 연구자료관리시스템에 대한 접근은 차단되어 있다는 점이다.

2. 연구기록의 재평가, 공개재분류

항우연은 도서관 조직에 기록관이 소속되어 있고, 기록물관리 전문요원이 도서관 업무와 기록관리 업무를 병행하고 있다. 기관 창립 30주년이 넘어서며 원내 연구성과물의 수집·관리 전반을 담당하는 도서관에서는 캐비닛 가득 연구성과물을 보유하고 있으나 실제 이용 가능한 성과물은 적은 기현상을 맞이했는데, 이 문제를 해결하는 관점에서 연구기록의 공개 및 활용 업무를 시작했다.

항우연에서는 연구성과물을 생산하게 되면 반드시 거치는 '보안성 검토 및 공개승인'이라는 절차가 있다. 이 절차는 해당 문서에 담긴 내용이 기관

---

2   2023년 7월 기준 항공연구소, 위성연구소, 발사체연구소, 경영지원본부와 전략기획본부 등으로 구성.

그림 4-1

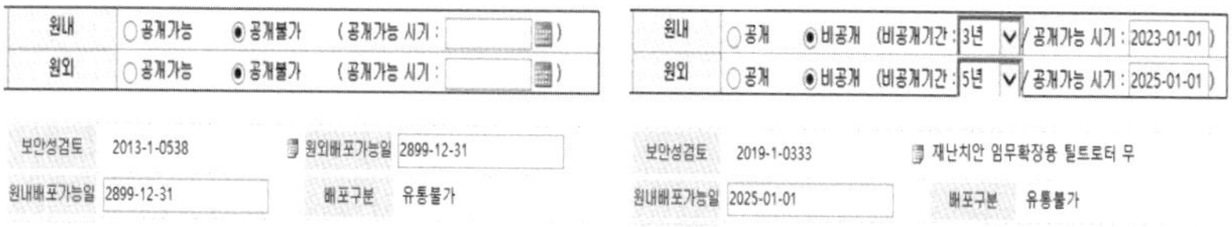

| 원내 | ○공개가능 ●공개불가 (공개가능 시기 :) |
| 원외 | ○공개가능 ●공개불가 (공개가능 시기 :) |

보안성검토 2013-1-0538   원외배포가능일 2899-12-31
원내배포가능일 2899-12-31   배포구분 유통불가

공개재분류 원내기준 정립 전

| 원내 | ○공개 ●비공개 (비공개기간:3년 ∨)/공개가능 시기 : 2023-01-01) |
| 원외 | ○공개 ●비공개 (비공개기간:5년 ∨)/공개가능 시기 : 2025-01-01) |

보안성검토 2019-1-0333   재난치안 임무확장용 틸트로터 무
원내배포가능일 2025-01-01   배포구분 유통불가

공개재분류 원내기준 정립 후

의 다른 연구자들 혹은 기관 외부로 공개되어도 괜찮은지를 검토하는 것으로, 성과물 작성자와 부서장, 연구과제 책임자 모두의 결재를 통해 공개 범위를 결정한다.[3] 이때 기술적으로 민감한 사안을 포함하는 등 보안상의 이유로 비공개할 경우 비공개 기간을 결정하는데, 2017년도 전까지만 하더라도 원내 기준이 마련되지 않아 현실성과 일관성이 없는 비공개 기간이 설정되는 경우가 잦았다. 연구를 수행하는 현시점에서는 민감한 사안이기에 비공개로 설정하되, 비공개 기간이 지난 후 해당 자료를 활용하는 경우까지는 고려하지 못했기 때문이다. 이는 해당 절차를 운영하는 행정부서 역시 동일했기에 보안성 검토 절차가 도입된 2006년부터 2017년까지, 비공개 연구성과물이 쌓이기만 하는 결과를 초래했다.

　이를 해결하기 위해 기록물 공개재분류 절차를 적용·시행하기로 하고, 비공개 기간의 종류와 기산일을 명시했다. 비공개 기간은 기록물 보존기간을 차용하여 1년, 3년, 5년, 10년, 30년의 5종, 기산일은 기안일자 기준 다음해 1월 1일로 정했다.

　연구성과물의 공개재분류는 연 1회 진행했으며, 기관 특성상 대외 공개가 원칙적으로 불가능한 유형이 다수 존재하므로 원내 비공개 성과물을 원

3　원내/외 공개 가능, 원외 비공개, 원내/외 비공개 3단계로 구분.

내 공개로 전환하는 것에 초점을 맞춰 추진되었다. 기록물 공개재분류 양식을 활용하여 각 연구부서에 검토 요청을 보내고, 연구성과물의 주저자혹은 연구책임자가 공개전환 여부를 판단하여 회신하도록 했다. 만약 검토시점에서도 공개가 불가능할 경우 비공개 기간을 연장하되 그 사유를 구체적으로 명시하도록 하고, 공공기록물법에서 정한 5년만 연장하도록 했다. 그 결과 첫 공개재분류인 2017년도에 84%, 그 이후 평균 80%의 연구성과물을 원내 공개로 재분류하여 제공할 수 있게 되었다.

원내 비공개로 잠자고 있던 성과물을 유통하게 된 것도 중요한 결과지만, 기록물관리 담당자로서 의미 있는 성과는 기록관리 업무에 대한 긍정적인 인상을 심어준 것이다. 공개재분류 절차를 위해 기의 모든 연구부서와 공문을 주고받으며 소통하면서, 기록관리가 "귀찮고 어렵고 모호한 업무"가 아니라 "나에게 도움이 되는 업무"로서 인식의 전환을 가져올 수 있었다.

3. 한국항공우주연구원 연구성과물의 대외 공개

비공개자료를 공개로 전환하면서 연구자에게 실질적인 도움이 되기는했으나, 연구성과물의 공개와 활용에 대한 우호적인 분위기를 형성하기에는 부족한 면이 있었다. 도서관이 보유한 연구성과물, 사진과 동영상 등 시청각 자료를 활용하여 연구자의 흥미를 끌 수 있는 기록정보서비스 발굴에 대해 고심하던 중, 2019년도에 국립중앙도서관과 공동전시[4]를 추진할 기회

4 　 전시 「꿈과 희망을 하늘로, 우주로」는 국립세종도서관에서 2019년 4월 30일부터 6월 9일

가 생겼다.

공동전시는 항우연이 보유하고 있는 연구성과물을 활용한 콘텐츠로 구성하고, 국립세종도서관, 서울도서관, 경남대표도서관 3곳에서 순차적으로 진행되었다. 전시가 공공도서관에서 진행되었기 때문에 다양한 이용자층이 방문할 것을 감안하여 최대한 쉽고 흥미를 이끌 수 있도록 다양한 유형의 연구성과물과 마주할 수 있도록 기획했다. 원외공개 가능한 연구기록물을 유형에 상관없이 폭넓게 수집하고, 도서관에서 보유하고 있는 실물 연구보고서, 연구노트, 사진과 동영상 중 전시에 유효할 건을 선별하여 스토리보드를 제작했다. 최종 확정된 전시 내용에 맞춰 부족한 내용은 직접 연구자를 찾아가 사진을 촬영하고 원고를 받는 등, 관련 기록의 생산도 진행되었다. 이 과정에서 존재를 알지 못했던 연구기록물(모형이나 자료, 영상 등)을 추가로 입수하여 콘텐츠에 반영하는 과정을 반복했다. 그리고 도서관에서 주최하는 행사를 통해 연구기록 수집과 관리·활용에 대한 연구자의 긍정적 인식을 높이는 것이 전시의 목적 중 하나였으므로, 전시장을 방문한 연구자가 연구기록을 과학문화 전달의 매개체로서 새롭게 인지하는 경험을 할 수 있도록 스토리, 디자인과 공간 배치에도 주의를 기울였다.

또한 스토리보드에 담지 못한 이야기, 전시를 살펴보며 생기는 궁금한

그림 4-2 **전시를 위한 연구기록 수집 과정**

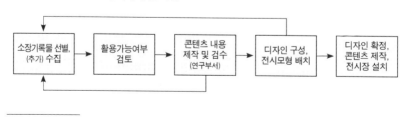

까지 41일간 진행.

표 4-1 **최종 전시에 활용된 연구기록물 유형**

전시 주제	기록물 유형
인트로	설명자료, 축소모형(10개)
항공	설명자료, 연구현장 사진(3장), 동영상(3편), 축소모형(2개)
인공위성	설명자료, 모델링 이미지, 동영상(2편), 축소모형(1개)
발사체	설명자료, 모델링 이미지, 사진(2장), 동영상(3편), 축소모형(1개), 모형(1개)
달탐사	설명자료, 모델링 이미지, 동영상(1편), 축소모형(1종)
연구자	설명자료, 일러스트, 동영상(2편), 연구보고서

점을 해소시켜주기 위해 방문객이 많은 주말에는 총 3회 도슨트 프로그램을 진행했다. 스토리보드나 연구성과물에는 전문적인 용어, 표현이 많으므로 항공우주 분야를 잘 모르는 사람이 이해하기 쉬운 용어로 대체하거나, 흥미로운 일화 등을 함께 소개함으로써 전시 내용에 대한 이해를 높이고자 했다. 17회 진행된 도슨트 프로그램은 1회당 평균 39명, 총 658명이 참여했으며, 직접 소통에 대한 수요가 확인되면서 전시 콘텐츠 관련 연구자를 섭외하여 추진한 4회의 특별 강연[5]까지 성공적으로 진행될 수 있었다.

국립세종도서관에서 진행된 전시 기간 41일 동안 1만 2천 명이 방문하는 성과를 냈으며, 가족을 따라 우연히 방문했던 연구자들의 호평을 받으며 원내에서도 주목 받는 행사가 될 수 있었다. 전시 콘텐츠 중 특히 호평을 받았던 것은 연구성과물 모형을 활용한 스탬프 릴레이이다. 스탬프 릴레이는 그림 4-3과 같이 전시장에 비치된 연구성과물을 눈으로 보고, 전시 내용을 읽은 뒤 총 4개 구역의 스탬프를 모두 찍어오면 해당 일러스트로 제작된 기념품을 수령할 수 있게 기획했다. 항우연을 잘 모르는 사람들도 전시장

---

5   국가과학기술연구회 공식 유튜브 "[nst x KARI] 우주와 인공위성, 드론아 놀자, 천리안 2A 호 발사".

그림 4-3 **실제 연구성과물(상단) | 스탬프 모형(중앙단) | 배포된 기념품(하단)**

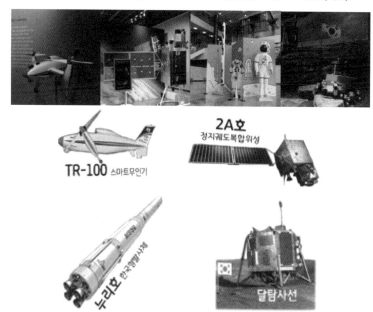

을 나설 때는 주요 연구성과물을 기억할 수 있도록 구성했는데, 자칫 수동적일 수 있는 전시에 직접 스탬프를 찾아 찍는 능동적인 활동이 더해지면서 관람객에게는 재미있는 경험을 더하고, 전시 전달력을 높이는 효과도 얻을 수 있었다.

전시 콘텐츠 기획, 제작, 제공 방식까지 '방문객의 경험'에 초점을 맞추어 진행되다 보니 연구기록 실물을 활용하는 데는 한계가 있었던 것이 사실이다. 연구기록은 그 내용의 중요도와 상관없이 현장감 외에 큰 의미를 주기 어려웠고, 관람객이 받아들이기 쉬운 방식을 고민하다 보니 대부분의 연구기록을 재가공해야 했기 때문이다. 그러나 전시 방향을 명확히 설정하고 추진하면서, 결과적으로는 소장기록을 소개하는 아웃리치서비스가 잘 진행되었다는 평을 받았다. 무엇보다 전시가 끝난 뒤 전시에 활용된 관련 기록을 궁금해 하며 방문하는 직원이 생기는 등, 직원들에게도 원내 기록물을 새롭게 보여준다는 소기의 목적을 달성할 수 있었다.

4. 나아가며

그간 꾸준히 이어진 연구기록물의 공개재분류, 그리고 2019년도의 연구기록 전시는 연구기록에 대한 인식변화에 긍정적 효과를 가져왔다. 우선 공개재분류의 경우 연 1회 꾸준히 진행한 만큼 "원내 공개가 기본, 사유가 있을 경우 비공개"라는 인식을 확산시키는 데 많은 도움이 되었다. 공개재분류를 시작한 이후 생산 및 등록되는 연구기록물은 대부분 원내 공개로 등록되었을 뿐 아니라, 연구자들은 비공개로 등록되는 연구기록에 대해 "이 건은 왜 비공개인가?"라는 의문을 가지게 된 것으로 보인다. 이러한 연

그림 4-4 **원내공개 기본, 비공개 설정 시 사유입력 화면**

연구보고서 정보

대외배포처 *

대외배포예정일 *

내용요약 *

원내공개여부 ○ 공개 ◉ 비공개   비공개기간 * 선택 ∨   공개가능시기

공개 여부/기간 수
정 사유 *

구부서의 분위기 변화에 힘입어 2023년 새로 오픈한 연구원 업무시스템에서는 보안과제를 제외한 모든 연구기록물의 기본 값을 "원내 공개"로 지정하고, 비공개로 등록할 경우 그림 4-4에서와 같이 그 사유를 명시하도록 절차가 변경되었다. 이는 연구기록이 "나의 것"이라는 연구자의 인식이 많이 바뀌었음을 나타낼 뿐 아니라, 본인이 생산한 연구기록을 다른 사람이 열람 및 활용하는 것이 당연하다는 것을 연구자가 받아들였다는 점에서 고무적이다.

또한 2019년도 연구기록 전시 때 다양한 연구성과물을 활용했던 것이 연구기록의 유형을 확장하는 데 크게 기여하여, 문서 형태의 기록뿐 아니라 사진이나 동영상과 같은 시청각기록물, 타 기관과의 업무 수행 시 입수한 상패나 표창 등 박물류의 기증 문의가 잇따르기 시작했다. 이러한 수요가 식별되면서 2021년에는 행정박물 관리방안 및 이관절차를 수립하여 공지하고, 공식적으로 박물(문서 외 기타 유형 기록물) 관리를 시작했다. 원장실 및 대외협력 부서에서 창고에 보관하던 박물 이관을 시작으로 연구부서에서 기탁한 기념우표, 업무상 입수한 상패, 연구원 최초 현판 등을 포함하여 2023년 기준 총 130점에 대한 상세 정보를 작성 및 관리하고 있다. 이관 받은 박물류의 온·오프라인 전시도 염두에 두고 있으나, 아직까지는 수집된 박물의 종류가 많지 않아 앞으로의 과제로 남아 있다.

박물 관리를 시작하면서 발생한 부수적인 성과도 있다. 작게는 우표, 크게는 현판에 이르는 박물을 이관 받는다는 것을 알리면서 원내 서고 및 기록물관리 작업공간 부족에 대한 공감대를 형성해, 본관동 지하에 보존공간과 예산 약 1.3억 원을 확보하여 보존서고 2곳을 새로이 확충하는 데 성공했다. 총 2개의 서고를 일반기록물용, 인비기록과 박물 서고로 활용하고 있으며, 충분한 여유공간을 확보함으로써 적극적인 기록물 이관의 기반을 마련했다.

그동안은 기록관리에 대한 이미지를 긍정적으로 가꾸기 위해 당장 가시적인 효과가 보이는 업무 위주로 진행해왔고, 전자기록의 활용에 집중하느라 비전자기록 관리에는 다소 소홀했던 것이 사실이다. 앞으로 서고를 활용한 적극적 이관정책 운영, 다양한 기록물에 대한 접근권한 확보 및 수집방안 마련 등 조금 더 기록관리 본연의 업무를 위한 고민이 필요할 것이다. 다만 이 글에서는 기록관리를 처음 시작하는 기관에서 마주하게 될 부정적인 인식을 어떻게 바꿔나가는 것이 좋을지에 대한 나름의 시도를 소개하고, 조금은 '기록관리'스럽지 않은 일이더라도 천천히 해나가는 것이 중요하다는 점을 말씀드리고 싶었다. 혹시 같은 고민을 하는 다른 분들에게 조금이나마 도움이 되었으면 하는 마음으로 글을 마친다.

참고문헌

한국항공우주연구원. 2017. 연구성과물(기술자료) 정보공개 관리체계 개선계획.
한국항공우주연구원. 2019a. 기록물관리 기본계획.
한국항공우주연구원. 2019b. 창립 30주년 기념 상호교류사업 추진계획.

5

행정정보 데이터세트 기록관리 적용사례 분석
전자인사관리시스템 데이터세트 관리기준표 작성을 중심으로

신정엽

이 글에서는 전자인사관리시스템 데이터세트의 관리기준
표 작성 절차와 방법, 참여 기관의 역할, 관리기준표 영역별
작성 내용 등을 기록관 담당자 입장에서 분석하여 관리기준
표를 수립해야 하는 업무 담당자의 이해를 돕고, 기준표 작
성 과정 중에 나타난 문제점을 바탕으로 개선방안을 제시했
다. 주요 개선방안으로, 국가적 중요 행정정보 데이터세트에
대해서는 영구기록물관리기관 차원의 별도 선별정책이 마
련되어야 하고 일부가 아닌 전체 데이터세트를 보존하는 방
식으로 운영되어야 하겠다. 또 단위기능 설정과 데이터 분석
을 위해 단위기능-데이터테이블-비정형데이터 매핑자료를
필수 작성사항으로 설정할 필요가 있으며 시스템 운영에 큰
영향을 미치는 비정형데이터에 대한 선별, 관리기준이 추가
로 작성되어야 하겠다. 처분지연 기간을 설정하는 것은 보존
기간의 복잡성을 증가시키는 측면이 있으므로 관련 단위기
능의 통합 또는 보존기간 상향 책정 등의 방식으로 운영하는
것이 바람직하리라 판단된다.

1. 들어가며

데이터의 위상이 예전과는 달라졌다. 과거에는 생산되는 데이터의 양이 많지 않았고 데이터를 처리하는 데 오랜 시간이 소요되었지만 현재 상황은 그렇지 않다. 데이터는 실시간으로 끊임없이 생산되고 숫자, 기호 등의 정형데이터뿐 아니라 텍스트, 이미지, 동영상 등 다양한 종류의 비정형데이터가 대량으로 발생하고 있다. 여기에 데이터 처리 속도가 급격하게 빨라지면서 데이터의 활용가치는 더욱 높아졌다. 이러한 경향은 기록관리 분야에서도 확인되는데, 기존 전자문서 중심의 기록관리 환경이 행정정보 데이터세트의 관리·보존으로 확장해가고 있다.

일반적으로 잘 알려진 기록관리의 원칙과 이론은 그 당시의 기록관리 환경에 맞게 고안 된 기록관리 방법론으로 시대적 맥락을 같이한다. 라이프 사이클 모델은 1934년 미국 국립기록보존소에서 대량의 종이기록을 효율적으로 관리하기 위해 브룩스에 의해 체계화되었다. 레코드 컨티뉴엄은 호주에서 2차 세계대전 시기의 대량 전시기록을 정리하는 사업(기록 감축 캠페인)을 진행하면서 기록관리의 문화적 목적만을 고집하는 경향에서 벗어나 업무효율성 등 행정적 목적을 지향하는 관점이 반영된 것이다(김명훈, 2021). 환경의 변화는 새로운 필요를 낳는다. 정보기술의 발전으로 각종 시스템에서 데이터가 대량으로 생산되고 데이터의 중요성이 인식되면서, 기록으로서 데이터의 안정적 보존과 활용이 현시점에서 기록연구직이 해결해야 할 과제인 셈이다.

2005년 기록관리 혁신 로드맵에서 행정정보 데이터세트가 기록관리 대상으로 처음 선언되었다. 2010년에는 「공공기록물 관리에 관한 법률」 시행령에 행정정보 데이터세트가 기록관리 대상으로 추가되었다. 2018년 행정정보시스템 전자기록물 관리 BPR/ISP가 설계되면서 본격적인 데이터세트 관리를 위한 체계가 마련되었다. 2020년 3월 「공공기록물 관리에 관한 법률」 시행령이 개정되면서 마침내 행정정보 데이터세트의 기록관리 실행 방법이 명문화되었다. 이에 발맞추어 국가기록원에서는 행정정보 데이터세트 기록관리 시범사업을 2019년부터 시작하여 2023년까지 지속해왔다.

하지만 이러한 정책 흐름과는 달리 법적 의무사항을 시급히 이행해야 하는 각급 기관의 기록 담당자들은 참고할 만한 기록관리 사례가 적고 데이터 분석, 단위기능 설정, 처분제약 발생사항 등 익숙하지 않은 개념들이 등장하면서 그 시작에서부터 많은 어려움을 겪고 있다.

이 글에서는 2019년 1차 국가기록원 시범사업에 참여한 전자인사관리시스템(Electronic Human Resource Management System, 이하 e-사람)의 기록관리 체계를 마련한 과정을 데이터세트 관리기준표 작성을 중심으로 정리·분석하겠다. 먼저 행정정보 데이터세트 기록관리의 특징을 이해하기 위해 기존 제도와의 차이점을 비교하겠다. 다음으로 e-사람 데이터세트 관리기준표 작성 절차와 관리기준표 항목별 작성 사례를 구체적으로 살펴봄으로써 전체 작성과정의 설계와 시스템 분석, 단위기능의 설정, 보존기간 책정 등의 기록관리 기준을 정립하는 데 활용될 수 있도록 하겠다. 또한 분석결과에서 데이터세트 관리기준표에 나타난 문제점을 찾아내고 보다 합리적인 데이터세트 관리기준표 운영을 위한 개선방안을 제시하고자 한다.

2. e-사람 기록관리 배경

e-사람은 중앙행정기관의 인사 업무를 지원하는 시스템이며 크게 두 가

지 기능으로 구분된다. 하나는 중앙행정기관의 인사 관련 데이터베이스를 구축하고 인사 담당자와 직원들이 일상적인 인사 업무를 효율적으로 처리하도록 지원하는 업무 기능이다. 다른 하나는 인사 관련 현황 및 통계자료를 중앙 인사관장 기관에 제공하여 합리적인 인사 정책을 수립할 수 있도록 지원하는 활용 기능이다.

2001년 9월에 처음 구축되고 현재 70여 개 중앙행정기관에 보급되었으며 업무 담당자들이 평균 2.56시간을 사용하는 핵심 업무시스템으로 37만여 명의 인사, 급여, 복무, 성과 등 인사데이터를 관리하고 있다. 유사한 기능을 가진 시스템으로 지방자치단체의 표준지방인사정보시스템(人사랑), 교육부의 교육행정정보시스템(NEIS) 등이 있다.

e-사람은 2019년 국가기록원에서 주관하는 행정정보 데이터세트 기록관리 구축사업에 참여했는데, 참여 배경은 e-사람 데이터의 이관과 폐기에 대한 현실적인 필요에서 시작되었다. 먼저 한시 정부조직에 대한 이관 문제가 있었다. 국가기후환경회의와 같이 위원회 활동이 종료되어 폐지된 경우에 인사, 복무 등 인사데이터의 소유 권한을 가진 주체가 사라지면서 경력증명서 발급, 소송자료 제출 등을 위한 데이터 접근과 활용이 불가능해진 것이다. 인사혁신처의 정보화 부서에서 e-사람을 관리하고 있지만 시스템 플랫폼을 운용할 뿐 데이터의 생산·접근·사용 권한은 없다. 일반적인 종이 기록물은 정부부처가 폐지되어 인계 받는 기관이 없을 경우 국가기록원으로 이관하도록 규정하고 있지만 행정정보 데이터세트는 이관 절차와 방법이 마련되어 있지 않아 데이터의 이관은 현실적이고 시급한 사안이었다.

다음은 데이터의 폐기 문제이다. 가족돌봄휴가, 모성보호시간, 육아시간과 같은 가정 친화적 복무제도가 활성화되면서 복무 승인을 위한 증빙자료로 가정통신문, 병원진단서 등 각종 증빙서류를 첨부해야 하는 경우가 증가했다. 이로 인해 스캔파일 용량이 1~2MB 정도로 동종의 대용량 파일이 첨부되고 누적되면서 저장공간 부족, 시스템 부하 등의 장애를 초래했다.

한편 행정정보 데이터세트 기록관리에 대한 법적 근거가 마련되고 2020년 10월 1일부터 시행되면서, 공공기관에서는 의무적으로 행정정보 데이터세트에 대한 기록관리를 수행해야 한다. 2020년 개정된 법령의 요점은 먼저 행정정보 데이터세트 관리기준표를 작성·운영해야 한다는 것이다. 데이터세트는 기존 철-건 구조로 이루어진 전자문서의 분류체계를 수용하기 어려운 문제가 있었다. 또한 데이터세트는 하드웨어, 소프트웨어에 종속되어 있어서 데이터세트를 관리한다는 것은 데이터와 이를 운용하는 하드웨어, 소프트웨어 모두를 관리해야 한다는 의미이다. 그래서 행정정보 데이터세트 관리기준표는 이러한 시스템 운용 환경에 대한 영역도 포함하고 있다. 다음으로 시스템을 기본단위로 행정정보 데이터세트를 관리해야 한다. 이것은 기존 처리과-기록관-영구기록물관리기관으로 이어지는 분절적·단계적 기록관리 방식에서 벗어나 데이터의 물리적 이관에 따른 무결성 훼손을 방지하기 위한 조치라 볼 수 있다. 또한 시스템 담당 기관과 영구기록물관리기관이 협업하여 관리기준표를 확정 짓게 함으로써 투명하고 전문적인 데이터세트 기록관리 기준을 마련하고자 했다. 이러한 제도적 개선 방향이 정해지고, 한시 정부조직 데이터의 이관 문제, 동종 대용량 데이터의 폐기 문제 등 당면 과제를 해결하기 위해 e-사람의 기록관리 체계를 구축하게 되었다.

3. e-사람 데이터세트 관리기준표 작성 분석

1) 기존 기록관리 체계와의 차이점

행정정보 데이터세트 관리기준표 작성에 앞서 기존 기록관리 체계와 대비되는 데이터세트 기록관리의 특징을 살펴볼 필요가 있다. 표 5-1은 전자문서와 행정정보 데이터세트의 차이점을 기록관리 단계별로 구분하여 정리한 것이다.

가장 두드러진 차이점은 바로 분류체계이다. 전자문서는 정부기능분류체계(BRM)에 따라 단위과제, 단위과제카드(기록물철)의 형식으로 기록물을 분류하여 관리하고 있지만, 행정정보 데이터세트는 표준적 분류체계 없이 시스템별 단위기능을 중심으로 기록관리가 이루어진다. 단위기능은 보존기간 적용단위이면서 동시에 폐기, 이관 등 처분이 이루어지는 관리단위이기도 하다.

전자문서는 결재권자가 결재함으로써 성립하고 수신자에게 도달됨으로써 효력이 발생한다. 하지만 대부분의 행정정보 데이터세트는 별도 결재행위 없이 입력하면 그대로 저장·관리된다. 이관에서도 전자문서는 처리과, 기록관, 영구기록물관리기관으로 이어지는 분절적인 절차를 거쳐 관리되지만 행정정보 데이터세트는 시스템 자체 보존을 원칙으로 하고 시스템 종료 등의 특정 사유가 발생할 경우 영구기록물관리기관으로 이관된다.

한편 보존포맷에서도 차이를 보이는데 전자문서는 보존포맷으로 PDF/A-1, 장기 보존포맷으로 NEO 형식을 취하고 있지만 데이터세트는 보존포맷 없이 원 데이터를 그대로 보존하고 국가적 보존이 필요한 중요 데이터의 경우 선별적으로 SIARD-KR을 통해 영구기록물관리기관으로 이관한다.

표 5-1 전자문서와 행정정보 데이터세트의 관리상 차이점

구분		전자문서	행정정보 데이터세트
등록		결재 또는 접수	입력 또는 입력+결재
분류	분류체계	정부기능분류체계(BRM)	단위기능
	보존기간 적용단위	단위과제	
	처분단위	단위과제카드(기록물철)	
	하위 분류체계	기록물철-기록물건-컴포넌트	단위기능-테이블-필드-데이터
이관	온나라➡RMS	매년, 전년도 문서 이관	자체 보존
	RMS➡CAMS	매년, 기산일 10년 경과 보존기간 30년 문서 이관	데이터세트종합관리시스템에 중요 데이터 선별 이관(예정)
보존	보존포맷	PDF/A-1	원 데이터
	장기 보존포맷 및 이관포맷	NEO(NAK'S Encapsulated Object)	SIARD-KR(Software Independent Archiving of Relation Databases-KR)
공개재분류		5년 주기 재분류	
활용		업무관리시스템·RMS	행정정보시스템
평가		기록물철별 재책정·폐기·보류	단위기능별 재책정·폐기·보류
폐기		보존기간 경과 기록물철별 폐기	보존기간 경과 단위기능별 폐기
형식		비정형파일 (hwpx, pdf, odt 등)	DB, 비정형파일

또, 전자문서는 기록물 건별로 엄격하게 공개 여부를 구분하여 관리하고 5년 주기 등 특정 시기마다 공개재분류를 위한 절차가 마련되어 있지만 데이터세트는 단위기능별 비공개 정보에 대해 기술하고 있을 뿐 구체적인 공개재분류에 대한 정책이 없는 상황이다. 활용 측면에서 전자문서는 기록관리시스템에 보유한 모든 기록을 검색할 수 있으며 열람 신청과 승인을 통해 열람과 저장이 가능하다. 하지만 데이터세트는 시스템 사용 권한에 따라 데이터의 접근 범위가 달라지는데, 일반 사용자들은 간단한 조회 기능을 활용할 수 있고 시스템 관리자의 경우 통계 정보, 쿼리를 사용한 특정 데

이터세트 추출 등 폭넓게 데이터를 검색하고 활용할 수 있다.

평가·폐기는 절차가 동일하지만 전자문서는 평가단위가 기록물철(단위 과제카드)인 반면, 데이터세트는 단위기능별로 진행된다는 점이 차이이다. 전자문서는 hwpx, pdf, odt, 스프레드시트 등 비정형파일로 구성되지만 행정정보 데이터세트는 데이터베이스가 대부분을 차지하고 첨부파일 형태로 비정형파일이 함께 관리되고 있다.

이러한 데이터세트 기록관리의 특징을 간략히 기술해보면 "시스템에 저장된 정형·비정형 데이터를 단위기능으로 구분하여 자체적으로 보존하고 이관이 필요할 경우 SIARD-KR 포맷을 통해 중요 데이터를 선별적으로 영구기록물관리기관으로 이관한다"로 정리해볼 수 있다.

기록관리기준표와 데이터세트 관리기준표의 작성 절차와 구성 항목에서도 차이가 나타난다. 두 기준표의 관리단위는 전자가 단위과제이고 후자가 단위기능이다. 단위과제는 BRM상 가장 아래 계층에 있는 영역으로 부서에서 수행하는 업무를 영역별·절차별로 그룹화한 것이고 단위기능은 개별 시스템에 구현된 세부 데이터와 기능에 맞추어 설정한 영역이다.

현재 운영 중인 e-사람과 관련된 단위과제는 '전자인사관리시스템 구축', '전자인사관리시스템 운영'이 있고 데이터세트 관리기준표의 단위기능은 '인사', '복무', '평정', '급여'로 구분된다. 단위과제는 e-사람의 구축, 고도화, 유지보수 등 시스템을 운영하면서 발생하는 실제 업무활동에 초점을 맞추어 설정된 개념이고 단위기능은 e-사람 운영의 결과로 생성된 인사, 복무, 평정, 급여 등의 데이터를 기반으로 재구성한 개념이라 할 수 있다. 그래서 단위과제명에는 '업무'를 붙이는 것이, 단위기능명에는 '데이터'를 붙이는 것이 의미상 자연스럽다.

한편 두 기준표의 작성 절차에서도 몇 가지 차이점이 나타난다. 일반적으로 기록관리기준표의 단위과제는 업무부서에서 단위과제를 신설하고 사용 신청을 하면 조직담당 부서[1]에서 적정 여부를 검토하고 승인한다. 이후 기록관과 영구기록물관리기관의 보존기간 협의를 거쳐 확정된다. 그리고 신설되거나 보존기간이 변경된 단위과제는 관보 또는 기관 홈페이지에 고시해야 한다. 반면 데이터세트 관리기준표의 단위기능은 일반적으로 정보화 부서(또는 시스템을 운영하는 업무부서)에서 초안을 작성하고 중간 단계의 사용승인 절차 없이 기록관과 영구기록물관리기관과의 협의를 통해 최종 확정되며, 관리기준표는 별도의 고시 없이 문서 행위(기준표 협의 신청 및 협의 회신 문서)를 통해 완성된다.

또한 기준표 구성 항목에서도 차이가 있다. 기록관리기준표는 단위과제별로 업무설명, 보존기간 및 책정사유, 비치기록물 여부, 보존장소, 보존방법, 공개여부, 접근권한 등 기록관리 항목을 중심으로 비교적 간단하게 구성되어 있다. 하지만 데이터세트 관리기준표는 기록관리정보 외에도 기관정보, 법규정보, 시스템정보, 데이터정보, 업무정보 등 다양한 항목을 작성해야 한다. 이는 기록관리기준표가 개별 기록물의 관리, 보존에 초점을 맞춘 것이라면 데이터세트 관리기준표는 개별 데이터는 물론 데이터를 운영하는 하드웨어와 소프트웨어 등의 환경적 요인이 함께 관리되어야 함을 말한다.

기록관리기준표의 기록관리 항목과 데이터세트 관리기준표의 기록관리 정보가 유사한 기능을 가지고 있지만 데이터세트 관리기준표의 주제어, 데이터의 보유·관리 권한의 구분, 적용범위, 처분제약 발생사항, 처분방법 등

---

[1] 각 기관에서 정부기능분류시스템을 담당하는 부서는 차이를 보인다. 일반적으로 조직 업무를 담당하는 부서에서 정부기능분류시스템을 총괄하고 있으며 일부 기록관 담당자가 관리자로 설정된 경우도 있다.

에서는 차이를 보인다. 주제어는 단위기능 하위에 포함된 다양한 기능과 데이터에 대한 검색과 접근을 보장하기 위해 작성된다고 볼 수 있다. 데이터의 보유권한과 관리권한을 설정하는 것은 e-사람과 같이 여러 부처에서 공통으로 사용하는 시스템인 경우 데이터를 관리하는 기관(인사혁신처)과 데이터를 보유하는 기관(사용부처) 간의 역할과 책임을 구분하기 위한 것으로 이해할 수 있다. 예를 들어 e-사람 데이터의 평가·폐기를 위해 인사혁신처에서는 데이터세트 관리기준표를 작성하여 관련 기관에 배포하고 평가·폐기 기능을 시스템에 구현하는 역할을 수행한다. 데이터 보유 기관에서는 각 기관에서 생산·보유하고 있는 데이터의 가치 평가를 위해 부서 의견을 조회하고 기록물평가심의회를 개최하며 폐기로 결정된 데이터를 삭제하고 그 결과를 관리하는 역할을 수행할 수 있다. 처분제약 발생사항은 데이터의 연계 구조와 활용성을 고려한 보존기간 예외사항이라 할 수 있다. 처분제약 기간(=처분지연 기간)을 설정해두면 기존 보존기간에 처분지연 기간을 합산한 기간만큼 보존이 가능하다.

2) 데이터세트 관리기준표 작성 절차 및 세부사항 분석

행정정보 데이터세트 관리기준표는 관련 부서와 기관의 협업을 통해 작성된다. 보통 기록관, 정보화 부서, 국가기록원이 참여하지만 e-사람은 인사 관련 제도가 시스템으로 구현되었기 때문에 인사기록, 복무, 성과, 급여를 담당하는 부서의 참여도 필수적이다. 데이터세트 관리기준표 작성 절차는 첫째, 행정정보시스템 전수 조사 및 관리대상 선정, 둘째 시스템 분석 및 관리기준표 초안 작성, 셋째 관리기준표 협의, 넷째 관리기준표 확정 및 운영으로 구분해볼 수 있다.

그림 5-1 행정정보 데이터세트 관리기준표 작성 절차

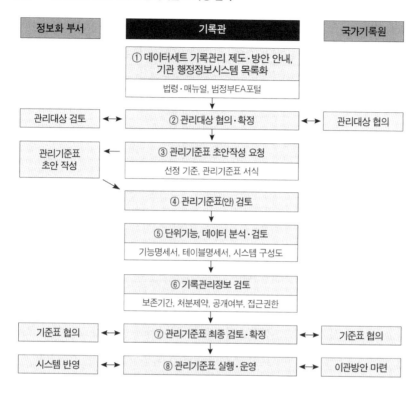

그림 5-1은 기록관을 중심으로 행정정보 데이터세트 관리기준표의 작성 절차를 정리한 것이다. 관리기준표 작성에 앞서 개정된 법령 내용을 안내하고 의무적 실행사항을 정확히 공유하는 것이 중요하다. 기록관에서는 기관에서 관리하고 있는 시스템 전체를 조사할 필요가 있으며 정보화 부서와 협의를 거쳐 기록관리 대상 시스템을 선별하고 영구기록물관리기관과 협의를 통해 확정한다.

관리기준표 초안 작성은 정보화 부서의 역할이다. 기록관은 관리기준표 서식과 참고자료(예시)를 제공하고 정보화 부서는 시스템을 분석해 초안을 마련해야 한다. 기록관은 관리기준표 중에서 특히 단위기능과 기록관리정보를 면밀히 검토해야 하고 정보화 부서, 제도부서, 영구기록물관리기관의 협의를 거쳐 최종 확정한다. 이후 시스템 고도화 등의 사유로 단위기능의 추가, 폐지가 발생할 경우 관리기준표의 변경도 진행되어야 한다.

(1) 자료수집

기록관에서 주도적으로 행정정보 데이터세트 관리기준표를 작성할 경우에는 우선 관련 자료를 수집해야 한다. 시스템을 분석하기 위한 필수자료로 시스템의 업무와 기능을 파악하기 위한 기능명세서, 기능별 연계구조 조사를 위한 DB 스키마(ERD), 데이터테이블 구조 파악을 위한 테이블명세서, 데이터 활용맥락 분석을 위한 사용자 매뉴얼 등의 수집과 정리가 필요하다. 그 외에도 시스템 구성도, 인터페이스 명세서, 개발 및 유지·보수 제안요청서, 인사기록카드·경력증명서와 같은 서식류 등의 자료도 함께 조사해야 한다. 자료수집은 정보화 부서의 협조로 이루어진다.

자료수집 초기에 시스템 관련 유용한 정보를 얻을 수 있는 정보원은 범정부EA포털(GEAP: Government-wide Enterprise Architecture Portal)이다. GEAP에서는 국가기관을 비롯한 공공기관의 정보시스템 운영 현황을 관리하고 있다. EA(Enterprise Architecture, 정보기술아키텍처)는 시스템의 처리 업무, 하드웨어·소프트웨어, 데이터, 적용 기술 등을 체계적으로 정리한 종합 구조도라 할 수 있다. GEAP은 시스템 중복 투자를 방지하고 운영 성과를 평가하여 폐기, 통폐합을 추진하는 데 활용되고 있다(행정안전부 홈페이지).

GEAP에서 확인할 수 있는 시스템에 대한 중요 정보는 전체 시스템 목록, 시스템별 세부 정보, 연계시스템, 정보파일 보유기간, 응용 기능 등으로 기관 전체 정보시스템을 목록 형식으로 파악할 수 있고 각 시스템의 개요,

목적, 기능을 이해하는 기초 자료로 활용할 수 있다.

(2) 역할 구분

e-사람의 기록관리 체계를 마련하기 위해서 기록관, 정보화 부서, 제도부서, 국가기록원의 협력이 중요하다. 그림 5-2는 행정정보 데이터세트 관리 기준표를 작성할 때 참여하는 기관(부서)과 그 역할을 나타낸 것이다. e-사람은 인사행정 업무를 지원하는 시스템으로 그 기본은 인사제도와 아주 밀접하게 관련되어 있다. 특히 법적 근거, 업무 내용 및 절차, 관련 데이터 중요성 등은 임용·복무·성과 등의 제도와 정책을 담당하는 부서의 업무이므로 이들 부서의 의견 제시와 참여는 필수적이다.

정보화 부서는 시스템의 구조와 기능, 데이터 저장, 연계 등 시스템 운용에 대한 전체를 총괄하는 부서로 해당 부서의 협조 없이는 기록관리 자체가 불가능하다. 정보화 부서의 주요 역할은 시스템 및 데이터에 대한 정보 제공, 데이터 관리단위(단위기능) 설정, 연계 데이터 확인, 이관·폐기를 위한 기능 탑재 등이다. 또한 해당 시스템이 다수 기관에서 공통으로 사용하

그림 5-2 행정정보 데이터세트 관리를 위한 역할 구분

구분	부서	역할
내부	기록관	• 기준표 작성 지원·확정 • 기준표에 따른 기록관리 운영
	정보화 부서	• 기준표 초안 작성 • 기록관리 기능 구현
	제도 부서	• 데이터 보존기간 책정 • 처분제약사항 확인
외부	국가 기록원	• 관리대상 및 기준표 협의 • 이관정책 수립 및 실행

는 시스템인지 고유시스템인지 파악하여 공통 시스템일 경우 데이터 소유와 관리 권한의 문제, 이관·폐기 방식의 결정 등에 대해 타 기관과의 협조도 필요하다.

기록관은 전체 운영을 총괄하면서 e-사람 기록관리기준표 단위기능의 범위와 보존기간의 적절성에 대해 검토하고, 이관·폐기 과정의 기록화를 위한 서식 등을 마련해야 한다. 국가기록원은 이관·폐기 등 기록관리 정책을 총괄하면서 시스템에 적용할 수 있는 이관·폐기 모듈을 개발하고 보급하는 역할을 수행한다. 또한 기록관, 정보화 부서와 협의하여 기록관리기준표를 검토하고 확정하는 업무도 병행한다.

(3) 대상 선정

국가기록원은 행정정보시스템의 유형을 네 가지로 구분하고 시스템의 성격과 내용에 따라 기록관리 대상인지를 판단한다. 먼저 A유형은 각 기관의 고유 업무를 시스템으로 구현하고 DB로 관리하는 것으로 국토종합정보시스템, 전자관보시스템 등이 여기에 해당된다. B유형은 기관 공통의 행정 업무를 지원하기 위해 구축된 시스템으로 디지털예산회계시스템, 국민신문고시스템 등이 해당된다. A, B 유형은 기록관리가 필요한 시스템이다. 그 외에 기록관리 대상이 아닌 C, D 유형이 있는데 C유형은 기록관리시스템과 같이 이미 기록관리가 적용된 시스템이고 D유형은 업무 내용이 DB로 저장되지 않는 단순 시스템으로 문자전송시스템, 자료전송시스템 등이 해당한다. 국가기록원의 기준에 따르면 단순 시스템을 제외한 대부분의 시스템이 기록관리 대상이라고 볼 수 있다.

(4) 데이터와 업무 분석을 통한 단위기능의 설정

행정정보 데이터세트 관리기준표는 ① 관리정보, ② 법규정보, ③ 시스템정보, ④ 데이터정보, ⑤ 업무정보, ⑥ 기록관리정보의 6개 영역과 36개 세부항목으로 구성된다. 관리정보, 법규정보, 시스템정보는 비교적 작성이 쉬운 반면, 데이터정보, 업무정보, 기록관리정보는 데이터와 기능에 대한 충분한 조사와 분석이 필요한 영역이다. 특히 기록관리정보는 보존기간 등 데이터 처분과 관련된 중요사항이 포함되어 있어 신중한 검토가 요구된다.

앞의 관리정보, 법규정보, 시스템정보에 대한 작성 방법은 생략하고 데이터정보와 업무정보를 바탕으로 단위기능을 설정하는 과정에 대해 구체적으로 살펴보았다.

우선 시스템에서 보유하고 있는 데이터를 파악하는 일은 시스템 운영과 기록관리 측면에서 모두 중요하다. 시스템 운영에서는 저장공간 문제와 관련된다. 종이기록물을 주기적으로 폐기하는 일이 기록관 보존공간의 부족과 관련이 있는 것처럼 데이터가 지속적으로 축적되면서 스토리지 증설, 백업, 시스템 부하 등의 현실적인 문제가 발생하므로 시스템 운영에 큰 영향을 끼치는 데이터의 종류와 유형을 파악하는 것이 중요하다. 기록관리 측면에서는 데이터의 가치를 확인하고 적절한 보존 조치를 취하기 위해 데이터베이스와 같은 정형데이터와 워드, 이미지, 동영상 등 비정형데이터를 확인해야 한다.

업무정보는 시스템에서 수행하는 업무 내용을 나타낸 것으로 단위기능과 동일하게 구분될 수도 있지민 일반석으로 여러 개의 업무로 구성된다. 업무와 이 업무와 관련된 데이터 간의 종속·연결 구조를 파악하여 1개 또는 n개의 단위기능을 설정할 수 있는 것이다.

단위기능은 행정정보 데이터세트 관리기준표에서 새롭게 등장한 개념으로 행정정보 데이터세트의 평가, 폐기, 이관 등 처분을 위한 기본 관리단위이다. 기존 범정부 차원의 표준적인 정부기능분류체계를 따르지 않고 개별 시스템 단위로 도출되며, 시스템 전체가 하나의 단위기능이 될 수 있고 기능명세서 최하위에 있는 소규모의 기능도 단위기능으로 설정될 수 있다.

한편 단위기능은 데이터세트 가운데 기록으로 관리해야 할 것과 그렇지 않은 것을 구분하는 역할도 한다. 즉, 단위기능을 설정하는 일은 해당 데이터를 기록으로 획득하고 선별하는 과정이 될 수 있다. 그래서 데이터의 누락을 방지하기 위해 모든 기능과 데이터의 포괄적 조사가 선행되어야 하고 특정 데이터의 내용과 가치가 기록에 부합하는지 충분히 검토하여 단위기능으로 구분해야 하겠다.

단위기능을 파악할 수 있는 도구로는 시스템 구성도, 기능명세서, 테이블 명세서, 시스템 운영 매뉴얼 등이 있다. 시스템 구성도는 기능, 연계, 서비스 등을 보기 쉽게 도식화한 것이다. 시스템의 전체 운영체계와 대표 기능을 파악하는 기초 자료로 활용할 수 있다. 단위기능 설정에서 가장 핵심적인 지료는 기능명세서와 테이블 명세서이다. 기능명세서는 시스템에서 처리하는 기능을 정의한 문서로 트리구조로 된 기능목록을 통해 하위 레벨의 구체적인 기능을 확인할 수 있다. 단위기능명과 그 범위를 결정하는 데 핵심적인 도구라 할 수 있다. 테이블 명세서는 테이블의 속성을 기술해놓은 문서로 어떤 데이터가 어떤 형식으로 저장되고 있는지를 보여준다. 여기서 테이블은 엑셀시트와 같이 행(row)과 열(column)로 구성된 데이터의 집합으로 단위기능에 종속되어 있으면서 실제 폐기, 이관이 실행되는 단위이다. 그 외에도 시스템 운영 매뉴얼을 참고하여 현재 사용하고 있는 시스템의 기능과 절차에 대해 파악할 수 있다.

장기간에 걸쳐 시스템에 데이터가 축적되고 고도화를 거듭하면서 시스템 기능은 더욱 세분화되고 테이블 간의 연결은 파악이 불가능할 정도로 복잡해진다. 시스템의 이러한 복잡한 연결 구조와 기준을 훼손하지 않고 데이터를 온전하게 보존하기 위해서는 단위기능을 너무 세분화하기보다는 데이터의 유기적인 체계를 그대로 보존할 수 있는 범위 내에서 설정하는 것이 바람직하다. 이런 측면에서 다른 기능과 서로 영향을 받지 않는 독립성이 단위기능을 설정하는 중요 기준이 될 수 있다.

또한 기능명세서에 표시된 기능과 실제 데이터가 저장되는 테이블 간에 차이가 있을 수 있기 때문에 '단위기능-테이블'의 범위를 확인할 필요가 있다. 예를 들어 '복무'라는 단위기능을 더욱 세분화하여 '근무지 내 출장'을 하나의 단위기능으로 설정했다면 '근무지 내 출장'이라는 단위기능 아래 관련 테이블이 독립적으로 존재하는지 확인이 필요하다. 만약 실제 테이블에서 '근무지 내 출장'과 '근무지 외 출장'을 별도 테이블로 구분하지 않고 통합 관리한다면 단위기능별 데이터 폐기 시 테이블 전체가 아닌 특정 레코드나 칼럼을 선별적으로 폐기해야 하는 무결성 훼손 상황이 발생할 수도 있다.

e-사람은 시스템 분석과 이상의 참고자료를 분석하여 인사, 복무, 평정, 급여라는 4개 단위기능을 설정했다. 데이터 간의 복잡한 연계 구조를 훼손하지 않기 위해 최대한 독립적인 기능으로 구분될 수 있도록 설정했으며 인사 통계 등에 참조가 필요한 경우에는 처분제약 발생사항(처분지연 사유)을 설정하여 데이터 활용에 따른 처분지연을 명시해두었다.

(5) 기록관리정보의 작성

데이터세트 관리기준표의 6개 영역 가운데 기록관에서 가장 신경 써야 할 부분이 기록관리정보이다. 기록관리정보는 기록관리기준표의 기록관리 항목에 해당하며 단위기능에 대한 세부 테이블 범위가 표시되고 보존기간과 그 책정사유가 기재되며 연계 데이터 보존을 위한 처분제약 발생사항이 기술되어 있다.

표 5-2는 e-사람 '복무' 단위기능의 기록관리정보를 나타낸 것이다. 업무 활용 목적은 근무상황, 초과근무, 출장관리 등 공무원 복무사항 관리이며 주제어는 유연근무, 연가, 초과근무, 출장 등이 있다. 복무 데이터의 보유권한은 각 사용부처에 있으며 시스템 유지보수 등 관리권한은 인사혁신처에 있다. 연가와 같은 개인 사생활 보호가 필요한 정보는 비공개이고 출장 등 공식 업무와 관련된 복무사항은 공개를 원칙으로 한다.

적용범위는 복무 기능에 포함된 테이블 전체이며 처분방법은 처분제약 기간 동안 비치한 후 다음 연도 1월 1일을 기산으로 보존기간이 경과한 단위기능에 대해 기록물평가심의회를 거쳐 폐기할 수 있고, 관련 데이터베이스와 전자파일을 모두 삭제하는 방식으로 폐기 집행이 이루어진다.

보존기간 책정과 처분제약 발생사항에 대해 구체적으로 살펴보면, 먼저 보존기간은 각 기관에서 관리하고 있는 시스템이 고유업무시스템인지, 공통업무시스템인지 그 성격을 먼저 파악한 후 고유 업무일 경우 「공공기록물 관리에 관한 법률」 시행령 별표 1과 기관의 기록관리기준표를 참고한다. 공통 업무일 경우 기관공통업무 보존기간 준칙(2022)과 처리과공통업무 보존기간 준칙(2022)을 참조한다. e-사람은 중앙행정기관에서 함께 사용하는 공통업무시스템으로 기관 및 처리과공통업무 보존기간 준칙에 책정된 보존기간을 참고했다.

과거 처리과에서 수기로 작성한 초과근무대장, 연가대장, 출장대장 등은 처리과 또는 팀 수준에서 연단위 반복적으로 발생하는 업무로 취급되어 보존기간이 1년으로 낮게 설정되었다. 처리과의 복무관련 대장은 사실상 복

표 5-2 e-사람 '복무' 단위기능의 기록관리정보

단위기능명	공무원 복무사항 관리	필수
업무활용 목적	근무형태, 근무상황, 초과근무, 출장관리, 교육파견 등 공무원 복무사항	필수
주제어	근무형태, 근무상황, 유연근무, 연가, 초과근무, 출장, 교육파견, 보안점검, 당직	필수
보유권한	각 사용부처	선택
관리권한	인사혁신처	선택
접근권한	일반 사용자, 부서 담당자, 복무 담당자, 시스템 관리자	선택
정보공개구분	개인정보 비공개(단, 출장 등 업무관련 복무사항은 공개)	필수
보존기간	5년	필수
보존기간 책정사유	복무 제도·정책 개선 참고, 기관운영 감사 등 사실 증빙을 위해 5년간 보존	필수
적용범위	복무 관련 테이블 전체	필수
적용범위 관련정보	TN_ERD_LODKOE***e(출장신청내역) 등	선택
처분제약 발생사항 (처분지연 이유)	통계 활용을 위해 5년간 비치 보존	선택
처분방법	처분제약기간 동안 비치 후 다음 연도 1월 1일을 기산일로 하여 보존기간이 지난 후 평가심의를 거쳐 폐기, 관련 데이터베이스 데이터 및 전자파일 폐기	선택

무사실을 확인하는 증빙가치를 가질 뿐 그 외의 활용성은 없었다고 볼 수 있다. 하지만 대장류의 기록이 데이터베이스로 누적 관리되면서 대량의 데이터가 연결되고 조합을 통해 활용성이 높은 복무통계정보를 생산하게 되었다.

보존기간 책정은 기록의 활용과 가치를 판단하여 보존일정을 계획하는 것으로 무분별한 기록의 폐기를 막아 기록을 보호하는 기능을 갖기도 하지만 보존기간이 경과했을 때 평가를 실시해야 하는 당위성도 갖고 있다. 특히 기록에 개인정보가 포함되어 있을 경우 보존기간의 만료시점이 도래하면 기록의 가치를 재평가해야 하는 의무는 커지게 마련이다. 데이터세트는 과거 개별단위로 관리되던 카드, 대장과는 성격을 달리한다. 데이터로 존재하는 카드, 대장은 누적될수록 빅데이터로서 가치는 커지고 각 데이터의 연계, 조합, 융합을 통해 새로운 데이터를 창출할 수 있다. 이러한 의미에서 데이터세트의 보존기간은 기존 보존기간을 하한으로 설정하고 장기보존의 관점에서 상향 책정하는 방식을 취해야 하겠다.

e-사람의 복무 기능에는 처리과 단위의 시간 외 근무, 출장, 연가 등의 복무 데이터가 저장된 것으로 과거 초과근무대장, 연가대장 형태의 기록물이다. 처리과공통업무 보존기간 준칙 '복무관리'(1년), 기관공통업무 보존기간 준칙 '시간 외 초과근무 관리'(3년) 그리고 복무제도 활용 등을 고려하여 보존기간을 5년으로 설정했다. 기존의 보존기간 준칙과 데이터의 가치, 시스템 운용의 효율성 등을 함께 고려하여 보존기간이 설정되어야 한다.

한편 처분제약 발생사항은 행정정보 데이터의 상호 연계를 고려하여 만들어진 항목이다. 데이터베이스는 효율성을 높이기 위해 중복된 테이블을 생성하지 않고 1개의 테이블에서 여러 기능을 참조할 수 있도록 구성되어 있다. 시스템의 역사가 오래되고 기능 개발이 지속적으로 이루어진 경우라면 데이터 연계는 더욱 복잡한 양상을 띠게 된다. 이러한 연계 데이터의 문제를 해결하기 위해 상호 연계된 데이터에 대해서는 연계기간만큼 데이터를 더 보존할 수 있도록 했다. 복무 기능에서도 연마다 수행되는 국가공무원통계와 5년 주기로 시행되는 공무원총조사 등 통계 업무를 참고하기 위해 5년을 처분제약 기간으로 설정했다. 결과적으로 복무 기능의 총 보존기간은 처분제약 기간 5년과 복무 기능의 보존기간인 5년을 합쳐 10년으로 설정된다고 볼 수 있다. 정보화 부서와 협력하여 데이터 연계 구조를 자세히 파악해야 하며 이러한 구조의 복잡성으로 인해 조사가 불가능할 경우 특정 데이터를 참조하는 모든 단위기능을 통합하여 하나의 단위기능으로 설정하고 관리해야 한다.

4. 행정정보 데이터세트 관리기준표 개선방안

1) 국가적 중요 행정정보 데이터세트 선정과 차별적 장기보존정책 수립

현행 공공표준과 매뉴얼에서 행정정보 데이터세트의 기록관리 대상 선정은 1차로 시스템 운영기관에서 검토하고 그다음 영구기록물관리기관과 협의해 확정한다. 또한 영구기록물관리기관으로 이관은 시스템 폐기, 소관기관 폐지 등 특정 시점에 제한적으로 진행될 것으로 보이며 시스템 내 전체 데이터가 아닌 보존가치가 높은 중요 데이터를 선별적으로 이관할 예정이다.

문제는 모든 행정정보 데이터세트를 이상과 같은 동일한 절차에 따라 관리하는 것인데, 국가적으로 보존가치가 높은 행정정보시스템에 대해서는 영구기록물관리기관 차원의 거시적인 선별 정책과 차별화된 장기보존 전략이 마련되어야 할 것으로 생각된다. 행정정보시스템은 특정업무 수행에 필요한 여러 기능을 구현해놓은 것으로 각각의 기능과 이에 종속된 데이터들은 물리적으로 독립될 수 있지만, 전체 시스템이 지향하는 목적을 달성하기 위해 각 기능들은 유기적인 관계를 맺고 있다고 볼 수 있다. 지금과 같이 행정정보시스템 내 단위기능별 보존기간을 설정하여 폐기, 이관 등 처분을 실행하는 것이 수많은 행정정보시스템의 기록관리에 현실적이고 유용한 방식이 될 수 있지만 시스템의 단위기능이 아닌 행정정보시스템 자체를 기준으로 중요도를 파악하여 시스템 전체를 기록관리 대상으로 선정하여 보존하는 정책도 필요하다.

즉, 현재 「공공기록물 관리에 관한 법률」과 공공표준 등에 규정된 행정정보 데이터세트 관리 방식과 병행하여 국가적인 관리가 필요한 행정정보 데이터세트에 대해서는 시스템 전체를 기준으로 기록관리 대상을 지정하는 선별 정책이 수립되어야 하고 이에 부합하는 장기보존 전략도 마련되어야 하겠다.

행정정보시스템의 선별 정책과 관련해서 행정안전부에서 진행한 범정부 정보자원 보존계획을 참고할 수 있다. 이 계획은 행정정보 데이터의 유실을 방지하고 안전하게 보존·활용하기 위한 방안을 마련하는 것으로 보존 대상 시스템을 선별하는 기준으로 시스템의 중요도를 지표화하여 제공했다. 그 지표로는 유일성(독점성), 출처의 신뢰성, 누적가치성, 통계적 활용성, 활용 요구의 다양성(반복이용성)이 있으며 이러한 기준은 영구기록물관리기관에서 중요 행정정보시스템을 선별하기 위한 지표로도 활용될 수 있을 것이다.

한편 중요 행정정보 데이터세트의 전반적인 관리 정책은 기존 속기록의 지정 절차와 관리 방식을 참고할 수 있겠다. 속기록 작성대상 회의지정은 영구기록물관리기관의 주도하에 생산기관과의 협의를 통해 이루어지고 있으며 영구기록물관리기관은 생산 단계에서부터 지속적인 모니터링과 지도, 점검을 실시하면서 속기록의 생산과 보존에 깊이 관여하고 있나. 중요 행정정보 데이터세트의 관리도 속기록 제도의 예와 같이 생산 단계부터 장기보존 관점이 적용되고 지속적인 관리가 이루어진다면 보다 안정적인 시스템 운용과 보존이 가능할 것으로 보인다. 장기보존 전략에서도 기존 전자문서에 적용된 마이그레이션 방식이나 행정정보 데이터세트 이관 포맷으로 개발된 SIARD-KR 방식에서 벗어나 보다 원형에 가깝게 행정정보 데이터세트를 재현해낼 수 있는 방식으로 개발되어야 하겠다.

2) 단위기능-데이터테이블-비정형데이터 매핑자료의 필수 작성

앞서 살펴본 것처럼 행정정보 데이터세트의 단위기능을 설정하는 것은 기록관리 대상을 선별하는 행위로서 일부 데이터가 누락되는 상황이 발생하지 않도록 기능과 데이터에 대한 전수 조사가 필수적이다. 또한 데이터세트의 평가, 폐기, 이관 등 기록관리가 단위기능을 기준으로 이루어지기 때문에 적절한 단위기능의 설정은 무엇보다도 중요한 작업이라 할 수 있다.

하지만 현행의 데이터세트 관리기준표는 데이터정보, 기록관리정보 등에 기능과 데이터에 대한 정보를 기술하도록 규정되어 있음에도 실제 작성이 이루어졌을 때 구체적인 데이터 현황이 드러나지 않아 단위기능과 데이터의 종속, 연계 구조를 파악하기가 쉽지 않다. 데이터세트 관리기준표의 데이터정보에 대표 데이터, 비정형데이터의 포맷, 종류 등이 필수 입력사항으로 규정되어 있지만 어떤 종류의 데이터와 비정형데이터가 있는지를 개괄적인 수준에서 파악할 수 있을 뿐 데이터와 비정형데이터의 연계 구조를 파악하기는 힘들다. 또한 기록관리정보에서 단위기능의 적용범위와 적용범위 관련정보(테이블명)를 작성하도록 되어 있지만 적용범위 관련정보는 필수 입력사항이 아니기 때문에 단위기능과 이에 종속된 테이블명의 관계가 포괄적이고 모호하게 설정될 가능성이 있다.

그래서 데이터세트 관리기준표의 별지 서식으로 단위기능-데이터테이블-비정형데이터를 한눈에 파악할 수 있는 기능-데이터 매핑자료를 의무적으로 작성할 필요가 있으며 정보화 부서에서 데이터세트 관리기준표 초안을 작성할 때 필수 입력사항으로 규정해야 하겠다. 기능-데이터 매핑자료를 통해 각 기능에 종속된 데이터테이블을 파악할 수 있으며 데이터 간 연계 구조, 그리고 비정형데이터의 유무와 기능과의 연결 구조 등을 보다 쉽게 확인할 수 있을 것이다. 기능-데이터 매핑자료는 기록관 담당자들이 시스템에 존재하는 모든 데이터를 식별하고 연계 구조를 파악하는 데 활용하는 유용한 참조 도구이다.

3) 비정형데이터에 대한 추가 관리기준 수립

행정정보시스템 내 존재하는 데이터는 크게 정형·비정형 데이터로 구분된다. 문서, 이미지, 동영상 등 비정형데이터는 특정 기능의 첨부파일 형태로 존재하는 경우가 많은데, 종류와 형식이 다양하고 정형데이터에 비해 용량이 큰 편이다.

비정형데이터는 전체 데이터를 구성하는 데 필수요소로 존재하는가 하면 단순 참고를 위한 일시적인 필요성을 갖는 경우도 있다. 예를 들어 전자인사기록카드의 증명사진 이미지 파일은 성명, 생년월일, 주소, 병력사항 등 정형데이터와 함께 인사기록카드를 구성하는 필수 데이터라 할 수 있다. 반면 e-사람에서 연말정산금을 지급하기 위해 국세청 홈택스 시스템의 연말정산 PDF 파일을 전송 받아 저장하는 경우에 이 파일은 e-사람 급여기능을 적용한 이후에는 활용가치가 없기 때문에 단순 참고적인 성격을 가진다. 시스템에서 보유하고 있는 모든 비정형데이터를 파악한 후 필수적인지 참고적인지를 판단해야 한다. 필수요소로서 관리대상이 되는 것은 상위 단위기능의 보존기간에 따라 관리하고 단순 참고적인 비정형데이터는 기록관리 대상에서 제외하는 관리기준이 설정되어야 하겠다.

이처럼 시스템 운용에 큰 영향을 주는 비정형데이터에 대해 데이터의 성격과 가치를 고려하여 기록관리 대상 여부를 결정할 필요가 있으며, 특히 대용량의 스캔파일의 경우 시스템에 미치는 영향도, 데이터의 가치, 활용성 등을 충분히 고려하여 시스템의 안정적 운용과 데이터의 지속적인 보존을 위해 합리적인 선별 과정이 이루어져야 하겠다.

4) 처분제약 발생사항의 제한적 적용

처분제약 발생사항은 행정정보 데이터세트에서 특징적으로 나타나는 데이터 간 연계 및 참조 구조를 고려하여 작성하는 영역이다. 보존기간이 서로 다른 단위기능 아래 각각 독립적인 데이터테이블이 존재하지 않고 하나의 데이터테이블을 공통으로 참조한다면 단위기능별 폐기로 인해 데이터 무결성을 훼손하는 상황이 발생할 수도 있다. 예를 들어 e-사람의 복무 기능에 초과근무내역 테이블이 존재하고, 초과근무수당을 지급하기 위해 급여 기능에서 초과근무내역 테이블을 참조한다면 복무 기능의 보존기간인 5년을 기준으로 해당 테이블을 폐기했을 경우 보존기간이 10년인 급여 기능에서는 관련 데이터를 참조할 수 없는 오류 상황이 발생할 수 있다. 이런 경우에 초과근무내역 테이블을 급여 기능의 보존기간만큼 보존해야 하는 처분지연 사유가 발생하므로 처분지연 기간(5년)과 사유를 관리기준표에 명시하고 원래의 보존기간과 처분지연 기간을 합산한 기간만큼 보존되는 것이다.

이처럼 처분제약 발생사항은 엄격한 보존기간 적용의 예외 사유를 두어 데이터 연계라는 특징적인 환경에 유연하게 대처할 수 있는 장점이 있다. 하지만 실제 데이터세트 관리기준표의 관리 측면에서 다소 복잡한 부분이 존재한다. 처분제약사항이 발생한 경우 처분방법은 '처분제약에 따른 기간 동안 비치 후 다음 연도 1월 1일을 기산일로 하여 보존기간이 지난 후 평가 심의를 거쳐 폐기'하는 방식으로 진행되는데 보존기간과 처분제약 기간을 함께 관리해야 하는 번거로움이 있다. 그래서 처분제약 발생사항을 설정하기보다는 단위기능을 통합하거나 보존기간을 상향 책정하는 방식으로 운영하는 것이 보다 효율적일 것으로 생각된다. 이를 복무 기능과 급여 기능에 적용해보면, 복무 기능에 처분제약 발생사항을 두는 것이 아니라 복무 기능과 급여 기능을 통합하여 하나의 단위기능으로 구성할 수 있으며 또는 복무 기능의 보존기간을 급여 기능의 보존기간과 같이 10년으로 설정하고 보존기간 책정사유에 그 근거를 명확히 제시할 수 있다. 데이터 연계 상황뿐 아니라 통계정보 등 다른 업무에 활용하기 위해 데이터를 더 보존해야 하는 경우에서도 처분제약 발생사항으로 설정하지 않고 보존기간 자체를 상향 조정하면 될 것이다.

5. 나아가며

2020년에 행정정보 데이터세트의 관리 방식이 법제화되면서 기록 담당자는 데이터세트 관리라는 새로운 영역과 마주하게 되었다. 국가기록원은 데이터세트의 제도 정비와 더불어 2019년 14개 시스템, 2020년 61개 시스템, 2021년 82개 시스템, 2022년 124개 시스템, 2023년 40개 시스템, 총 321개 시스템에 대한 기록관리체계 구축 시범사업을 실시하면서 사례 분석을 통해 시스템 유형별 참조 모델을 구축해왔다. 2023년에는 마지막 사업이 진행되었다. 국가기록원의 시범사업 또는 기관별 자체 사업을 통해 행정정보 데이터세트 기록관리에 대한 다양한 경험과 사례들이 축적되었을 것으로 생각된다.

이 글은 2019년 1차 국가기록원 시범사업으로 참여한 e-사람 데이터세트의 기록관리체계 구축 과정을 소개했다. 특히 데이터세트 관리기준표 작성을 중심으로 기준표 작성 절차와 단위기능 설정, 보존기간 책정, 처분제약 발생사항 등 기록관리정보 작성에 필요한 내용을 구체적으로 살펴보았다. 이를 통해 데이터세트 기록관리 실무를 이해할 수 있도록 돕고, 기준표 작성 과정에서 발견된 문제점, 보완사항을 바탕으로 개선방안을 제시했다.

e-사람은 앞서 설명한 것처럼 중앙행정기관에서 공통으로 사용하는 시스템이어서 e-사람에 기록관리 체계를 적용하고 실행하기 위해서는 관리기준표를 작성한 이후에 추가적인 작업들이 요구된다. e-사람을 사용하고 있는 모든 기관에서 기관이 소유한 데이터의 평가, 폐기를 진행하려면 시스템 내에 평가·폐기 기능이 탑재되어야 하며 중요 데이터의 국가기록원 이관을 위한 이관 방법(SIARD-KR)의 지속적인 검증 작업도 병행되어야 한다.

지난 2022년 3세대 e-사람 BPR-ISP 사업을 정보화 부서에서 진행하면서 평가·폐기와 이관에 필요한 기능들이 논의되었다. 추후 3세대 e-사람 고도화 사업이 진행되면 세부적인 데이터 평가·폐기와 이관 등 기록관리 기능들이 구축될 예정이다. 현재 국가기록원에서는 행정정보 데이터세트 종합관리시스템 구축사업이 진행 중이며 e-사람과 종합관리시스템 간의 연계 문제도 해결할 과제로 남아 있다. 행정정보 데이터세트 관리는 아직까지 진행 중이며 각 기관에서도 다년간의 종합계획에 따라 단계적으로 진행되고 있는 상황이다. 지난 5년간 축적된 행정정보 데이터세트 기록관리의 경험과 지식을 기초로 표준적인 데이터 기록관리 모델이 정립되기를 기대해 본다.

참고문헌

국가기록원. 2020a. 행정정보 데이터세트 기록관리 기준-관리기준표 작성 및 이관규격(NAK 35:2020(v1.0)).

국가기록원. 2020b. 행정정보 데이터세트 기록관리 실행 매뉴얼. 대전: 국가기록원.

김명훈. 2021. 「레코드 컨티뉴엄 이론의 기원에 관한 연구: 라이프사이클 모델과의 비교를 중심으로」. ≪기록학연구≫, 68: 5~39. https://dx.doi.org/10.20923/kjas.2021.68.005

문화재청. 2021. 국가문화유산포털. http://www.heritage.go.kr

안대진·이해영. 2013. 「지방자치단체 데이터세트의 서비스 방안 연구: 서울 열린 데이터 광장 서비스를 중심으로」. ≪한국기록관리학회지≫, 13(2): 149~178.

오세라·이해영. 2019. 「행정정보 데이터세트의 기록관리 방안」. ≪한국기록관리학회지≫, 19(2): 51~76. https://dx.doi.org/10.14404/JKSARM.2019.19.2.051

왕호성·설문원. 2017. 「행정정보 데이터세트 기록의 관리방안」. ≪한국기록관리학회지≫, 17(3): 23~47. https://dx.doi.org/10.14404/JKSARM.2017.17.3.023

이순한. 2008. 「조달업무의 설명책임성 확보를 위한 조달정보 기록관리 요건 연구」. 한국외국어대학교 대학원 정보·기록관리학과 석사학위논문.

이승억·설문원. 2017. 「전자기록관리정책의 재설계에 관한 연구」. ≪기록학연구≫, 52: 5~37. https://dx.doi.org/10.20923/kjas.2017.52.005

이은별. 2008. 「국가 재정정보의 기록학적 관리방안: 디지털예산회계시스템을 중심으로」. 명지대학교 기록과학대학원 기록관리학과 석사학위논문.

이재영·정연경. 2021. 「폐교 사립대학 행정정보 데이터세트의 기록관리 방안 연구」. ≪한국기록관리학회지≫, 21(1): 75~95. https://dx.doi.org/10.14404/JKSARM.2021.21.1.075

임미숙. 2007. 「교육행정정보시스템의 기록관리 기능분석: 학교생활기록부를 중심으로」. 한국외국어대학교 대학원 정보·기록관리학과 석사학위논문.

조은희·임진희. 2009. 「행정정보 데이터세트 기록의 선별 기준 및 절차 연구」. ≪기록학연구≫, 19: 251~291. https://dx.doi.org/10.20923/kjas.2009.19.251

진채환. 2007. 「공공기관의 인사기록관리에 관한 연구」. 한국외국어대학교 대학원 정보·기록관리학과 석사학위논문.

최정윤. 2009. 「GIS데이터의 기록관리 방안 연구」. 명지대학교 기록정보과학전문대학원 기록관리트랙 석사학위논문.

한철희. 2007. 「NEIS 교무업무시스템 데이터의 기록화 방안 연구: 학교생활기록부를 중심으로」. 명지대학교 기록과학대학원 기록관리학과 석사학위논문.

황진현·박종연·이태훈·임진희. 2014. 「행정정보시스템 기록 이관 절차와 방법 연구: 원자력안전위원회 MIDAS RASIS RI/RG 업무기록 사례를 중심으로」. ≪한국기록관리학회지≫, 14(3): 7~32. https://dx.doi.org/10.14404/JKSARM.2014.14.3.007

[관련 법령]
공공기록물 관리에 관한 법률. 법률 제16661호.
행정 효율의 협업 촉진에 관한 규정. 대통령령 제31380호.

[웹사이트]
행정안전부. 2021. 정보자원관리. https://mois.go.kr

6

RFID 기반 비전자기록물관리시스템 구축

서울신용보증재단 사례

정미리·김종희

이 글은 대량·동종의 비전자기록물을 관리해야 하는 기관의 업무 특성을 파악함으로써 효율적인 기록관리 업무를 하기 위해 RFID 기술을 기록관리시스템으로 적용한 서울신용보증재단의 사례이다. 업무시스템과 연계하여 RFID 태그를 발행할 때 기록관리시스템에서 메타데이터를 자동 입수하여 목록으로 확보하고, 이를 기록관리 담당자가 능동적으로 파악함으로써 전체적인 기록관리 업무의 기반으로 삼도록 구성했다. 이를 위해 업무 프로세스를 정비하고, 고유 업무를 반영한 기능을 설계했으며, 인프라를 구축했다. 그 결과 정확한 기록의 생산량 및 보유량을 파악할 수 있게 되었고, 업무의 효율성을 가져왔다. 마지막으로 업무 담당자들로 하여금 기록관리 인식을 개선할 수 있게 되었다.

1. 서론

신용보증재단은 「지역신용보증재단법」에 의거해 담보력이 부족한 소기업·소상공인의 자금 융통을 원활히 하고자 각 시·도별 조례 및 자본금의 출연을 통해 설립된 공적 보증기관이다. 이 법에 근거하여 각 시·도에는 17개의 독립된 재단이 설립되어 운영 중이고, 관련 기관으로는 재단의 보증을 재보증하는 중소벤처기업부 산하 신용보증재단중앙회가 있다. 재단은 신용보증이라는 공통된 업무를 수행하지만 세부 사업 및 운영 방식에는 각 시·도의 정책과 연관되어 특수성이 존재한다.

서울신용보증재단(이하 서울신보)은 서울시에 주 사업장을 둔 고객을 대상으로 하며, 연평균 약 6만 건의 보증채권철(이하 채권철)이 생산된다. 기록관리를 처음 도입하는 공공기관의 상황이 거의 비슷하듯, 재단도 기록관리 체계가 전무한 상태였다. 2017년 처음 기록관리 체계를 구축할 당시 재단은 설립 이래 60만 건의 보증 공급이 있었으며, 이에 따라 생겨난 채권철이 본점과 서울 시내 18개 영업점 서고에 모두 차 있는 상태였다. 보증관련 기록의 전자적 생산 체계가 이뤄지기 전인만큼 영업점 서고 적체의 해소가 가장 시급했다. 시급한 과제 해소와 기록물관리 체계 구축을 위해 「중단기 계획」이 수립되었다. 중단기 계획의 로드맵은 비전자기록의 관리체계를 우선 수립하고 시스템 안착 이후 전자기록으로 관리대상을 확장하도록 구성했으며, 이를 위해 이 사례에서 소개할 'RFID(Radio Frequency IDentification) 기반 비전자기록물관리시스템 구축'도 단기 과제의 하나로 포함했다. 이 계획에 따라 시스템 구축 및 운영을 위해 제도적으로는 기록물관리규정과 기록관리기준표를 제정했으며, 기록물관리담당제도를 도입했고, 물리적으로는 한시기록물 보존서고 구축을 선제적으로 추진했다.

2. 신용보증 기록의 관리

1) 신용보증 업무와 그 기록의 특징

신용보증 업무는 고객의 신청에 의해 시작된다. 보증이 실행되고 나면 고객의 채무변제 상황에 따라 '보증', '구상채권', '특수채권' 등 해당 채권의 성질이 변동되는 특징을 갖고 있다. 업무에 따라 순차적으로 생산·접수되는 기록들은 고객별로 사건의 발생 순서에 따라 편철하는 사안파일(case file) 단위로 관리하고 있다. 금융기관 특성상 주된 업무는 각 관련 기관(시중은행 등)과 연계된 업무시스템을 통해 이뤄지며, 상시 업데이트되어 오프라인으로 생산·접수·편철된 채권철에서는 확인할 수 없다. 그러나 채권철에 포함되는 기록물 또한 온라인에서는 확인할 수 없는 정보를 다수 포함하고 있어 온·오프라인 기록을 한 세트로 관리하고 있다.

2) 관리 현황 및 문제점

채권철은 고객의 사업장 주소를 기준으로 관할 영업점 서고에서 관리하고 있다. 영업점 내 채권철은 재단에서 부여한 고객번호순으로 배가하고 있으나, 실제 보증실행 여부와 무관하게 서고에 배가된 경우나 고객번호의 오류 기입, 오인식 등으로 잘못 배가된 경우도 일부 발생하고 있었다. 또한 업무종결 시점도 주 채무자인 고객의 채무변제 시점인지, 재단에서 고객 채무의 전액 완납을 확인하여 전산 등록을 하는 시점인지 정확한 기준이 없어 모호하고 자의적인 판단 아래 관리되고 있었다. 또한 채권철은 고객의 사업장 이전 등 변동에 따라 영업점 간 이동이 활발하며 전산 처리와 물

그림 6-1 **신용보증 기록**

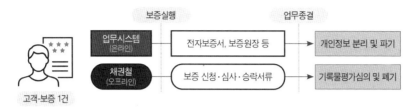

리적 이동이 동시에 이뤄지고 있으나 물리적인 관리를 위한 제도적·시스템적 기반이 전무한 상태라 최종 업무종결 시점에 기록관으로 이관을 할 때는 여러 문제가 있을 수밖에 없었다. 이관 목록은 엑셀로 수기 작성했고, 이에 대한 확인도 육안 검수였으나 오류가 많았다. 또한 대량으로 이관이 진행되다 보니 많은 시간과 인력이 필요했다. 또한 관리대상과 업무 종결된 채권철이 혼재된 영업점 서고는 정수점검은 엄두도 내지 못할 정도로 방대한 양을 보관하고 있어 정확한 확인이 어려웠다. 기록관리 담당자의 입장에서 가장 어려웠던 점은 정확한 목록이 있어야 이관·보존(활용)·평가 및 폐기 등 전반적인 기록관리 업무를 수행할 수 있는데, 전산상 담당부점의 보증 명세가 실제 서고의 보유 상태와 일치하는지 장담하기 어려웠으며, 실제 채권철의 존재 여부까지 확인할 수 없어 이러한 문제점에 대한 해결책이 필요했다.

3. 기록물 RFID관리시스템의 구축

1) 구축방향 수립

기록의 패러다임이 비전자에서 전자로 변화되고, 현재는 AI·블록체인 등 기록관리 분야에 다양한 기술 접목이 이뤄짐에도 불구하고 재단의 기록관리 환경은 기초의 마련부터 절실했다. 또한 표준기록관리시스템(이하 RMS)을 그대로 도입하기에는 재단의 전자기록생산시스템(舊전자시스템, 자료관시스템)과 규격에 차이가 있어 자체 개발이 필요했다. 그러나 재단의 채권철을 비롯한 비전자기록물의 관리체계 마련이 급선무였으므로 기록관리시스템을 구축하되 필요한 서비스만 우선 개발하는 것으로 방향을 설정했다. 기존 나라장터에 등록된 서고관리 솔루션의 기능을 검토해 보았으나, 기록생산시스템과 직접 연계되어 목록 자동생성, 업무 프로세스 요건에 맞는 이관대상 선정 등 필요한 기능까지 모두 추가개발이 필요했다. 따라서 기존 솔루션의 기능과 함께 신규 시스템 구축을 추진했다. 이를 위해 Moreq 2010의 필수 서비스 모듈화의 개념과 함께 국가기록원의 차세대 전자기록관리 BPR/ISP 연구 결과의 AMS 모듈화, 서울기록원의 마이크로 서비스 모델 등을 참고하여 비전자기록물 관리를 위한 핵심 기능만을 우선 모듈화하여 구축하는 것으로 방향을 수립하여 '기록물 RFID관리시스템 구축(이하 RFID시스템) 사업을 시작했다.

2) RFID 기술의 적용

RFID 기술은 교통·유통·물류 등 영역에서 활발하게 사용 중이며, 기록관리 영역에서는 주로 기록물의 무단반출 방지와 서고 반·출입, 정수점검용으로 사용 중이다. RFID 기술을 활용할 경우 육안으로 노출되지 않아도 인식이 가능하며, 대량 검수도 짧은 시간에 처리할 수 있다는 장점이 있다. 재단에서 생산되는 대량·동종 기록물을 신속하게 처리하기 위해서 RFID 기술의 적용을 검토했다.

이 시스템을 구축하기에 앞서 기록관리 분야의 RFID 활용 현황을 파악하고자 RMS의 RFID 관련 기능을 검토하고, 국가기록원 나라기록관 현장 답사, 일본 후쿠오카현 신용보증협회(TSUZUKI社 개발), 지바현 신용보증협회(HITACHI社 개발)의 적층IC태그를 활용한 보증서류관리시스템 구축 사례를 참고했다. RMS에서는 인수 기능을 통해 관리대상 목록을 확보하고, 물리적 이관 시 육안 검수를 통해 정확하게 대상을 확인한 후, RFID 태그의 발행과 부착이 이뤄지며 서고 배가 후 위치정보를 등록해야 온전하게 활용할 수 있다. 추가적으로 국가기록원을 방문하여 현장 답사를 실시하여 태그 부착위치, 기록물의 두께에 따라 인식률이 떨어질 수 있다는 것을 확인했다. 일본 신용보증협회의 시스템은 한국 재단의 업무 환경과 프로세스가 매우 유사하나, 채권철 내 서류 낱장마다 RFID 태그를 부착하는 매우 정밀한 구조를 갖추고 있어 소요 시간 및 비용에 대한 단점이 있었다. 재단에서는 RMS가 구축되지 않았고, 업무시스템상 보증 명세를 그대로 목록으로 사용하기에는 한계가 있어 RFID 기술은 적용하되 여러 단점을 보완할 방법을 강구할 필요가 있었다.

3) 업무 프로세스 정비

「ISO 23081-1 Metadata for records」에 따르면 기록에 대한 메타데이터

는 생산 시점에 획득되어 장기간 진본성·신뢰성·이용가능성·무결성을 보장하며, 이에 대한 지속적인 기록관리 업무를 지원한다. 업무 단위에서 생산된 기록의 정보가 생산 시점에서 정확하게, 자동적으로 획득되는 것은 앞으로의 기록관리 업무를 위한 기초 자료로 활용될 뿐만 아니라 업무 수행의 근거로도 작용할 수 있다. 그러나 실제 업무 단위에서 별도의 시스템에 따로 등록하는 것은 담당자에게 부담이 될 수밖에 없다.

생산 건의 누락 없는 관리를 위한 주요 핵심개념인 "생산 및 등록"을 자연스럽게 반영하기 위해 보증 업무 프로세스에 적극적으로 개입하고 정비를 실시했다. 업무 담당자별로 채권철 편철 기준이 상이한 것을 통일하기 위해 사업부서와 협의한 후 업무 지도를 통해 1개의 채권철에는 1건의 보증 서류를 편철하도록 안내했다. 관련 규정에 따라 보증 건별로 편철하도록 되어 있었으나 하나의 고객이 다수의 보증을 받는 경우에는 업무 편의상 합철하는 경우가 많았다. 이는 보증 건별로 업무종결 시점이 다른 경우 분철해야 하는 것을 방지하고, RFID 시스템을 도입한 전자적 관리를 원활히게 하기 위함이었다.

보증 업무 특성상 고객의 의사 또는 보증 심사 결과에 따라 절차가 중단되는 경우가 있는데, 이러한 것들이 서고에서 관리 대상과 구별되지 않아 서고를 적체시키고 있었다. 이에 관리대상의 범위를 '보증실행' 단계로 정의했다. 또한 보존기간 기산을 위한 업무종결 시점을 재단의 업무처리 행위를 기준으로 설정하여 관리의 시작 및 종료 시점을 명확하게 설정하고 이를 시스템 설계에 반영했다.

4) 업무 프로세스를 고려한 기능 설계

자연스러운 기록 생산 및 등록의 과정과 온전한 메타데이터의 획득을 위해 업무시스템 내에 필요한 기능을 설계했다. 업무 담당자는 보증 실행 건을 일괄 조회하고 시스템 간 전환 및 프린터 선택 없이 "태그 발행"을 누르면 부서별 지정된 RFID 프린터로 자동 출력된다. 동시에 RFID 시스템에서는 보증 관련 메타데이터, 태그 관련 메타데이터를 목록으로 생성해 관리한다.

RFID 시스템에서 확보한 목록을 기준으로 기존 이관대상 명세를 엑셀로 정리하여 관리했던 것을 업무시스템 내에서 업무종결 조건을 부여한 "이관대상 조회"로, 부서별로 실물 이관을 위해 이관 목록을 메신저를 통해 제출했던 것을 "이관처리" 기능으로 구성했다. 그리고 각 영업점별로 평가 의견을 엑셀로 제출하던 것을 RFID 시스템에서 보존기간이 경과한 것을 선별하여 평가 대상으로 선정하여 업무시스템으로 전달하고, 이에 대한 의견을 업무시스템 내에서 처리할 수 있도록 "기록물 평가" 기능으로 구현했다. 채권철 RFID 태깅으로 시작된 기록의 생산부터 폐기까지의 이력 또한 업무

그림 6-2 **업무시스템과 RFID 시스템의 연계**

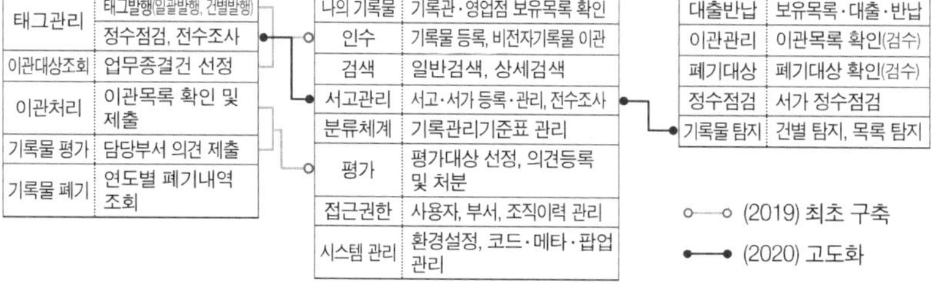

시스템에서 건별로 조회 가능하도록 연계했다. 마지막으로 RFID 기술을 유용하게 사용할 수 있도록 "기록물 탐지" 기능을 휴대용 단말기 기능으로 구성하여 영업점 내에서 찾지 못하는 채권철을 휴대용 리더기로 찾아 근접 범위 내에서 탐지할 수 있도록 구성했다.

5) 인프라 구축

시스템을 운영하기 위한 기본 인프라에는 시스템 서버, RFID 태그 및 프린터, RFID 리더기와 태블릿이 필요하다. 재단에서는 RFID 시스템을 운영하는 데 구성하기 위한 인프라에서 비용 절감과 효율화를 최우선으로 고려했다. 첫째, 시스템 운영 서버는 기존 유휴자원을 최대한 활용했다. RFID 시스템이 타 시스템에 비해 규모가 작고 마침 전산부에서 서버 가상화를 추진하면서 추가 시스템을 도입할 여유가 있어 예산을 절감할 수 있었다. 둘째, RFID 태그는 경제성 및 효율성을 고려하여 고안했다. 국가보안법상 태그의 메모리에는 중요한 정보는 담을 수 없으며 공공기관에서 발행한 태그임을 식별할 수 있는 KKR 코드만을 저장해야 한다. 또한 태그 겉면 라벨에 출력되는 정보는 채권철을 펼쳐보지 않아도 식별할 수 있도록 핵심 정보만 노출해야 했다. 따라서 태그의 사이즈는 태그를 구성하는 안테나와 메모리에 영향을 주어 비용과 연관되기 때문에 메모리에 저장되는 데이터의 크기, 출력되는 정보의 양, 사이즈를 모두 고려할 필요가 있다. 태그의 부착 위치는 인식률을 높이기 위해 최대한 바깥으로 노출시킬 필요가 있었다. 국가기록원의 현장 답사 시 태그의 위치와 밀도, 철제 서가의 전파 차단 등이 인식률에 영향을 주는 것을 확인했다. 장기간 영업점 서고에서 관리되고 수시로 열람하는 것을 고려하여 채권철 배면에 부착 가능한 사이즈

그림 6-3 RFID 태그의 라벨 구성 및 부착 위치

① 고객번호

② 자금지원통지번호

③ 보증번호

④ RFID태그번호

⑤ 2D코드

로 제작하고, 라벨 훼손을 방지하기 위해 도서관에서 사용하는 라벨 키퍼를 부착하여 보호하도록 했다. 셋째, RFID 태그 발행용 프린터는 각 영업점별로 1대씩 설치했다. 태그 발행용 프린터는 일반 프린터에 비해 상당히 고가이지만, 보증 실행 후 업무 종결까지 평균 5년 정도가 소요됨을 감안할 때 업무종결 시점까지 방치될 우려가 있어 생산 시점에 태그를 모두 부착할 수 있게 전 영업점에 배치했다. 넷째, RFID 태그를 탐지하기 위한 리더기와 태블릿은 기록관에서 기록물 정수점검과 전수 조사, 이관 업무를 실시하거나 영업점에서 채권철을 탐색하기 위해 구비했고 대여 절차를 운영하고 있다. 기록관리 업무 외 수요는 많지 않지만 영업점에서 보유하고 있는 기록의 양이 상당하기에 이에 대한 대여 요청은 꾸준한 편이다.

4. 구축 결과

재단에서 RFID를 활용한 기록관리시스템을 구축하여 운영한 결과 다음과 같은 성과를 확인할 수 있었다. 첫째, 정확한 생산·보유량을 파악할 수 있게 되었다. 관리대상 보증의 목록과 건수가 RFID 시스템으로 집계되는데, 태그 발행량을 기록물 생산량으로 매핑하여 생산량을 모니터링하는 통계적 관리를 구현함으로써 기록물의 물리적·질적 변동 사항을 파악할 수 있다. 또한 영업점 전수 조사를 통해 서고 현황을 파악하고, 기록관 서고의 만고(滿庫) 시기를 예측하고, 이관대상량을 산출하는 등 전반적인 운영계획을 수립할 수 있게 되었다. 2019년 시스템 오픈 시 채권철의 정확한 보유 현황을 파악하고, 관리대상을 육안으로 명확하게 식별하기 위한 RFID 태깅 사업을 실시한 결과, 당초 업무시스템의 명세를 기준으로 추측할 수밖에 없었던 영업점별 채권철 보유량(약 32만 권)을 확인할 수 있었다. 또한 사업 전에는 수량을 알 수 없었던 약 15만 권의 업무 종결된 이관대상 기록물이 영업점 서고에 남아 있음을 확인할 수 있었다.

둘째, 업무효율성이 증가했다. 이관대상 선정 및 배포, 이관목록 작성 및 검수 등 엑셀파일로 작성하고 물리적 육안 검수를 통해 이뤄졌던 작업이 RFID 시스템 구축 이후에는 전산화되었다. 영업점 서고 보유현황 확인 및 정수점검, 기록물 탐지 기능도 추가 개발하여 기록관리 업무의 신속성과 효율성을 확보하게 되었다.

셋째, 기록관리 인식이 개선되고 정착 중이다. 기존에 약정서 등 채권관련 서류는 유가증권에 준하여 관리하면 되는 것으로 기록물이라는 인식을 주지 못하고 있었다. 이를 개선하기 위해 재단 내 기록물관리 운영 지침을 게시하고, 기록물관리담당제도를 운영하며 주기적인 교육을 실시했다. 시스템 운영을 위해서도 영업점 직원들을 대상으로 RFID 시스템 운영 매뉴얼을 배포하고 교육을 실시했다. 태그 발행 및 부착은 업무 담당자 본인이 직접 부착하는 것을 원칙으로 태깅에 대한 의무를 부여함으로써 채권철 또한 기관의 기록물임을 인지시켰다. 또한 기록물관리의 표준화와 채권철 보관 상태를 점검하기 위한 종합감사 점검사항을 추가했다. 업무 담당자는 담당업체의 보증실행 여부를 다른 화면에서 확인하지 않아도 RFID 태그 발행메뉴에서 조회가 가능하고 동시에 태그도 발행되어 RFID 태그 부착, 채권철 배가 등 자연스러운 기록관리 업무 프로세스가 구현·정착될 수 있었다.

5. 나아가며

이 글에서는 서울신용보증재단에서 도입한 RFID 기반 비전자기록물관리시스템 구축 과정에 대해 소개했다. 2000년대 초중반까지 각광 받던 RFID 기술은 장기간 다양한 방면에서 활용되어 왔으며 기록관에서는 비전자기록물을 효율적으로 관리하기 위한 수단으로 활용되고 있다. 재단은 1인 기록관 담당자의 어려움을 해소하고, 재단업무 특성을 반영한 독자적인 기록물관리 체계를 구축하기 위한 목적으로 RFID 시스템을 개발했다. 하나의 사안이 전자·비전자 기록으로 동시에 대량으로 생산되는 기관의 특수성을 고려하여 업무시스템과 직접 연계했고, 기록의 생산과 획득 과정을 상세하게 분석하여 업무에서 자연스럽게 이뤄질 수 있도록 업무 프로세스에 적용했다. 기록 생산자들이 RFID 기능을 최대한 활용할 수 있도록 영업점 서고별 정수점검, 전수조사 기능을 추가 개발하고 기록물 탐지를 위한 휴대용 단말기 및 리더기 배포 등 기록관리 편의성을 제공할 수 있도록 기능을 개선하고 확장했다.

2019년 RFID 시스템을 도입한 이래 약 4년의 시간이 흘렀다. 코로나19로 영업 제한, 경기 침체를 온몸으로 겪은 소기업·소상공인의 자금난을 해소하기 위해 정부·지자체에서는 대규모의 신용보증을 지원했고, 서울재단에서는 2021년 한 해만 해도 21만여 건의 보증을 지원하는 등 관리대상 기록물이 폭발적으로 증가했다. 앞서 서술했듯이 평소에도 영업점 간 채권철의 이동이 잦은 상황이었으나 코로나19로 급증한 보증 신청과 신속한 지원이 급선무였기에 관할 지역의 경계 없이 보증 지원에 총력을 다할 수밖에 없었다. 그 결과 전산상 담당지점과 채권철의 보유지점이 상이하거나, 미처 정리하지 못한 채권철 등 영업점 서고에 대한 전반적인 재정비가 필요해졌다.

2023년 전 영업점을 대상으로 기록물 전수 조사를 실시했다. 이때 RFID 리더기와 태블릿을 각 영업점 기록물관리 담당자에게 전달하여 서고 내 채권철의 태그정보를 모두 입수했고, 업무시스템에 보증 건별로 채권철의 점검 장소 및 날짜를 반영했다. 이번 전수 조사를 통해 30개 영업점 내 50만 권의 채권철 보유 현황을 단 7.5일 만에 파악했다. 시스템 도입 전에는 육안 확인, 엑셀 목록 작성 등 1시간에 400권 정도 처리할 수 있었는데, 도입 후에는 약 2만 권을 처리할 수 있을 정도로 작업 소요 시간이 획기적으로 줄어 기록물관리를 위한 인적·물적 효과를 실감할 수 있었다. 한편 전산상 실물로 존재하리라 추정되었던 채권철의 양(태그 발행목록 등)과 실제 조사된 채권철이 100% 일치하지 않았다는 점은 아쉽다. 이는 영업점 간 반출·입 이동 정보를 태그에 기반하여 이력 관리를 함께 했어야 했는데, 최초 기획 당시 업무시스템의 추가 개발과 영업점별 리더기 구매나 게이트 설치 등 비용을 충분히 고려하지 하지 못했기 때문으로 보인다. 따라서 이들 사례와 같이 기록의 생산 시점에 업무시스템과 연계한 시스템 구축을 추진한다면 전체적인 기록물의 이동 흐름도 함께 면밀히 검토하여 설계할 것을 제언하는 바이다. 또한 이 글을 통해서 재단처럼 기록물관리를 자체 운영해야 하는 기관의 업무 담당자들이 독자적인 기록물관리 체계를 구축하는 데 참고가 되었으면 하는 바람이다.

7

대학기록관의 비전자기록관리시스템 개선 사례

장현종·이은주

1999년 「공공기관의 기록물관리에 관한 법률」이 제정된 이후 국내 공공기관 등의 공적 영역에서 기록관리 체계가 확립되었다. 그러나 확립된 체계가 공공기관의 업무 과정에서 생산된 공공기록물의 관리에 초점에 맞춰지다 보니 비전자기록관리시스템으로 관리되는 대학기록관의 역사자료 관리에는 어려움이 존재할 수밖에 없다. 이러한 어려움을 극복하기 위해 이 글에서는 2021년과 2022년 대학혁신지원사업으로 선정된 부산대학교 기록관의 비전자기록관리시스템 기능개선 사례를 살펴보았다. 구체적으로 비전자기록관리시스템의 부서관리 기능을 개선하고 자원의 특성을 반영한 목록을 작성한 뒤 서가 편성을 수행한 일련의 과정을 중심으로 살펴보았다. 부산대학교 기록관의 비전자기록관리시스템 기능 개선사례 결과가 향후 유사한 어려움에 직면한 관련 기관에 긍정적인 방향을 제시할 수 있기를 기대한다.

1. 들어가며

1999년 「공공기관의 기록물관리에 관한 법률」[1]의 제정으로 중앙행정기관을 비롯한 지방자치단체, 교육행정기관, 공공기관 등의 공적 영역에서 기록관리 체계가 확립되었다. 해당 법에서는 기록물관리기관의 지정은 물론 기록관리 프로세스, 기록물관리 표준화 및 전문화를 규정했고, 중요 기록물의 예방적 관리와 가치 있는 기록자원의 보존이라는 취지 아래 국내 기록관리의 토대를 마련했다. 그 결과 공공기관에서는 전자기록생산시스템을 중심으로 한 전자기록물 관리 체계와 비전자기록관리시스템을 중심으로 한 비전자기록물 관리 체계가 정착되었다. 나아가 2020년 공공기록물법의 개정으로 행정정보 데이터세트와 같이 비정형화된 전자데이터까지 기록관리 대상으로 포함됨에 따라 공공기관에서의 기록관리 범위가 확장되고 있다.

이와 같은 기록관리 체계화 과정 속에서 국내 기록관리의 핵심은 공공기관의 업무 과정에서 생산된 공공기록물의 관리와 보존에 맞춰졌다. 즉, 국내 기록관리의 궁극적 목적은 업무의 투명성 확보와 책무성 증명으로, 공공분야에서 업무의 설명책임성을 확보해줄 소실 없는 기록물 관리와 장기보존 등이 기록관리의 중심 업무가 되었다. 이러한 목적에 따라 기록관리 업무가 명세화되었고, 처리과에서의 생산의무대상 기록물의 생산과 등록, 기록관으로의 이관과 재평가·공개재분류와 같이 기록관리의 전 단계는 공공기관의 업무 단계에 따라 생산부터 활용까지 순차적으로 진행되었다.

---

1 1999년 「공공기관의 기록물관리에 관한 법률」(법률 제5709호, 1999.1.29) 제정, 2007년 「공공기록물 관리에 관한 법률(법률 제8025호, 2007.4.5)」 개정(이하 공공기록물법).

즉, 행정표준코드를 부여 받는 공공기관의 '처리과' 중심의 기록관리가 국내에서는 기본 틀이 된 것이다.

상황이 이렇다 보니 현재 기록관리 업무 절차와 기록물관리시스템은 공적분야의 기록물을 중심으로 관리하고 보존하는 기관에는 매우 적합하다. 그러나 학생, 교원, 직원, 외부 이해관계자와 같이 다양한 구성원이 생산한 기록물, 즉 업무 기반이 아닌 자율적인 활동에 기반한 기록물이 기록관리에서 중요한 부분을 차지하는 대학기록관의 기록관리를 오롯이 지원해주기 어려운 부분이 있다(장현종·노지현, 2021: 118~119). 대학기록관 역시 처리과의 업무수행 과정을 통해 생산한 기록물인 행정기록물을 관리해야 하는 공공기관이지만, 대학의 자치적 성격의 기구와 단체, 개인 등의 공공활동과 대학생활로부터 생산된 역사자료 또한 행정기록물 못지않게 중요한 증거적 가치를 가진다. 그러나 다양한 유형과 주제의 대학 역사자료는 처리과 중심의 획일화된 기준으로 분류·관리하기가 매우 어렵다. 그 결과 대학기록관은 단편적이고 화제성 있는 역사자료를 중심으로 선별·수집하여 전시·출판과 같은 한시적인 이벤트 후 기록물 본연의 원질서나 원출처가 아닌 행정기관 조직 구성에 따른 분류로 해체하거나 부연 설명이 필요한 업무 기능, 생산 맥락, 관련자 등의 정보가 누락된 채 관리할 수밖에 없다.

부산대학교 기록관 역시 예외는 아니어서 다양한 생산처와 수집처로부터 기증·이관 받은 대학의 역사자료를 정리하고 전자적으로 관리하기 어렵다는 문제에 직면했다. 구체적으로 부산대학교 기록관에서 고민한 문제는 두 가지로, 첫째, 공공기록물에 기반한 기록관리시스템으로는 행정기관코드를 부여할 수 없는 학생자치활동기구, 동문회·협의회 등의 교내·외 기관과 단체의 생산 이력을 관리하는 데 한계가 있다는 점이다. 둘째, 현재 기록관리시스템은 정형화된 유형으로 인해 기록물명, 원본·사본 유형 구분,

기타 기술사항 등재와 같이 정확한 메타데이터를 입력할 수 없다는 점이다. 이러한 두 가지 문제점에 대해 부산대학교 기록관은 대학 내부와 지속적으로 논의한 끝에 충분한 공감대를 형성할 수 있었고, 소규모의 사업으로 대학 역사자료의 정리와 전자화 데이터 입력사업을 추진할 수 있었다.

이러한 배경에서 이번 사례를 통해 대학의 비정형화된 기록물을 어떻게 관리할 것인가를 둘러싼 기록관 현장에서의 실제 문제점을 짚어보고, 이에 대한 해결 과정을 공유하고자 한다. 구체적으로 역사자료를 체계적이고 지속적으로 관리하기 위해 부산대학교 기록관이 2021년과 2022년 대학혁신지원사업에 선정되어 추진한 비전자기록관리시스템의 기능개선 사례를 소개함으로써 이와 유사한 문제를 안고 있는 대학기록관들과 고민, 해결 방안을 공유하고자 한다.

2. 대학기록관의 비전자기록관리시스템 기능개선사업 추진 과정

대학기록관에 존재하는 수많은 역사자료를 체계적으로 관리하고 서비스하기 위해서는 비전자기록관리시스템의 체계를 개선할 필요가 있다. 성공적인 비전자기록관리시스템의 체계 개선을 위해서는 철저한 계획 수립 및 과감한 실행 전략 등이 요구되지만 무엇보다 안정적인 예산 확보가 선결되어야 한다. 이러한 맥락에서 부산대학교 기록관은 대학기록관의 역사자료 관리체계를 재검토하고 체계적인 데이터 정리 및 기록물 관리를 위해 교육부의 '대학재정지원사업'을 활용했다.

대학재정지원사업은 교육부가 고유의 정책 목적을 달성하기 위해 대학, 사업단 등을 대상으로 국고를 지원하는 사업이다. 대학에 대한 국고지원사업이 시작된 것은 1960년대부터이지만 1990년대 초까지만 해도 대학에 대한 국고의 재정 지원은 매우 미약했다. 그러나 1990년대 중반 이후 각종 평가제도와 함께 다양한 국고지원사업이 마련되었으며, 2019년 교육부는 고등교육 재정의 국가책임 강화와 제4차 산업혁명 시대를 맞이하여 대학혁신 요구를 적극 수용하고자 대학재정지원사업의 개편 계획을 국정 과제로 채택했다(이수연, 2017). 이 개편 계획의 핵심 목표는 대학이 자율적으로 혁신을 추진할 수 있는 동력을 확보하게 하는 것으로, 정부 주도로 추진되어온 다양한 목적형 사업을 대학의 자율성을 바탕으로 하는 사업으로 전면 개편한 것이다.

이러한 맥락에서 진행된 교육부의 '대학혁신지원사업'은 2019년부터 시작된 것으로, 대학이 스스로 수립한 대학별 중장기 발전계획의 비전, 목표 등에 부합하는 혁신 과제를 스스로 선택·추진하게 하여 자율성을 보장하고 대학이 선택한 혁신 과제가 교육·연구·산학협력 분야에서 혁신 모형을 창출하고, 혁신 과제별 자체성과 검증으로 성과 관리를 강화하는 방식을 채택했다(교육부, 2019). 이러한 방식에 따라 2019년에서 2021년까지 총 3년간 교육부는 1주기 대학혁신지원사업을 추진했다. 1주기 사업은 3년간 약 1만 9천억 원의 예산이 소요되었고 143개교가 참여했으며, 대학의 자율 혁신을 지원하기 위한 '자율 협약형 사업'과 대학 적정 규모화 유도와 특성화 발전 지원을 위한 '역량 강화형 사업'으로 구성되었다. 부산대학교는 'PNU Vision 2030'이라는 중장기 발전계획을 수립하여 다양한 보조금을 재원으로 5대 추진목표[2]를 확정하고, 자율 협약형 대학혁신지원사업으로 5대 추진목

---

2   1. 창의·융합 교육 역량 확충, 2. 글로벌 연구 경쟁력 강화, 3. 지역 및 국제사회 협력 기반 공유가치 창출, 4. 스마트 혁신지원시스템 확충, 5. 친환경 첨단 특화 캠퍼스 구축.

표 7-1 3차년도 대학혁신지원사업-스마트캠퍼스 혁신전략 세부 프로그램 심의 과정

사업단 자체평가	사업 추가공모	사업 심의	사업 선정
2차년도 스마트 캠퍼스 혁신전략 자체 평가	3차년도 스마트 캠퍼스 혁신전략 사업 추가공모	3차년도 스마트 캠퍼스 혁신전략 사업 심의	3차년도 스마트 캠퍼스 혁신전략 사업 선정 및 확정
•사업 자체평가 시행 •2차년도 시행 세부 프로그램 10개 중 1개 프로그램이 통합(전체 9개 프로그램 지속)	•사업 추가공모 시행(추가 접수된 프로그램 없음)	•「정부재정지원사업총괄조정위원회」 및 「대학혁신운영위원회」 개최 •사업중복성 검토 및 심의	•총 9개 세부 프로그램 개설(신규 프로그램 미선정)

표 17개 세부 추진전략으로 사업을 상세화하여 3년간 약 200억 원의 예산을 지원 받았다. 부산대학교 대학혁신지원사업의 17개 세부 추진전략은 표 7-1과 같이 사업을 희망하는 부서가 공모기간 동안 대학혁신지원사업단으로 사업계획서를 제출하면 해당 사업계획서를 사업단 자체평가와 혁신전략 사업심의를 거쳐 예산을 지원하는 방식이다(부산대학교, 2021).

부산대학교 기록관은 17개 세부 추진전략 중 스마트 캠퍼스 기반을 조성하기 위한 '초연결 스마트 캠퍼스 구현-스마트 캠퍼스 기반 조성' 사업에 지원하여 선정되었으며, 비전자기록물의 목록을 관리하기 위해 2017년 구축한 서고관리시스템의 기능을 개선하여 ① 보유 역사자료의 전자적 관리 기반 마련과 ② 보유 기록물 목록 등의 사전정보 제공을 목적으로 제안했다. 구체적으로, 현재의 표준기록관리시스템에서 관리하기 어려운 대학 역사자료를 관리하고 기록정보서비스를 제공하기 위한 공개대상 기록정보를 선별·공개하는 목적 아래 ① 생산처(수집처)를 정리하여 개별 코드를 부여하는 코드 관리 등을 통한 부서관리 기능 개선, ② 다양한 생산처에서 수집한 대학 역사자료의 목록 작성과 데이터 입력, ③ 보존서고의 실제 기록물

표 7-2 비전자기록관리시스템 기능개선사업(1주기 2차년도) 추진 과정

• 기능
  요구사항
  분석
• 대학
  역사자료
  현황 파악
	• 대학
	  역사자료
	  상태점검
	• 기초목록
	  작성
		• 비전자
		  기록관리
		  시스템
		  기능 개선
			• 생산처
			  (수집처)
			  코드 편성
			  및 등록
			• 대학
			  역사자료
			  목록 등록
				• 보존서고
				  서가·보존
				  상자 편성
				  (시스템)
				• 실물 배치
				  (서가)

2020.6~10	2020.11~ 2021.2	2021.1~2	2021.5~7	2021.8~12

배치를 위한 서가 편성과 보존상자 관리 개선사업으로 구성했다. 이러한 목적에 따라 사업필요성, 사업추진계획, 기대 효과와 세부 일정 등을 구체적으로 작성한 세부사업계획서에 대한 혁신사업위원회의 최종 심사를 거쳐 1주기 2차·3차년도 사업에 선정되었으며, 2021년과 2022년 2년간 예산을 지원 받았다.

3. 대학기록관의 비전자기록관리시스템 기능개선 사례

1) 부서관리 기능 개선

공공기록물법에 따라 공공기관은 전자기록생산시스템으로 기록물을 생산 또는 접수하거나 비전자기록물의 경우 전자기록생산시스템으로 등록하여 관리하고,[3] 등록된 기록물과 기록정보는 이관 시기가 도래하면 기록관

---

3 공공기록물법에 따라 공공기관은 논리적으로 구조화된 방식과 규칙에 따라 기록물을 조직하여 분류하고, 분류체계에 따라 생산 또는 접수한 기록물을 전자적으로 관리한다. 전자기록생산시스템인 업무관리시스템 또는 전자문서시스템으로 생산하거나 접수한 기록

리시스템으로 이관되어 관리하는 것이 보편적이다. 즉, 기록관리시스템으로 기록물을 관리하기 위해서는 시스템에 기록물을 등록해야 하며, 이때 생산부서 정보는 코드화하여 등록되는데, 공공기관은 행정표준코드[4] 관리기준에 따라 각 업무 기능별 처리과 또는 팀 단위로 생산기관코드를 부여하여 생산부서를 관리한다. 행정표준코드는 행정표준코드관리시스템으로 관리되며, 공공기관 내 행정정보시스템과 연계되어 기관 내 문서뿐 아니라 정보를 공동으로 활용하기 위해 다른 시스템과 연계를 원활하게 하는 코드 체계이다.

그러나 공공기관의 수집기록물의 경우 이해관계자인 다양한 생산자 또는 기관, 단체의 활동으로부터 자율적으로 생산되는 것이기에, 현재의 행정표준코드로 생산처 또는 수집처의 기관 코드에 따라 기록물을 등록할 수 없다. 예를 들어 학생자치활동인 학생회나 동아리의 경우 행정표준코드는 총학생회나 동아리라는 부서가 없기에 학생활동을 지원하는 학생처의 학생과 또는 기록물을 수집하는 기록관 등 유사한 부서로 생산기관을 지정해야 한다. 그 결과 기록물은 원래의 출처를 확인하기 어려우며, 기록물 유형이나 관련 분류체계에 따라 하나의 기록 집합이 전혀 다른 부서로 분산되어 관리될 우려가 있다.

물을 결재와 동시에 자동으로 생산부서, 분류체계 하위의 단위과제-단위과제카드에 부여된 보존기간, 업무설명 등의 관리기준이 자동으로 부여된다. 그러나 전자기록관리시스템으로 생산하지 않은 이관 또는 수집된 기록물은 기록관리시스템에 등록하여 관리해야 하며, 기록물 편철은 전자기록물과 비전자기록물 유형에 상관없이 동일 사안의 분류체계에 따라 편철하여 관리해야 한다(국가기록원, 2021).

4   행정표준코드(GCC)란 행정기관 간 행정정보의 원활한 공동 이용을 도모하고자 각급 기관의 행정 업무에 필요한 행정 코드를 표준화하여 절차에 따라 제정·고시한 코드로, 행정표준코드관리시스템 연계 및 다운로드를 통해 행정표준코드 정보를 제공 받아 기관 내 행정시스템에 적용하거나 활용한다(행정표준코드관리시스템 https://www.code.go.kr).

이러한 문제를 해결하기 위해 부산대학교 기록관에서는 현재의 기록관리시스템으로 관리가 어려운 대학 역사자료의 생산처 또는 수집처를 관리하고자 했다. 이를 위해 기록관이 보유하고 있는 자료의 생산부서 정보를 세분화하여 재분류하고, '부서관리' 기능을 개선하여 행정표준코드와 함께 자체 부서코드 관리기능을 추가했다. 이때 기록관리시스템과 매핑할 수 있도록 행정표준코드의 처리과 코드는 유지하되, 대학 역사자료 관리를 위한 부서코드는 유형에 따라 세분화했다. 이를 위해 기록관에서 수집한 역사자료의 기증자, 생산자 등의 정보를 실물 기록물을 정수점검하면서 재조사하여 일곱 가지 유형[5]으로 나누어 목록을 작성했다.

생산처와 수집처는 상위의 소속 유형을 기준으로 기증자, 교직원 조직, 기타 기관(생활협동조합, 봉사회 등의 자율 조직), 동문회, 학생 조직(동아리), 외부 기관으로 구분했으며, 그림 7-1과 같이 행정표준코드와 함께 활용할 수 있도록 표준코드 체계에 따라 하위 부서의 트리형으로 구성했다.

그림 7-1 비전자기록관리시스템의 부서관리 기능 사례

기록관관리	기록물인수/등록	기록물관리	기록물검색	기록물평가	기록물통계	고객서비스	환경설정		
A000000			기증자					2	7000463
A100000			교직원조직					2	7000463
A200000			기타기관					2	7000463
A200001			교수회					2	7000463
A300000			동문회					2	7000463
A400000			학생조직(동아리)					2	7000463
A400001			LA-MER회					3	A400000
A400002			가톨릭학생회					3	A400000

5   기록물의 생산처와 수집처를 구분하여 기증자, 교직원 조직, 학생 조직, 외부 기관, 대학 본부, 대학(원), 부속기관·연구소로 분류했다.

2) 대학 역사자료의 목록 작성

기록관리시스템으로 기록물의 원출처를 분류 또는 기술하기 어려웠던 부서관리 기능 개선작업을 수행한 후, 기록관에서 관리하고 있는 실제 기록물을 재분류하고 기록목록 정보를 정정하는 정리 작업을 진행했다. 예를 들어 학생자치활동 관련 기록물은 기존에는 행정부서코드에 따라 〈서예동아리〉는 인문대학 한문학과, 〈TIME지연구반〉은 사회과학대학 신문방송학과 등으로 분류하고, 연속적으로 발행되는 자체 발간자료도 생산부서의 조직 개편에 따라 분산되어 관리해왔다. 그러나 부서관리 기능을 개편하면서 학생자치활동, 동문회와 같이 행정부서가 아닌 기관 내·외부의 구성원과 이해관계자가 생산한 기록물의 생산처 또는 수집처에 따라 기록물의 등록 정보를 수정하고, 원출처에 따라 기록물을 관리하면서 기록물을 본연의 생산 맥락에 따라 관리할 수 있게 되었다. 가령 그림 7-2에서와 같이 The Hyowon Herald를 언론사라는 행정부서가 아닌 기록물의 생산처인 영어신문사로 등록할 수 있게 함으로써 부서관리 기능을 개선하고자 했다.

이에 더해 기록물을 등록할 때 부서나 기록물의 유형과 같은 분류체계에서 확인하기 어려운 추가 정보는 별도의 주기 사항을 기술함으로써 상세한

그림 7-2 비전자기록관리시스템의 등록 정보

그림 7-3 비전자기록관리시스템 등록 사례

정보를 남길 수 있도록 기능을 개선하여 되도록 상세하고 정확한 정보를 기재할 수 있도록 했다. 대학 역사자료는 기증자와 실제 기록물의 원소유자 또는 전달자가 다르거나(가족 또는 지인의 기록물 기증), 정확한 생산부서를 확인할 수 없거나(기관·단체 등의 정확한 생산처·수집처 정보 확인 불가), 권리관계에 대한 기록이 필요한(타 기관에 제공 시 기증자가 재동의 요구, 저작권·사용권 등 권리관계 발생) 기록물과 같이 추가 설명이 필요한 기록물이 대부분이다. 이러한 경우 그림 7-3과 같이 기록물에 대한 정보가 누락되지 않도록 공개구분과 공개제한 부분, 비공개 사유와 같은 필수 정보와 비고 사항을 기재할 수 있도록 하고, 기증확인서나 관련 정보파일을 첨부할 수 있도록 등록 기능을 보완하고 기록물을 재정리했다.

3) 대학 역사자료의 서가 편성과 보존상자 관리

기록물의 부서코드가 아닌 주제와 유형에 따라 일련의 시리즈로 관리할 필요가 있는 기록물은 생산처 혹은 수집처의 정보를 재분류하여 등록하되, 실제 서가 편성에서는 유형에 따라 관리될 수 있도록 재분류했다. 그러나 학생자치활동을 지원하는 부서가 변경되거나, 2021년 3곳의 언론사가 통합되어 '채널 PNU'로 개편된 것과 같이 발간 주체가 변경되는 경우 연속적인 역사자료가 생산부서에 따라 분산 관리되는 문제가 발생한다. 이와 같이 조직 개편 등에 따라 하나의 연속적인 역사자료가 생산부서별로 분산 관리되는 것이 아니라 연속성에 따라 창간호부터 현재까지의 자료를 함께 관리할 수 있도록 역사자료를 주제와 유형으로 나눠 함께 관리했다. 다만 생산부서가 변경된 것을 확인할 수 있도록 생산부서를 '영자신문사', '채널 PNU'와 같이 변경된 부서명을 기재하고, 시스템의 부서관리 기능에서 행정 표준코드와 같이 해당 부서의 생성일과 폐지일을 기재하여 부서가 어느 시점에 변경되었는지를 확인할 수 있도록 했다.

정리가 완료된 기록물은 생산부서(처리과)-생산연도-기록물철 연번-기록물건 연번으로 정리하는 표준기록관리시스템의 관리 방식에 따라 보존 상자를 편성하고, 상자별 고유 관리번호를 부여하여 순서에 따라 실제 서가에 재배치했다. 다만 이러한 경우 같은 활동에서 생산된 다양한 유형의 기록물 —예를 들어 대학축제 관련 기록물의 홍보 팸플릿, 기념품, 사진·필름 등은 하나의 보존상자에 편성되어— 보존상자 라벨에는 같은 기록물명이 기재되어 내용을 확인하려면 실제 시스템에 접속해 한 건씩 확인해야 하는 불편함이 있었다. 따라서 같은 활동에 따라 보존상자에서 함께 관리하는 기록물은 시리즈로 관리할 필요가 있는 연속적인 기록물은 아니라고 판단하여 분류 체계에 따라 재편성했다. 그러나 보존상자 라벨에 기재되는 기록물명에 기록물의 유형을 표기하여 —일반문서는 (문), 행정박물은 (박) 등으로 표기— 보존 상자 라벨에서 기록물의 유형과 편성 수량을 확인할 수 있도록 관리의 편의성을 개선했다.

대학기록물은 공공기록물법에 근거하여 기록물의 생산·수집·보호의 의무에 따라 관리되어야 하는 공공기록물이다. 그러나 대학의 업무 기능에 따라 생산·접수되는 기록물과 달리 대학의 역사자료는 공공기록물 관리지침을 그대로 적용하여 관리하는 데 한계가 있다. 이러한 한계를 극복하기 위해, 이 연구에서 사례로 살펴본 기록관에서는 대학혁신지원사업의 참여를 기회로 삼아 비전자기록관리시스템의 일부 기능 개선과 역사자료 재정리 사업을 진행했다. 이 사업은 일회성에 그치는 것이 아니라 향후 대학기록관이 다양한 유형의 기록물을 관리하고자 할 때 어떤 방식으로 접근할 수 있는지를 보여주는 사례라 할 수 있다.

부산대학교는 2019년부터 2021년까지 3년간 진행한 1주기 대학혁신지원사업을 마무리하고, 고등교육기관으로서의 본질적인 목적을 달성하기 위해 2022년부터 2주기 대학혁신지원사업을 시작했다. 부산대학교 기록관은 2주기 사업에서 '정보화 거버넌스 체제 구축' 사업의 일환으로 대학기록관이 보유하고 있는 기록의 체계적 공개와 활용을 지원하기 위한 사업을 시도하고자 한다. 구체적으로, 2022년부터 3년간 연차별 추진계획을 통해 부산대학교 디지털 아카이브(가칭) 홈페이지 구축을 진행할 예정이다.

4. 나아가며

부산대학교 기록관은 1주기 2차년도의 비전자기록관리시스템 기능개선 사업을 진행한 결과, 비전자기록물을 새로이 정리하여 기록목록과 실물을 정수점검하고 목록을 시스템에 업데이트했다. 그 후 시스템으로 관리하고 있는 비전자기록물의 정보에 대해 홈페이지 기능 개선으로 기록정보 검색을 지원하여 필요한 정보를 검색하고 기록관으로 기록정보를 요청할 수 있도록 온라인 기록정보서비스를 제공하고 있다. 2023년 7월 기준, 부산대학

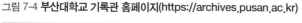
그림 7-4 **부산대학교 기록관 홈페이지(https://archives.pusan.ac.kr)**

교 기록관이 보유하고 있는 비전자기록물 중 개인정보 등의 비공개대상정
보를 제외한 7,150건의 기록물에 대한 검색을 지원하고 있으며 제목, 내용,
관리번호, 생산자·생산기관, 생산년도, 자료유형 외에도 '컬렉션' 검색을 지
원하여 학생자치활동(학생회, 방송국, 학보) 기록컬렉션 정보를 제공하고 있
다(그림 7-4 참조).

　2022년을 끝으로 부산대학교의 대학혁신지원사업은 마무리되었지만,
2023년 부산대학교 기록관은 대학재정지원사업에 신규 선정되어 학보사
'부대신문' 신문기사의 기사복복 검색기능을 추가 개발하고 1960년대 학보
6,613건의 업데이트를 완료했으며 '사진으로 보는 부산대학교 78년'(가칭)
포토북 제작을 추진하고 있다. 해당 사업의 추진은 공공기록물에 기반한
정형화된 기록물은 아니지만 대학기록관이 수집·관리해야 하는 기록물의

그림 7-5 부대신문 기사검색

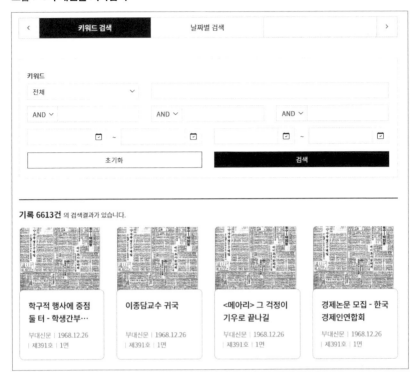

범주에 대한 고민의 결과라 할 수 있다.

대학기록관이 대학 내에서 유사 기관과의 차별성과 독립성 및 자율성을 유지하면서도 대학의 특성을 고려한 기록관리를 어떻게 수행해나갈 것인가, 나아가 공공기록물법의 테두리 안에서 어떻게 기록정보서비스를 확대해나갈 것인가에 대한 고민은 여전하다. 이 고민의 실타래를 단순히 하나의 사례로 제시할 수는 없겠지만, 대학기록관의 본질적인 역할과 기능인 중요 기록물의 '보존서고' 역할에 그치지 않고 적극적으로 기록관 운영의 당위성을 증명하고 정보공유기관으로 변화하고자 하는 노력은 고민 해결의 시발점이 될 수 있을 것이다. 유사한 고민을 하고 있을 대학을 포함해 다양한 기관의 기록관리 담당자에게 이번 사례보고에서 소개한 대학 역사 자료 관리를 위한 비전자기록관리시스템 개선 사례가 긍정적 참고자료가 되기를 기대한다.

참고문헌

교육부. 2019. 대학혁신지원사업 기본계획. 세종: 교육부.
국가기록원. 2021. 기록물 관리지침(공통매뉴얼). 세종: 국가기록원.
박혁준. 2008. 「대학기록관의 기록정보서비스 방안」. 명지대학교 기록과학대학원 기록관리학과 석사학위논문.
부산대학교. 2021. 대학혁신지원사업 3차년도 수정사업계획서. 부산: 부산대학교.
이수연. 2017. 「대학 재정지원 정책 평가와 대안」. ≪대학과 정책≫, 1(1): 125-149.
장현종·노지현. 2021. 「국립대학 기록물 분류체계의 운영현황과 개선방안에 관한 연구」. ≪한국기록관리학회지≫, 21(1): 115~134.

[관련 법령]
공공기록물 관리에 관한 법률 시행령. 대통령령 제33575호(2023.6.27, 타법개정).
공공기록물 관리에 관한 법률. 법률 제18740호(2022.1.11, 일부개정).

2부 민간기록 아카이브 사례

8

시민사회단체에서 아카이브를 만든다는 것

'1997 외환위기 아카이브' 구축 사례

김조은

한국 사회의 큰 변곡점이었던 1997년 외환위기 기록을 모은 웹 아카이브 '1997 외환위기 아카이브'가 2019년 9월 문을 열었다. 공공정보를 공개하고 공유하는 활동을 통해 시민의 알 권리를 실현하고자 하는 시민사회단체 '투명사회를 위한 정보공개센터'가 만든 아카이브는 구축 과정에서 부족한 자원과 역량으로 인해 많은 좌충우돌과 좌절, 그에 따른 방향의 수정을 겪었지만, 시민의 관점을 담은 아카이브의 의미에 공감하는 연구자, 기록전문가, 언론인 등의 기여로 난관을 딛고 설립될 수 있었다. 외환위기에 대한 기록은 한국 사회에서 '신자유주의'가 어떻게 대대적으로 도입되었는지에 대한 역사적 탐구를 가능하게 하고, 한편으로는 미래를 위한 논의의 출발지점이 되기도 한다. '1997 외환위기 아카이브'가 삶의 토대를 흔들었던 과거를 우리 스스로의 힘으로 기억하고 재구성하는 좋은 사례로서, 그리고 더 나은 결정들에 조금이나마 보탬이 되는 도구로서 오래 기능하기를 바란다.

2019년 9월, 많은 사람들에게 'IMF'로 일컬어지는 1997년 외환위기 기록을 모은 아카이브가 웹공간에 만들어졌다. 딱히 기념일도 아닌 애매한 시기에, 경제 관련 학술단체나 전문가 집단도 아니고 '투명사회를 위한 정보공개센터'[1]라는 시민단체가 만든 아카이브였다.

1. 정보공개센터의 '외환위기 아카이브'

'1997 외환위기 아카이브'[2]를 만들겠다는 계획을 이야기했을 때, 경제 분야와는 전혀 관련 없어 보이는 시민단체가 본인들이 생산한 기록을 아카이빙하는 것도 아니고, 왜 굳이 '외환위기'라는 사회경제적 사건에 대한 기록을 여기저기서 수집하여 주제 아카이브를 만드려고 하는지 종종 질문을 받았다. 어떤 이들은 이것이 원래 국가기록원 등의 공공기관에서 했어야 하는 사업이 아니냐고 묻기도 했다.

'왜' 아카이브를 만들게 되었는지 설명하자면, 첫째, 정부기관의 인프라 없이 시민단체 차원에서 충분히 아카이브를 만들 수 있다고 판단했기 때문이다. 둘째, 시민단체가 주도하여 만들고 운영하는 주제 아카이브가 고유의 필요와 의미를 가진다고 생각했기 때문이다.

첫째로 '시민단체 차원에서 아카이브를 충분히 만들 수 있다'고 생각했던 이유는 기본적으로 아카이브의 상이나 목표를 매우 유연하게, 최소한의 수준으로 상정했기 때문이다. 일단 물리적인 공간이 없는 웹 아카이브를 구

---

1 투명사회를 위한 정보공개센터 홈페이지(www.opengirok.or.kr).
2 1997 외환위기 아카이브 사이트(www.97imf.kr).

그림 8-1 1997 외환위기 아카이브 메인 페이지

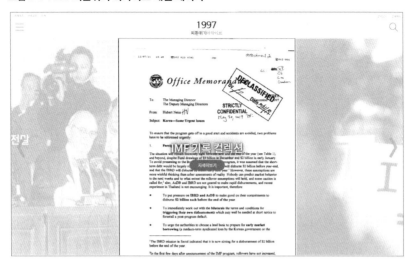

상했고, 정보 공유를 최우선 목표로 생각했다. 웹 아카이브의 경우 DB나 사이트를 만들 수 있는 기술이 많이 보급되었으므로 단체의 재정 안에서 소화할 수 있으리라 예상했고, 그것이 어려울 경우 구글이나 깃허브(Github), 블로그 등 기존의 플랫폼을 이용해서 어떤 형태로든 운영할 수 있으리라 판단했다. 말하자면 날이 갈수록 웹상에서 더 쉽게 콘텐츠를 만들고 정보를 공유할 수 있는 환경이 조성되고 있기 때문에 실질적으로 사람들이 정보에 접근하는 데 무리가 없고, 구성이나 검색 등이 제한적인 공공기관의 사이트보다 오히려 더 유리할 수도 있다고 판단했었다. 다음으로 투명사회를 위한 정보공개센터라는 시민단체의 특성 역시 큰 영향을 미쳤다. 정보공개센터는 "공공정보의 대중화를 통해 시민의 알 권리를 실현하고 사회 전반의 투명성과 책임성을 높여나가는 것을 목적"으로 설립된 시민사회단체로서 정보공개제도를 활용해 주요한 공공정보를 공개하는 한편, 홈페이지에서 정보에 대한 분석과 원자료를 함께 공유하여 언론이나 시민이 자유롭게 활용할 수 있도록 하는 것을 원칙으로 활동하고 있었다. 정보공개센터는 운영위원 및 후원회원의 상당수가 기록전문가였고, 언론인이나 개발자 등 기록에 대한 분석이나 사이트 구축과 관련해서도 구체적인 자문을 구하고 협업을 할 수 있는 인적 네트워크가 마련되어 있었다. 실제로 정보공개센터에서 외환위기 관련 기록수집의 구상이 가능했던 것은 기록전문가 회원을 통해 국제기구의 비밀해제가 20년 주기로 진행된다는 것을 알게 되면서부터였고, 자료에 접근하기 위한 외화 방식으로서 아카이브 구축을 고려하는 것과 별개로 단체의 고유활동 차원에서 '한국 사회의 주요 분기점이 된 사건과 관련한 정보를 공개하는 것'을 목표로 수집을 먼저 진행했다. IMF에 대한 비밀해제 요청에는 정부기관의 협조가 별달리 필요하지 않았고 메일로 연구계획서를 보내면 누구나 진행할 수 있었다. 또한 2017년 당시 정책상으로는 비밀해제 작업 후 직접 방문하는 것이 아니라 전자파일로 모든 자료를 변환하여 공개하는 것을 원칙으로 했기 때문에 개인이나 소규모 시민단체가 비밀해제 요청을 진행하기가 크게 어렵지 않았다.

둘째, '시민 차원에서 만들고 운영하는 아카이브가 공공기관의 역할과는 상관없이 필요하다'는 생각은 우리가 어떤 아카이브를 만들 것인지 구체적인 상을 결정해야 하는 순간이 되자 명확해졌다. 민간재단의 지원사업을 통해 아카이브를 별도로 만들 수 있는 예산을 확보한 다음 사업을 진행하다 보니 기록수집의 범위와 활용 가능한 역량이 구체화되었다. 당초의 예상과는 다르게 IMF 기록의 비밀해제가 1년 이상 지연되고 있었고, 이 때문에 목록 작업을 하는 대신 대상을 크게 넓혀 기록수집을 진행했다. 외환위기와 관련한 다양한 의제와 형식의 자료를 기관 구분 없이 최대한 모았고, 정치경제의 주요한 변화를 보여줄 수 있도록 주제 분류를 진행했다. 이 과정에서 자문을 위해 외환위기와 관련한 연구를 진행했던 연구자, 기자, 작가, 활동가 등을 만났고, 기록 이외에 사건을 좀 더 잘 이해하고 다양한 분야의 이야기를 소개할 수 있는 콘텐츠를 기획하는 한편, 연구 기초자료를 기증 받을 수 있었다. 주제 분류와 콘텐츠 기획을 하면서 아카이브 역시 특정한 관점을 지니고 있다는 사실을 인정할 수밖에 없었는데, 그렇기에 민간영역에서 시민 그룹이 만드는 아카이브가 고유의 관점과 목소리를 드러내는 것이 더욱 필요하다는 확신이 생겼다. 아카이브의 목표는 외환위기와 관련한 정보의 구심점이 되는 것, 그리고 'IMF 위기'가 시민의 관점에서 더 많이 이야기될 수 있도록 돕는 것이었다.

2. '1997 외환위기 아카이브'의 구축 과정

앞선 이야기에서도 드러나듯, 외환위기 아카이브는 많은 좌충우돌과 좌절, 그에 따른 방향 수정을 거듭하면서 만들어졌는데, 개략적으로 그 과정을 살펴보면 표 8-1과 같다. 실제로 구체적인 자료수집과 아카이브를 기획한 것은 2017년부터로, 약 2년의 기간을 거쳐 아카이브가 구축되었다.

구체적인 과정을 살펴보면 아카이브를 만드는 일은 ① 기록 수집 및 전자화, ② DB 작업, ③ 콘텐츠 생산 세 가지로 분류되었고, 표 8-2와 같이 각 작업의 특성에 따라 협업 및 논의 단위가 구성되었다.

아카이브가 만들어지기까지 2년여 시간이 걸린 것은 IMF에서 자료 송부가 늦어지면서 아카이브의 성격과 우선순위를 고민하고 재설정하는 시간이 필요했던 것도 있다. 하지만 전반적으로 작업 진행이 늦어진 데는 시민단체의 활동 인력이 한정적이라는 사실이 큰 영향을 미쳤다. 정보공개센터 역시 활동가 5명이 정보공개와 관련한 다양한 이슈에 대해 고유 활동을 하

표 8-1 **아카이브 구축 주요경과**

2015년	• 기록전문가 회원을 통해 IMF 등 국제기구의 비밀해제 정책에 대한 정보 습득
2016년	• 외환위기 사건 20여이 지난 기록을 청구하기 위해 구체적 계획 세우기 시작 • 사전 조사 진행 및 관련 연구자 섭외
2017년	• 언론인, 학자와 함께 IMF 기록수집 팀 구성 • 연구계획서를 작성하고 IMF에 비밀해제를 요청함 • 국가기록원에서 공개로 분류한 IMF 관련기록 정보공개청구 • IMF 기록 공유형태에 대해 고민하면서, 재원 마련이 가능할 시 별도 아카이브를 만들기로 함
2018년	• 아름다운재단 변화의 시나리오 지원사업을 통해 2천만 원 예산 확보 • 아키비스트 회원들과 자문회의 진행, '아카이브랩'[3]과 구축작업 착수 • IMF 측의 비밀해제 작업이 지연되며 핵심 기록이 부재한 상황에 놓임 • 자료수집처를 확대하고, 관련 연구자 자료 기증을 요청하여 총 5,300여 건의 자료 확보
2019년	• 연속사업 공모 탈락. 2차년도 사이트 구축예산 없이 사업 진행 • 기증자료 3천여 건 목록 작업, 파일 변환 및 OCR 작업, 자료 및 콘텐츠 웹사이트 등록 • 9월 1일 '1997 외환위기 아카이브' 오픈

표 8-2 **아카이브 작업 수행단위**

정보공개센터 사무국	아카이브랩	집필진
• 담당 활동가 2인 (전체 활동가 5인) • 예산 확보, 기획, 결정, 실행의 주체	• 자료수집 및 DB화를 위한 자문 및 메타데이터 생성 • 아카이브 사이트 개발 • 전반적인 작업과정 진단, 콘텐츠 기획 관련한 아이디어 함께 논의	• 외환위기와 관련해 연구나, 활동, 집필 이력이 있는 전문가 • 콘텐츠를 위한 자문 및 직접 원고 집필 • 집필진 원고 작업➡담당 활동가 편집➡아카이브랩 웹 구현

면서 여러 사업 가운데 하나로 아카이브 구축을 진행했기 때문에, 아카이브 작업에 투입할 수 있는 시간은 항상 부족했다. 물론 외환위기 아카이브의 경우 단체 내에서 아카이브를 매우 주요한 사업으로 인식하고 있었고, 새로운 시도에 대한 담당 활동가들의 의견과 요구를 최대한 반영하기 위해 조직 차원에서 많은 노력을 기울였다. 예산 분배에서의 고려, 기본적인 운영 업무의 분장, 아카이브와 관련한 실무나 홍보업무 지원 등이 없었다면 아카이브를 내놓기까지 시간은 더 길어졌을지 모른다. 그렇지만 기본적으

로 담당 활동가가 아카이브만 담당할 수 없는 구조였기 때문에, 그때그때 발생하는 이슈나 기한이 촉박한 일을 먼저 처리하다 보면 아카이브 업무는 후순위로 밀려나기 일쑤였다.

예산의 투입이 안정적이지 않다는 점 역시 아카이브 구축을 어렵게 만드는 조건이었다. 소규모 단체에서 수천만 원 단위의 사업을 자체예산으로 진행하기란 불가능하기 때문에 별도의 웹 아카이브를 만들기 위해서는 각종 재단의 공모사업을 통해야만 했다. 하지만 2월부터 11월, 10개월 주기로 돌아가는 공모사업은 작업량 자체가 다방면으로 많고, 자료수집, 사이트 개발, 콘텐츠 작업 모두에서 시일이 늦어질 가능성이 상존하는 아카이브 사업에 적합하지 않았으며, 연속지원을 받는 것도 쉽지 않았다. 게다가 시민단체를 대상으로 한 공모지원사업은 예산 규모가 대부분 500만 원에서 2천만 원 사이이기 때문에 별도의 아카이브 사이트를 만들기에는 턱없이 적었다.

이러한 조건 속에서 작업을 진행할 때 부딪치게 되는 구체적인 난관은, 할 수 있는 것과 욕심 사이의 괴리를 좁히고, 우선순위를 정하기가 생각보다 어렵다는 점이었다. 완벽한 목록을 최우선으로 해야 할지(사실 목록의 완성도를 어디까지로 잡아야 할지 판단하기 어려웠다. 관계정보를 완벽하게 기입하는 일이 가능하기는 할까?), OCR 작업에 매진해 자료의 활용성을 높이는 일을 최우선으로 해야 할지, 의미 있고 멋있는 콘텐츠를 통해 시민과 접점을 늘리는 일을 최우선으로 삼아야 할지, 시간은 없고 몸은 하나인데 도통 감이 오지 않아 이것저것 다 부족한 상태로 문을 연 것이 사실이다. 게다가 고심을 거듭해 주제 분류의 값을 정하고 분류했지만, 자꾸만 새로운 주제의 애매

---

3   대체로 무해한 아카이브 연구소 아카이브랩(https://archivelab.co.kr/).

한 분류의 기록이 튀어나왔고, 그때마다 분류를 추가할지 어떤 분류에 추가할지 고심하고 재작업하는 일이 반복되었다.

마지막으로 가장 중요한 문제가 발생했는데, 비교적 동시대 사건의 주제 아카이브를 만들다 보니 사진이나 영상을 아카이브에 이용할 수가 없어 메인 페이지를 구성하기가 너무나 어려웠다. 출처가 명확한 보도 사진들을 포함해 민주화운동기념사업회 등 공공기관이 서비스하는 사진들도 모두 엄격한 저작권을 가지고 있었고, 아카이브에서 안정적으로 이용하려면 사진 한 장당 1년에 10만 원 이상의 비용을 지불해야만 했다. 공공기관의 아주 오래된 사진이나 협의가 가능한 신문사의 사진을 위주로 최소한의 자료만 찾아 쓸 수밖에 없었다. 게다가 연구자가 기증한 방대한 양의 기사 스크랩 자료들 역시 저작권 문제로 공유할 수가 없어, 비공개로 등록하고 자료 열람을 안내하는 방법으로 등록했다. 비영리 목적의 아카이브에 대해 공정이용 적용을 가능하게 하거나 역사자료에 대한 오픈액세스를 확대하는 등의 제도적 개선이 매우 시급하다는 것을 실감했다.

3. 아카이브에 필요한 전문가의 도움

전반적으로 역량과 자원이 부족한 시민단체에서 아카이브를 만들고 운영해나가는 것은 생각보다 어려웠다. 활동가가 열심히 노력하는 것만으로는 불가능한 일이 있었고, 부족한 부분들을 외환위기 아카이브의 취지에 동감하는 여러 사람들의 도움으로 극복할 수밖에 없었다. 다음은 아카이브를 만들기 위해 전문가들의 도움이 꼭 필요했던 영역들이다.

- 기록관리: 기록수집을 위한 자문, 수집한 기록에 질서를 부여하고, 데이터화함
- 사이트 개발, 디자인: 아카이브의 실체
- 법률 자문 및 대응: 수집한 기록의 저작권, 초상권 등 검토
- 분야 연구: 콘텐츠 생산, 해설 등

이 중 특히 기록관리 전문 역량이 필요한 부분을 정리하면 다음과 같다.

① DB 메타데이터 설정하기
▶ 각 기록을 어떤 값으로 분류하고 검색하게 할 것인지 아카이브 및 자료의 성격에 따라 함께 논의 필요
▶ 공동 작업을 위한 기술규칙 컨설팅

② 지속가능한 아카이브를 위한 가이드
▶ 수집정책, 기증정책, 이용정책에 대한 개념 설명과 예시 제공
▶ 정리와 기술, 분류, 평가, 전시, 등록 등 실무 단위에서 필요한 지침 마련

③ 기존 아카이브들의 사례 제공
▶ 자원이 없는 상태에서 모든 기능을 새로 구축하기는 어려우므로 활용할 수 있는 선례들을 최대한 많이 볼 수 있도록 안내 필요
▶ 규모에 맞게 최선의 방안을 선택할 수 있도록 다양한 아카이브의 형태를 발굴하고 제시

외환위기 아카이브의 경우, 정보공개센터 외에도 수많은 시민 아카이브

를 지원하는 '아카이브랩'에서 대부분의 도움을 받았다. 이 외에도 경험과 노하우를 가진 많은 기록관리 전문가들, 외환위기 아카이브의 필요와 의미를 높이 평가해준 연구자들과 자원활동가들, 시민들의 크고 작은 기여로 '1997 외환위기 아카이브'가 만들어졌다. 한편으로는 매우 애석하지만, 다른 한편으로는 이렇게 공동이 기여한 작업 과정도 의미 있다고 생각한다.

4. '1997 외환위기 아카이브'의 기록과 그 의미

2019년 9월 오픈한 '1997 외환위기 아카이브'에는 총 5,300여 건의 자료가 1차로 등록되었다. 2020년 IMF 측의 자료와 기획재정부가 보관하던 일부 자료를 등록할 예정이었으나 결과적으로는 IMF의 기록만을 업데이트할 수 있었다. 기획재정부 기록의 경우 여전히 한국 정부가 처음 구제금융을 논의한 한국은행의 보고서, 협상 당시 재정경제원에서 생산한 60철 분량의 공문 등 많은 주요 기록들이 보존되지 않거나 비공개되어 시민에게 공유되지 못하고 있는 상황이다.

한편 IMF 구제금융과 이로 인한 극심한 불황이 우리의 삶에 구체적으로 어떤 영향을 미쳤고 사람들은 각자 어떻게 대응했는지, 평범한 시민들의 기록 역시 많지 않다. 이에 2019년 하반기에는 IMF 시기를 살아온 시민들이 어떤 경험을 했고, 그 시기를 어떻게 기억하고 있는지 구술채록을 진행해 기록과 전시 콘텐츠를 추가했다.

외환위기에 대한 기록은 한국 사회에서 '신자유주의'가 어떻게 대대적으로 도입되었는지에 대한 역사적인 탐구를 가능하게 하고, 한편으로는 미래를 위한 논의의 출발지점이 되기도 한다. 지주형은 IMF와 한국 사회의 변화를 분석한 그의 저서[4]에서 프랑스 철학자 드브레의 말을 인용한다. "위기의 해법은 사물들이 움직이는 방식을 오랫동안 규정한다." 외환위기의 기록들은 한 사회의 경제가 절대 수학적 계산으로 예측되지도 않고, 우리 생각만큼 저절로 흘러가지도 않는다는 것을, 그리고 경제 문제에 대한 해결방안은 결국 사회적 결정을 통해 만들어진다는 것을 깨닫게 해준다. 2020년 2월 기준 방문자 수는 2천명 남짓이지만 '1997 외환위기 아카이브'가 삶의 토대를 흔들었던 과거를 우리 스스로의 힘으로 기억하고 재구성하는 좋은 사례로서, 그리고 더 나은 결정들에 조금이나마 보탬이 되는 도구로서 오래 기능하기를 바란다.

5. 나아가며

2020년 2월 사례보고 이후 3년 6개월의 시간이 지났다. 그동안 〈1997외환위기 아카이브〉에는 주요한 기록과 전시 콘텐츠들이 보강되었다. 먼저 2019년 11월에는 외환위기 당시 평범한 사람들의 경험을 담아내기 위해 시민 구술 인터뷰 작업을 진행했다. 20년 전 우리 사회 구성원 모두가 외환위기를 경험했지만, 빠르게 변화하는 사회에서 당시의 경험은 각자의 기억 속에 흩어지고 묻혀 있었다. 그러나 외환위기가 우리의 삶과 일상을 어떻게 바꾸었는지 더 입체적으로 조명하려면, 기관과 매체의 공식적인 기록뿐 아니라, 우리 자신의 경험을 돌아보아야만 했다. 2019년 12월부터 2020년

---

4   지주형, 『한국 신자유주의의 기원과 형성』(책세상, 2011), https://www.ecommons.or.kr/book/9788970138039에서 다운로드 가능.

3월까지 각자의 IMF의 이야기를 간직한 시민 3명을 만나 1시간여 정도 생애사 인터뷰를 진행했고 이를 정리해 기록물과 콘텐츠로 등록했다. 2020년 코로나19의 확산으로 아쉽게도 구술채록은 애초 계획의 절반만 진행되었지만, 이들의 이야기를 통해 IMF 구제금융이라는 '국가경제' 위기가 기업으로, 가정으로, 개인의 삶으로 어떻게 연결되었는지 살펴볼 수 있다는 점에서 의미가 있었다.

2020년 하반기에는 외환위기와 위기 이후 사회경제적 변화를 다양한 관점에서 조명하고 이해하기 위해 아시아라는 지역적 관점, 재벌, 여성 노동과 빈곤 및 복지정책, 위기 이후 한국의 경제사회적 변화 5개 주제를 선정해 관련 연구자 및 활동가와 협업해 콘텐츠 페이지를 추가했다.

또한 2020년 12월 3일에는 '1997 외환위기 아카이브'의 핵심 기록이라고 할 수 있는 국제통화기구 IMF 정보공개청구자료 'IMF 컬렉션'이 긴 기다림 끝에 추가되었다. IMF의 비밀해제 검토가 계속 늦어지면서 2017년 첫 요청 메일을 보낸 후 2년 반 만인 2019년 12월 20일에야 IMF 보존기록들을 받아볼 수 있었다. 'IMF 컬렉션' 기록은 609건, 2,300여 쪽 분량의 기록을 담고 있으며, 1997년 8월에서 1998년 1월까지 IMF가 한국 정부와 협상하면서 내·외부에서 주고받은 문건과 당시 한국 상황을 파악하기 위해 수집한 자료들을 살펴볼 수 있다. 컬렉션을 오픈하기까지 약 8개월간 외환위기 및 금융화 관련 지식이 있는 사회학 연구자들이 기록에 대한 기술 작업을 진행해 각 자료의 맥락과 이해를 돕는 데 특별히 많은 노력을 기울였다. 이러한 과정을 거쳐 2020년 말, 아카이브는 기획 단계에서 구상했던 역할을 어느 정도 충족하는 모양새를 갖출 수 있었다.

2019년 9월 첫 개설 이후 2023년 7월 31일까지 총 4만 7,400여 명이 아카이브를 방문했다. 월평균 방문자 수는 2020년 372명, 2021년 935명,

2022년 1,684명으로 계속 증가하고 있다. 특히 최근 2년간 아카이브 방문 추이를 살펴보면 외환위기가 격화되고 IMF 협상이 시작되었던 10월과 11월에 증가 경향을 보여, 주제 아카이브로서 사건에 대해 탐색할 때 함께 회자되고 이용이 늘어난다는 것을 확인할 수 있었다.

'1997 외환위기 아카이브'는 특히 외환위기를 대중에게 좀 더 쉽게 알리거나, 현재적인 의미를 짚어보려는 언론사의 기획 콘텐츠에 활용되고 있다. 대표적으로 2021년 7월 31일 한겨레신문에서는 "20년 만의 IMF 기밀해제" 기획기사[5]를 통해 4회에 걸쳐 아카이브 내 IMF 정보공개청구자료를 소개하고, 기록을 바탕으로 외환위기의 전말과 의미를 분석했다. 해당 기사의 원고는 이 아카이브에 대다수의 연구자료를 기증한 『한국 신자유주의의 기원과 형성』의 저자 지주형 교수가 작성했다. 또 2023년 2월에는 '밀레니얼' 세대를 겨냥해 40만 명(2023년 7월)의 구독자를 보유한 중앙일보의 팟캐스트 및 유튜브 채널 '듣다 보면 똑똑해지는 라이프'에서 아카이브의 사건 연표, 구술기록 및 기존 콘텐츠를 활용해 1997년 외환위기를 재조명하는 콘텐츠[6]를 발행하기도 했다.

하지만 가장 고무적인 일은 '외환위기 영향', '외환위기 한국사회 변화', '플라자 합의' 등의 키워드를 통해 시민들이 꾸준히 사이트를 찾고 있다는 점이다. 그 수가 많지는 않지만 아카이브 운영 메일로 대학이나 고등학교 수업의 과제용으로 쓸 자료를 요청하는 경우도 있다. 아카이브를 만들며 중요하게 생각했던 한 축은 새로운 세대가 아카이브의 콘텐츠와 자료를 보

---

5   [한겨레] 20년 만의 기밀해제 'IMF 컬렉션' ① 비정규직과 양극화의 시작, 〈IMF 극비문서 속 '신자유주의 앞잡이 캉드쉬' 첫 확인〉, 한겨레신문, 2021.7.31 발행.
6   "경제 불황 역대급인 것 같은 요즘! 다시 돌아본 1997년 IMF 외환위기", 듣똑라 유튜브 영상, 2023.2.7.

그림 8-2 1997 외환위기 아카이브 구술기록 콘텐츠

[시민 구술기록] 나의 IMF 이야기

97외환위기아카이브는 IMF를 겪었던 개개인의 기억을 들여다보고, IMF사건이 우리의 삶 속에서 어떤 영향을 미쳤는지 그 구체적인 생활을 기록하기 위해 구술인터뷰를 진행했습니다.

| 이수동(가명) | 김희영(가명) | 김영재(가명) |

IMF시민 구술기록·이수동(가명)

"그 당시만 해도 은행이 망한다? 이런 생각은 꿈에도 못 했어요."

다 많이 활용하는 것이었다. 다양한 교육의 과정에서 아카이브에 유입된 사람들이 단순 지식이 아니라 외환위기가 현재 어떻게 의미가 있는지 통찰을 얻고, 관심을 가지게 되는 계기가 되었으면 하는 바람이 있었기에 이러한 쓰임이 무엇보다 반갑다.

경제연구소도 아니고, 정보공개운동을 하는 시민단체에서 이렇게 외환위기의 기록을 모으고 아카이브를 운영하는 이유는 지금 한국 사회가 겪고 있는 문제들이 무엇인지, 우리가 놓치고 있는 역사적 변곡점은 무엇인지에 대해 시민 모두가 함께 알아야 하고, 그 장을 시민 스스로 만들어야 한다는 생각하기 때문이다. '1997 외환위기 아카이브'가 한국 사회의 문제를 보다 깊이 사유하는 작은 씨앗의 역할을 오랫동안 할 수 있기를 바란다.

참고문헌

지주형. 2011. 『한국 신자유주의의 기원과 형성』. 책세상.

[웹사이트]
1997 외환위기 아카이브 사이트(www.97imf.kr)
대체로 무해한 아카이브 연구소 아카이브랩(https://archivelab.co.kr/)
투명사회를 위한 정보공개센터 홈페이지(www.opengirok.or.kr)

9

코로나19: 우리의 기억

데이터 기반 디지털 아카이브

김학래

신종 코로나바이러스 감염증은 전 세계적으로 전염병으로서는 이전에 경험하지 못한 대규모 충격을 초래했다. 이로 인해 정부정책, 보건의료, 개인정보 보호, 정보기술 등 사회 전반에 큰 영향을 미쳤다. 이 감염병과 관련된 사건과 사회적 이슈는 다양하고 동시에 빠르게 변화하는 특징을 갖고 있었다. 기록의 관점에서 보면, 최신 정보를 기록으로 저장하는 것이 도전적인 주제이며, 이를 일관적으로 관리하는 데이터 관리의 중요성이 강조되었다.

"코로나19: 우리의 기억" 프로젝트는 신종 코로나바이러스 감염증에 대한 사회문화적 영향을 가치중립적으로 기록하고, 데이터를 분석·공유하기 위해 진행되었다. 팀 케일리는 감염증이 발견된 2020년부터 3년간 주요 사건과 이슈를 분야별로 수집하여 중립적인 관점으로 핵심 이벤트를 기록하고, 이를 모든 사람이 탐색할 수 있도록 디지털 아카이브로 구축했다.

1. 서론

신종 코로나바이러스 감염증(Coronavirus Disease-2019)은 코로나바이러스로 인해 발생하는 감염질환이다. 2019년 12월 중국에서 최초 확진환자가 보고된 후 감염병은 아시아, 유럽, 미국 등 여러 대륙에서 동시다발적으로 빠르게 확산되었다(Bedford et al., 2020). 세계보건기구(WHO: World Health Organization)는 세계적 대유행(pandemic)을 선언하고(WHO, 2020.3), 범세계적 차원에서 감염병의 확산 방지와 예방을 강조했다(Jebril, 2020). WHO는 신종 코로나바이러스의 공식 명칭을 'COVID-19'로 정의하고 있다. 영문명에서 'CO'는 코로나(corona), 'VI'는 바이러스(virus), 'D'는 질환(disease), '19'는 확진환자가 처음 보고된 2019년을 의미한다. 한국 정부는 '코로나19'를 한글 명칭으로 규정하고 있다. 한국은 2020년 2월 이후 확진환자가 급격히 증가했으나 정부의 기민한 대응, 광범위한 사회적 거리 두기, 수준 높은 시민의식을 통해 바이러스 확산을 통제했다는 평가를 받았다(Park, 2020). 코로나19는 보건의료에 한정하지 않고 정치, 경제, 문화, 과학기술 등 인류의 모든 생활에 급격한 변화를 이끌어냈다. 비대면 사회(zero-contacted society)는 코로나19에 대응하기 위한 과정에서 보편화된 대표적 사례이다.

기록의 관점에서 보면, 코로나19는 사회 전반에 영향을 미치는 사건과 이슈를 객관적으로 기록함에 있어 새로운 질문을 던지고 있고, 동시에 기록의 중요성을 제고시키는 계기로 작용했다. 역사적 사건의 기록을 해석하는 것과 다르게 현재진행형의 사건은 여러 가지 고려사항이 있다(Dixon, 2020). 첫째, 가치중립적이고 객관적으로 기록해야 한다. 예컨대 마스크(mask)는 코로나19 예방을 위해 효과적이라는 주장과 보건의료적 효과가 미흡하다는 상반된 의견이 있고, 국가와 문화적 상황에 따라 마스크 착용에 대한 권고가 다르다(Feng, 2020). WHO는 팬데믹을 선언하기 이전까지 마스크 착용을 공식적으로 권고하지 않았으나, 범세계적 확산이 진행됨에 따라 수정된 권고안을 발표했다. 국내에서 마스크와 관련된 논쟁은 해외와 다른 양상이었다. 국내에서 마스크는 코로나19 예방을 위해 필수품으로 인식되었다. 그러나 급속한 감염 확산으로 마스크가 부족함에 따라 정부는 '마스크 5부제'라는 제한적 공급 정책을 시행했다(Moon, 2020). 마스크 부족의 원인은 다양했다. 시민의 불안감이 증폭되어 사재기와 같은 가수요를 만든 측면도 있고, 정부의 정책 혼선이 수요와 공급의 불균형을 만들었다는 비판도 존재한다. 기록의 차원에서 이런 상황은 중립적으로 기록되어야 한다. 둘째, 신속하고 윤리적이어야 한다. 코로나19는 일개 국가 이상의 전세계적 재난으로 다양한 사건과 이슈를 빠르게 생산하고 상황에 따라 급격한 변화가 이루어진다(An and Tang, 2020). 이런 과정에서 감염병에 대한 데이터, 정부의 발표와 대응자료는 주기에 관계없이 수정 또는 삭제되어 완결된 자료 중심으로 보존되는 경향이 있다. 더불어 확진자 동선 등 개인정보에 대한 법적 해석의 범위를 넘나드는 사례를 균형 있게 기록해야 한다. 예를 들어 이태원 집단감염으로 인한 성소수자의 정보, 제주도를 여행한 모녀의 개인정보, 8·15 시위 참석자의 검사결과 공개는 공익 목적의 개인정보 이용과 인원 보호 간의 민감한 사례이다. 확진환자의 동선정보는 수집할 수 있지만 해당 법률에 따라 삭제될 수 있도록 윤리적 기준이 필요하다. 마지막으로 디지털 환경에서 탐색과 활용이 가능해야 한다. 모든 기록은 웹 환경에서 탐색하고 활용할 수 있어야 한다. 코로나19에 대한 정보는 디지털 환경에서 생산되고 소비된다. 확진환자에 대한 통계, 긴급재난지원금, 마스크 5부제 등 주요 이슈와 그에 대한 대응 과정은 전자화된 정보를 포함하고 있다. 따라서 모든 기록은 디지털 환경을 기반으로 자유롭게 탐색하고 재사용할 수 있는 방식을 지원해야 한다.

2. 추진 과정

"코로나19: 우리의 기억(COVID-19: Our Memory)" 프로젝트는 코로나19로 발생한 국가 전반에 걸친 사건과 영향을 기록하고 기록된 자원을 재사용하여 새로운 가치를 발현시키는 목표를 갖고 있다. 팀 케일리(Team Cayley)는 프로젝트 수행을 위해 조직되었고 자발적 참여 의사가 있는 중앙대학교 재학생으로 구성된다. 팀 케일리 활동은 프로젝트 주제에 따라 구성원이 다르며 "코로나19: 우리의 기억" 프로젝트는 두 단계로 구분되어 진행되었다. 1기 활동은 코로나19와 관련된 데이터를 수집하고 구축하는 데 목표가 있었고(2020년 5~8월), 2기 활동은 코로나19와 관련된 다양한 디지털 자원을 디지털 아카이브로 구축하고 공유하는 목표를 갖고 있었다(2020년 10월~2022년 2월).

"코로나19: 우리의 기억" 프로젝트는 디지털 아카이브에 사실정보를 기록하고, 기록을 검증하고 재현하기 위해 ① 가치중립적 디지털 기록(Value-neutral Archiving), ② 지속가능한 협업 모델(Zero-contacted, but Collaborative), ③ 오픈 데이터 원칙(Open Data First)이라는 세 가지 원칙을 정의했다.

첫째, 모든 기록은 구성원의 논의를 통해 중립적인 관점으로 기술한다. 디지털 아카이브의 주요 주제는 정부 정책과 대응, 경제, 교육, 문화, 사회, 환경으로 구분한다. 의료, 정치, 노동, 인권, 여성 등 세분화할 수 있는 주제가 있지만, 개별 이슈의 지속성과 빈도를 고려해 세분화하지 않고 주요 주제에 포함시킨다. 세부 주제별 팀은 매주 이벤트(사건 또는 이슈)를 수집한

표 9-1 **주제별 수집 이벤트 현황**

구분	정부 정책과 대응	경제	교육	문화	사회	환경
수집 규모	402	87	79	140	73	54

다. 표 9-1과 같이 2020년 2월부터 7월까지 수집한 이벤트는 약 835개이다. '정부 정책과 대응' 관련된 이벤트가 상대적으로 빈도가 높고, '문화'에는 영화, 관광, 도서출판 등 다양한 주제를 포함한 특성이 반영되어 있다. 핵심 이벤트는 수집된 이벤트에서 사회적 영향과 파급력을 고려하여 선정한다. 선정 과정은 주제 팀의 1차 논의와 전체 구성원이 참여한 2차 검증을 통해 진행한다. 주제별로 균형 있는 분포를 고려하여 핵심 이벤트는 주제별 필수 이벤트를 5~6개로 제한하고 논의를 통해 이벤트를 추가하는 방식으로 진행한다. 현재 선정된 핵심 이벤트는 약 200개이다.

둘째, "코로나19: 우리의 기억" 프로젝트는 사회적 거리 두기가 엄격하게 지속되는 기간에 진행되었다. 프로젝트의 모든 과업이 비대면 환경에서 이루어지기 때문에 새로운 방식의 소통과 협력이 필요하다. 실제 개별 팀과 전체 구성원의 정기회의는 온라인 환경에서 비대면으로 진행되었다. 슬랙(Slack)은 구성원 사이의 정보 공유를 목적으로 활용하고, 구글 드라이브(Google Drive)는 프로젝트에 활용되는 모든 자원을 공유하는 데 사용되었다. 매주 진행되는 정기회의에는 줌(Zoom)을 사용했다. 특히 정기회의에 참여하지 못한 구성원을 위해 모든 회의록과 회의 영상은 공유되었다. 한편 프로젝트의 산출물은 그림 9-1과 같이 온라인으로 제공하여 사용자가 모든 자원을 탐색하고 활용할 수 있다.

마지막으로 "코로나19: 우리의 기억"은 오픈 데이터를 원칙으로 진행된다. 단편적이고 일시적인 프로젝트를 넘어 프로젝트의 목표는 지속가능한

그림 9-1 "코로나19: 우리의 기억" 프로젝트

협력을 이끌어내는 것이다. 그림 9-2에서 보듯이, 프로젝트를 통해 수집된 원시 데이터, 기록된 모든 데이터, 데이터 분석을 위해 개발된 모든 소스코드는 대중에게 공개한다. 전체 자원은 깃허브(Github)를 통해 공유하며 특수한 사례를 제외하고는 크리에이티브 커먼스-저작권 표시 대한민국 라이선스를 적용한다.

그림 9-2 **코로나19 데이터, 소스코드를 공유하는 깃허브 저장소**

3. 디지털 아카이브와 서비스

"코로나19: 우리의 기억" 프로젝트의 주요 활동은 감염병에 대한 사회과학적 문제 정의와 이를 해결하기 위한 공학적 접근, 그리고 구성원의 집단 지성을 통한 문제의 해결 과정을 포함한다. 디지털 아카이브는 코로나19와 관련된 다양한 통계 데이터, 뉴스 데이터, 정부의 보도자료와 이를 분석한 소스코드, 시각화 서비스를 융합한 산출물을 포함한다. 모든 자원은 깃허브의 'covid-19-our-memory' 저장소(https://github.com/Open-Knowledge-Korea/covid-19-our-memory)에서 확인할 수 있다.

1) 데이터셋

코로나19와 관련된 국내외 데이터 1,067건이 포함되어 있다. 확진환자, 마스크 수출입 동향 등 정부가 발표한 공식 데이터는 우선적으로 활용한다. 다만 정확성이 결여되거나 미흡한 데이터는 새롭게 구축해서 공개한다. 예컨대 마스크 공급에 대한 데이터는 식품의약안전처에서 제공하지만 한글문서와 이미지 형식으로 제공되기 때문에 발표된 자료를 기계가 처리할 수 있는 형식으로 구축한다.

2) 데이터 분석

주요 주제에서 정의한 문제는 데이터 분석으로 종합적인 상황을 판단하고자 시도했다. 주제별로 정의한 문제는 크게 여섯 가지를 포함한다.

- 마스크 부족의 원인(https://tinyurl.com/yx8wlvmm)
- 등교수업 조정의 원칙과 실제(https://tinyurl.com/y57xyvry)
- 문화·관광 산업의 영향(https://tinyurl.com/yyzpg6sa)
- 재난 불평등: 재난은 평등한가?(https://tinyurl.com/yy8xyj74)
- 산업별 고용 동향(https://tinyurl.com/y3fjuxpc)
- 대기오염, 일회용품, 의료 폐기물이 환경에 주는 영향(https://tinyurl.com/y2y9ec6s)

분석 결과 페이지는 문제에 대한 배경, 데이터 수집·분석 방법에 대해 자세하게 기술한다. 설정한 문제에 따라 데이터 분석과 시각화 방법은 다양하다. 예를 들어 마스크 품귀 현상은 정부의 마스크 공급 정책에 대한 데이터 수집과 시각화를 제공한다. 반면 문화, 재난 불평등, 고용에 대한 주제는 파이썬으로 데이터 분석과 시각화를 수행한다. 데이터 분석에 활용된 소스코드는 파이썬 노트북 형식으로 제공해 분석 결과를 쉽게 확인할 수 있다.

핵심 이벤트로 선정된 항목은 뉴스 데이터, 멀티미디어 자료, 분석 데이터, 정부의 보도자료를 활용해 하나의 이벤트로 재구성된다. 즉, 코로나19 디지털 아카이브의 단일 이벤트는 텍스트, 멀티미디어, 동적 시각화 정보를 함께 연계한 복합 정보이다. 복합 정보를 구성하기 위해, 코로나19 관련 통계 데이터는 인터랙티브 차트(Interactive chart)로 시각화한다. 이 같은 형식은 데이터를 동적으로 제공하고, 동시에 웹페이지에 이식할 수 있기 때문에 정보의 재사용을 높일 수 있다. 뉴스와 같은 텍스트 정보는 약 150자로 요약하고, 관련 이벤트의 설명으로 사용되며 원본 출처의 주소를 함께 제공한다. 복합 정보를 제공하기 위한 시각화는 크게 타임라인과 스토리맵으로 구성한다. 그림 9-3의 코로나19 타임라인은 국내에서 첫 번째 확진환

그림 9-3 코로나19 타임라인

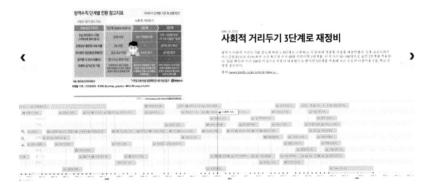

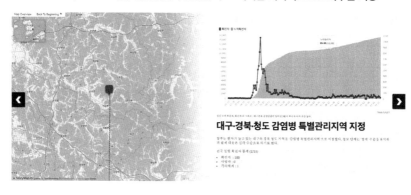

그림 9-4 **코로나19 스토리맵: 집단감염이 발생한 주요 지역을 시각적으로 보여주는 기능**

대구·경북·청도 감염병 특별관리지역 지정

자의 발생부터 주요 사건을 시간적으로 구성해 탐색할 수 있는 기능을 제공한다. 그림 9-4의 스토리맵은 국내에서 발생한 집단감염을 공간적 관점으로 재구성하고 시간의 순서와 지역의 감염확산을 시각적으로 보여준다.

4. 나아가며

"코로나19: 우리의 기억" 프로젝트는 코로나19에 대한 사회문화적 영향을 가치중립적으로 기록하기 위한 시도였다. 2020년 1월부터 시작된 감염병의 확산은 우리 사회 전반에 커다란 충격을 주었고 동시에 변화의 필요성을 제기했다. 기록 관점에서 보면 국가 재난으로 인한 사회적 이슈와 급격하고 광범위한 영향을 미치는 사건을 효과적으로 기록하기 위한 방안, 디지털화된 사건의 가치중립성을 제고하기 위해 데이터 정확성의 중요성을 인식하는 계기가 되었다.

"코로나19: 우리의 기억"은 기록과 데이터를 융합하는 새로운 유형의 디지털 아카이브이다. 일반적으로 디지털 아카이브는 디지털 자원의 실물과 맥락을 제공하지만 재사용 또는 재배포에 한계가 있다. "코로나19: 우리의 기억"에서 공개한 모든 디지털 자원은 개방형 라이선스를 채택하고 있어 누구나 재사용할 수 있고 다른 디지털 아카이브와 융합이 가능하다.

"코로나19: 우리의 기억"은 대학교 재학생의 자발적 참여로 진행되었지만 일반 대중의 광범위한 참여와 협력도 이끌어냈다. 2021년 3월에 팀 케일리는 행정안전부와 열린지식재단 공동으로 오픈 데이터 데이(Open Data Day) 2021를 개최하여 국내외 COVID-19 데이터의 현황과 분석 방법을 소개하고, 정부에서 제공하는 통계 데이터의 품질 개선을 제안했다. 팀 케일리에서 구축한 집단감염 데이터는 정부가 공식적으로 제공한 것이 아니라 보도자료에 포함된 정보를 추출·가공한 것으로, 다수의 민간기관이 데이터 분석에 활용했다.

"코로나19: 우리의 기억" 아카이브는 2022년 2월에 영구보존을 목적으로 국립중앙도서관에 기증되었다. 이 기증은 민간에서 구축한 아카이브를 국가도서관에서 영구보존하는 국내 최초의 관학협력 사례로 평가 받았다. 국립중앙도서관은 오아시스(OASIS) 확대 개편을 통해 "코로나19: 우리의 기억"을 포함한 "코로나바이러스감염증19" 컬렉션을 현재 서비스하고 있다.

기록관리의 관점에서 데이터는 개념적·이론적으로 명확하게 정리되지 않았고 여전히 논의가 필요한 상황이다. 디지털 아카이브가 정보통신기술과 접목되고 디지털 자원에 대한 해석이 다양해지고 있다. "코로나19: 우리의 기억"은 기록과 데이터에 대한 융합의 결과이며, 이를 바탕으로 기록관리의 새로운 접근에 대해 논의할 필요가 있다.

참고문헌

An, B and Tang, S. 2020. "Lessons From COVID-19 Responses in East Asia: Institutional Infra-structure and Enduring Policy Instruments." *The American Review of Public Administration*, 50(6-7): 790~800. https://doi.org/10.1177%2F0275074020943707

Bedford, J., Enria, D., Giesecke, J., Heymann, D., Ihekweazu, C., Kobinger, G., … Wieler, L. 2020. "COVID-19: towards controlling of a pandemic." *The Lancet*, 395: 1015~1017. https://doi.org/10.1016/S0140-6736(20)30673-5

Dixon, J. 2020. Documenting the Pandemic: Libraries Launch COVID-19 Archival Projects. https://www.libraryjournal.com/?detailStory=Documenting-Pandemic-Libraries-Launch-COVID-19-Archival-Projects-archives

Feng, S., Shen, C., Xia, N., Song, W., Fan, M. and Cowling, B. 2020. "Rational use of face masks in the COVID-19 pandemic." *The Lancet Respiratory Medicine*, 8: 434~436. https://doi.org/10.1016/S2213-2600(20)30134-X

Jebril, N. 2020. "World Health Organization declared a pandemic public health menace: a systematic review of the coronavirus disease 2019 'COVID-19'". *International Journal of Psychosocial Rehabilitation*, 24(9): 2784~2795. https://dx.doi.org/10.2139/ssrn.3566298

Moon, M. 2020. "Fighting Against COVID-19 with Agility, Transparency, and Participation: Wicked Policy Problems and New Governance Challenges." *Public Administration Review*, pp.651~656. https://doi.org/10.1111/puar.13214

Park, S., Choi, G., and Ko, H. 2020. "Information Technology—Based Tracing Strategy in Response to COVID-19 in South Korea—Privacy Controversies." *JAMA*, 323(21): 2129~2130. https://doi.org/10.1001/jama.2020.6602

10

아카이브 기반의 전쟁과여성인권박물관*

윤지현

이 글은 전쟁과여성인권박물관의 아카이브 관리 사례를 소개한다. 전쟁과여성인권박물관은 시민단체가 운영하며 일본군'위안부' 문제를 다루는 소규모의 박물관이다. 공식적으로는 박물관으로 등록해 유지·운영하고 있지만, 실제로는 모기관의 기록물과 수집자료를 이관 받아 관리하고 있으므로 아카이브로서의 성격이 강하다. 이 글에서는 박물관에서 기록관리자의 역할과 소장기록물의 특징을 소개하고, 일반적인 박물관과 기록물관리기관의 차이점 및 특수성을 소장기록유형을 통해 살펴보았다. 아울러 아카이브를 관리하기 위한 박물관의 이점을 설명하며 기록물관리기관이 문화기관으로 나아가기 위한 시스템을 제안한다. 한편 조직의 위기 상황과 그에 대응하기 위한 기록관리의 현실적인 문제점 및 기록관리에 미친 영향을 소개하며 추후 기록관리의 비전과 계획을 전망해본다.

---

* 이 글은 대담 형식을 취하고 있지만, 실제 질문자와 답변자가 동일인임을 밝힌다.

1. 전쟁과여성인권박물관 소개

Q: 박물관 소개를 부탁드립니다.

A: 전쟁과여성인권박물관은 서울 마포구 성미산 자락에 위치하며 일본군‘위안부’ 문제를 다루는 소규모의 주제 박물관입니다. 일제강점기 일본군 ‘위안부’의 역사와 피해자의 명예회복을 위한 활동을 널리 알리고 함께 공부하기 위한 공간으로 2012년 5월에 문을 열었습니다.

Q: 기관 홈페이지에는 일본군‘위안부’ 문제를 해결하기 위한 ‘활동하는 공간’으로 소개하고 있습니다. 일반적인 박물관과는 어떻게 다른가요?

A: 1990년대 일본군‘위안부’ 문제가 한국 사회에 크게 알려지면서 한국의 여성단체를 중심으로 이 문제를 해결하기 위하여 시민단체(한국정신대문제대책협의회, 이하 정대협)가 결성되었습니다. 박물관은 정대협 부설기관으로 시민운동의 한 형태이자 결과물입니다. 따라서 일반적인 역사와 문화를 알리는 문화기관에서 나아가 행동하는 박물관을 지향합니다. 어린아이들에게 특별한 공부방을 만들어주길 소망했던 피해 여성들의 꿈과 나와 같은 피해자가 다시는 없어야 한다는 바람이 녹아 있으며 박물관을 찾는 모든 이가 평화로운 세상을 만들어가는 한 사람의 활동가가 되어주기를 희망합니다.

2. 아카이브 중심의 박물관

Q: 박물관은 주로 학예사들의 활동 영역인 것으로 알고 있습니다. 국공립 박물관에도 아카이브 업무는 있어도 기록전문가가 있는 곳은 그리 많지

않은 편인데, 현재 박물관에서 아키비스트로 일하는 건가요? 박물관에서 근무하게 된 계기가 궁금합니다.

A: 저는 2018년부터 2021년까지 이곳 박물관에서 기록물을 관리하는 전문가로 일했습니다. 제가 처음 이곳에 왔을 때는 아키비스트와 레코드매니저의 역할을 딱히 구분하지 않았고, 우리가 영구기록을 관리하는 기관이었기 때문에 아키비스트라고 할 수도 있겠습니다. 이곳에서 일하기 전까지 10년간 공공기관에서 기록물관리 전문요원으로 일했습니다. 공공영역에서 일하면서도 민간이나 문화기관의 기록관리에 관심이 많았고, 2017년 기록전문가협회 주관 '아키비스트 캠프' 견학 프로그램에서 이곳 박물관을 처음 알게 되었습니다. 당시 박물관 부관장님으로부터 소장기록의 의미과 기록 활동에 대해 설명을 들을 기회가 있었는데, 그 열정적인 모습을 보고 기록전문직으로서 부끄러웠던 기억이 있습니다. 이듬해 2018년 박물관에서 기록관리자 채용 공고를 접했고, 의미 있는 기록관리를 기록에 대한 애정이 넘쳐나는 사람들과 함께 해보고 싶다는 생각에 지원했습니다. 당시에는 행정기관이 아닌 문화기관에서 일한다는 것이 매력으로 다가왔습니다. 뭔가 다를 것이라는 막연한 기대감이랄까요? 그리고 이렇게 작은 박물관(당시 직원 4명)에서 기록전문직을 채용하기가 쉽지 않은데 정말 특별한 박물관이라고 생각했습니다.

Q: 총 인원이 4명뿐인 곳에서 1명의 기록관리자를 충원하기가 쉬운 일은 아니었을텐데 어떻게 그럴 수 있었을까요?

A: 저도 처음에 그게 참 이상하고 궁금했습니다. 보통 수백 수천 명이 일하는 공공기관도 기록물관리 전문요원이 1명뿐이거나 아예 없는 곳도 있으니까요. 아마도 박물관이라는 성격 때문인 것 같습니다. 박물관의 경우 어떤 자료를 소장하고 있고 어떻게 활용하느냐가 핵심이고, 그걸 관리하는

전문관리자를 두는 것이 기관을 운영하는 데 필수 요건이기 때문입니다. 2018년 채용 당시 전문직으로는 초임 준학예사 한 분만 계셨습니다. 박물관이지만 전문직으로서 역할을 수행한 것은 기록관리자가 먼저라고 할 수 있습니다(2023년 기준, 정학예사 1명, 아키비스트 3명). 그런데 얼마 후에 알게 되었습니다. 제가 채용되기 1년 전부터 기록학을 공부하고 계셨던 박사과정 선생님들이 "나비아카이빙"이라는 프로젝트 팀을 만들어 자원봉사 형식으로 꾸준히 박물관의 기록물을 정리하고 계셨던 거죠. 물론 박물관 측에서 기록관리의 필요성이 있었기 때문이기도 하지만, 나비아카이빙의 기록정리 경험이 기록관리자의 필요성을 인식하게 된 직접적인 계기인 것 같습니다. 나비아카이빙은 제가 채용된 후에도 지속적으로 업무분류 체계를 설계하고 디지털 아카이브를 구축하는 일을 함께했습니다. 주중에는 생업에 종사하고 주말에 재능 기부를 한 것이 5년입니다. 재능 기부라는 형식을 통해 진행된 나비아카이빙의 작업은 기록관리 영역에서 모범적인 문화를 만들어낸 하나의 사례라고 생각합니다. 공공영역에서는 혼자 일했었는데 민간영역으로 오니 뜻 있는 여러 분들이 함께해서 감사했습니다.

Q: 그럼 2020년 오픈한 "수요시위아카이브"도 나비아카이빙과 함께 작업하신 건가요?

A: 네. 2020년은 기관 30주년으로 1년 전부터 여러 가지 기념사업을 준비했었습니다. 그중 단체의 역사를 정리하는 것이 핵심이었죠. 보통은 10년 단위로 백서를 발간하는데, 정대협도 20년 기념 백서가 있습니다. 2020년 당시에는 지난 30년을 정리하면서 단순한 서술 형식의 일반 백서가 아니라 기록과 근거자료를 통해 30년을 되새기는 백서를 제작하고 싶었어요. 보통 백서는 지면 분량이 제한되기 때문에 다 실을 수도 없고, 또 실어도 보는 사람이 잘 없으니까 역사를 정리하면서 기록도 정리하자는 취지로 디지

털 아카이브 구축을 목표로 했습니다.

그런데 실제로 시작하니 너무 막연한 거예요. 업무분류 체계는 기능적으로 어느 정도 구성할 수 있지만, 소장하고 있는 기록을 정리하는 일은 기능분류와는 또 다른 문제이니까요. 그리고 외부에서는 수요시위나 소녀상 세우기 같은 활동만 보이겠지만, 국내외 연대활동이라던가 진상규명을 위한 자료 조사연구 활동, 피해자 지원, 각종 법적 투쟁과 교육활동 등 일상적인 업무가 30년 동안 일일이 열거할 수 없을 정도로 많았습니다. 그때마다 쌓인 기록의 양이 엄청나고요. 그리고 시민단체에서는 자체 프로그램 외에도 정부나 국제 정세에 맞추어 대응하는 활동이 큰 부분을 차지합니다. 예를 들면 "2015 한일합의" 같은 것이 있지요. 일상적인 업무 가운데 급작스러운 정세 변화에 대응할 일이 생기다 보니 기록관리만을 위한 팀이 있지 않고서야 제대로 기록을 남기고 관리하기란 거의 불가능했어요. 남아 있다 하더라도 많은 자료가 해석을 필요로 하고, 이력정보가 없어서 전체와 부분을 알 수 없거나, 사본이 너무 많아 원본을 찾는 데도 어려움이 많습니다.

이런 상태의 기록을 30주년에 바로 정리해서 체계화하기란 무리라고 판단했고, 우선 대표적인 단위사업인 수요시위부터 정리해보자고 결정했어요. 마침 한국문헌정보기술(현재는 아카이브센터로 분리)에서 민간 아카이브를 구축하기 위한 프로그램을 지원해주었고, 기본 시스템 양식에 맞춰 작업했습니다. 나비아카이빙과 함께 수요시위 기록의 특성을 고려하여 주제, 형식, 시기 분류를 구성했으며, 기술 범위 등을 함께 논의했어요. 공공기관에서 관리하듯 출처나 기능별로 분류체계가 딱 들어맞지 않아, 한 건 한 건 등록할 때마다 결정해야 할 사항이 발생했고 문제를 풀기 위해 긴 논의 과정을 나비아카이빙과 함께 진행했습니다. 지금 생각하면 그게 그 기관만의 기술규칙인데 좀 체계적으로 정리해 둘 걸 하는 아쉬움이 있습니다.

3. 아키비스트의 역할

Q: 30주년 기념 기록물 정리사업은 특별한 업무잖아요. 선생님은 박물관에서 일상적으로 어떤 업무를 하나요? 공공기관의 기록물관리 전문요원과 같나요? 민간기관에서는 좀 다를 것 같습니다.

A: 네. 기록물 관련 법의 틀 안에서 민간기록 관리기관은 자유로운 편입니다. 그런데 자유로운 만큼 어려운 것 같습니다. 딱히 정해진 규정이 없기 때문에 스스로 규정과 원칙을 만들어야 하니까요. 일단 제 업무 중 가장 많은 시간이 소요되고 중요한 일은 기록물 서비스입니다. 생각보다 자료를 요청하거나 확인해달라는 곳이 매우 많거든요. 공공기관에서는 주로 기록관에 자료를 요청하는 사람들이 내부 이용자입니다. 외부에서 정보공개청구가 들어와도 일반인이 직접 기록관으로 찾아오지는 않지요. 대부분 해당 부서에서 공개청구를 접수하고 담당자가 업무상 필요한 자료를 요청합니다. 영구기록물을 관리하는 기관은 좀 다를 수 있겠네요. 그러나 박물관은 외부 이용자가 훨씬 더 많습니다. 전시, 출판, 연구, 콘텐츠 개발, 교육, 법적 대응 또는 사실관계 확인을 위한 자료 제출 등 공공기관보다는 다양한 목적으로 기록이 쓰입니다. 박물관은 비록 소장하고 있지 않은 기록물이라도 이용자가 필요로 하는 정보 자원을 최대한 제공하려고 노력합니다. 부존재로 처리하는 경우는 거의 없습니다. 소장자료가 아닐지라도 관련 기록이 어디에 있는지, 어떤 정보까지 활용할 수 있는지 등을 안내합니다. 이것은 많은 사람들에게 이 문제를 알리기 위한 박물관의 설립 취지와 맞닿아 있습니다.

기록을 제공하기 위한 시간과 노력은 생각보다 많이 듭니다. 현재 모든 자료가 건 단위로 정리 등록되어 있지 않기 때문에 찾는 데 시간이 많이 걸리고 또 찾았다 하더라도 생산기록인지 수집기록인지 알 수 없는 경우가 다수여서 입수 이력이나 저작권을 하나하나 확인해야 하기 때문입니다. 책을 출간하기 위해 자료 사진을 요청할 때는 책 내용을 검수하는 수준으로 검토하기도 합니다. 사실을 정확하게 알리고 문제와 상황을 정의롭게 해결하는 것이 저희가 자료를 제공하는 목적이니만큼 잘못된 기술 내용은 없는지 바로잡을 수 있는 것은 없는지 할 수 있는 데까지 확인하는 역할을 합니다. 생각보다 잘못된 정보를 참고하여 작성되는 글이 많기 때문입니다.

기본적으로 제 업무는 정확한 기록과 정보를 제공하는 것입니다. 또한 기록을 제공하기 위해 자료를 수집하고, 이를 잘 찾기 위해 등록 및 정리를 합니다. 모기관의 기록을 이관으로 표현했지만, 이관에 대한 개념이 아직 충분히 정립되어 있지 않기 때문에 모기관의 기록물도 거의 수집의 형태로 이관 받고 있습니다. 생산이 확인될 때 수시로 수집을 해야 향후 소실되지 않거든요. 그렇지만 장기적으로는 이관계획을 세워서 정규화해야 한다고 생각합니다. 한편 내부 활동가들은 자료를 버리지 못하는 경우가 많은데, 공공기관처럼 기록물을 이관 받아 폐기하는 업무는 없지만, 대신 수집·이관할 때 보존해야 할 자료를 선별하는 작업을 병행해야 합니다. 그렇게 해야 불필요한 자료를 수집하지 않을 수 있습니다.

보통 기록물관리를 한다고 하면 수집·이관, 정리, 보존, 활용의 절차를 따르겠지만, 저희는 활용이 먼저 이루어지고 나서 박물관으로 입수되는 경우가 많습니다. 이는 기록관리자로서 매우 혼란스러운 일입니다. 아직 입수정리가 진행되지 않은 기록을 먼저 활용(전시, 연구, 출판 등)하고 등록해야 한다거나 활용(영상물 제작)에 우선 필요한 자료를 선별하여 부분적으로 정리를 해야 하는 현실적인 어려움이 있습니다. 현재 보존하고 있는 자료의 대부분은 모기관 시민활동의 결과물로서 수집되거나 생산된 것입니다. 시기적으로 당면한 비연속적인 사업의 결과물은 활용 이전의 아카이브라 할 만한 자료의 출처와 원질서를 끊임없이 찾아 이어주고 재배치하는 작업을 진행해야 합니다.

4. 소장 아카이브의 특징

Q: 좀 더 구체적으로 박물관 소장기록을 소개해주세요. 어떤 기록물을 소장하고 있나요?

A: 박물관의 기록물은 입수 유형에 따라 크게 이관기록과 수집기록으로 나눌 수 있습니다. 보통의 박물관이 구매나 기증으로 구분하는 것과 좀 다릅니다. 박물관의 소장자료는 박물관의 재산이자 기관의 가치로 연결됩니다. 어떤 자료를 소장하고 있느냐에 따라 박물관의 위상이 달라진다고나 할까요? 대다수 박물관에서는 업무자료를 소장품으로 생각하지 않습니다. 업무상 생산된 행정기록에는 큰 가치를 두지 않지요. 그러나 저희는 주 활동이 역사인 만큼 그것을 담고 있는 기록에 큰 의미를 부여하기 때문에 모기관과 박물관에서 업무 과정 중에 생산된 기록을 이관하여 영구기록물로 관리합니다. 이관기록은 단순히 업무상 참고용 기록이 아닌, 일본군'위안부' 문제를 해결하기 위한 시민운동의 기록으로 이관 받아 관리하고 있는 것입니다. 또 한 축은 일반 시민이나 피해자의 기록을 수집하여 관리하는 것입니다. 간혹 이관기록과 수집기록을 판단하기 어려운 상황에 놓이기도 합니다. 피해자의 기록은 연구조사 사업 시 수집 생산된 기록으로 업무상 생산된 기록으로 수집기록으로도 볼 수 있기 때문입니다.

입수 형태로 보면 두 종류이지만, 출처로 보면 모기관, 피해자, 일반 시민 세 가지로 분류할 수 있습니다. 좀 더 자세히 소개하면 모기관의 이관기록은 업무기록, 회의록, 각종 보고서와 자료집, 소식지, 언론 스크랩, 활동을 담은 사진과 영상 등이 있고, 피해자 기록은 유품과 피해 사실이 담긴 증언기록이 있습니다, 일반 시민이 생산한 기록은 편지나 메모, 선물류, 기념품, 예술작품 등입니다. 이 기록을 형태별로 구분하면 문서류, 시청각류(사진, 영상), 간행물류(도서류 포함)가 될 것이고 여기에 회화류와 조형물, 유품을 아우르는 박물류가 있습니다. 저는 저희 소장품을 기록물로 취급하기 때문에 기록물의 형태별 분류 유형을 따르는데 학예부에서는 또 다른 분류기준을 가지고 있습니다. 박물관은 유물관리 분야에서 오래전부터 유물을 재질별·유형별로 세분화해 관리하는 전통이 있기 때문에 서로 존중하며 조율해나가야 합니다. 간행물류의 경우도 마찬가지입니다. 제가 채용되기 전에는 소장 도서를 도서 분류기준으로 관리하고 있었어요. 그러나 도서관처럼 분량이 많지도 않고, 대부분 같은 주제의 도서들이기 때문에 도서 분류체계가 유용하지 않더라고요. 박물관이라고 하더라도 소장자료의 특성과 소장량에 따라 관리기준이 변경될 수 있어야 한다고 생각합니다.

Q: 그럼 유물과 기록물을 어떻게 구분하여 관리하나요?

A: 박물관에서도 현재 진행 중인 고민입니다. 대형 박물관에서는 유물을 관리하는 부서와 기록을 관리하는 부서가 별개인 경우가 많습니다. 외부에서 자료가 입수되면 기록물로 취급할지 유물로 볼지에 따라 업무부서가 다르고 관리체계도 달라 고민되는 지점일 수밖에 없습니다. 단순히 기록물관리 체계 안에서 이관 여부를 기준으로 하면 되지 않겠냐고 말할 수 있지만, "기록"이라는 용어가 한국에서는 오래전부터 포괄적으로 사용되어왔기 때문에 담당자들이 기준을 적용하기가 쉽지 않습니다. 저희 박물관 역시 현재 기록을 정리하면서 기준을 세워가고 있습니다. 원칙적으로 또는 편의적

으로 이관기록물을 기록물로, 수집기록물을 유물로 보면 되겠지만, 박물관 규모가 작기 때문에 유물과 기록을 별도로 구분하여 관리할 필요성이 없습니다. 다만 정부의 보조금 사업에 지원하려면 표준유물관리시스템에 유물을 등록하고 관리하는 조건이 있어서 현재는 박물류 정도를 유물로 보고 그 나머지는 기록물로 관리하고 있습니다.

5. 아카이브 관리 운영

Q: 박물관은 보조금 지원사업이 운영상 큰 비중을 차지하던데 기록물관리기관에는 그런 시스템이 잘 없다고 알고 있습니다. 어떤 사업인 거죠?

A: 제가 다른 기록물관리기관에서 일할 때, 어떤 매뉴스크립트기관이 기록물관리기관으로 등록할지, 박물관으로 등록할지 고심하다 정부지원책을 고려하여 박물관으로 등록했다고 한 기억이 있습니다. 그때는 그것이 무슨 의미인지 잘 몰랐었는데, 박물관에서 일해보니 알겠더라고요. 박물관은 스스로 운영비를 마련하기 힘든 구조입니다. 기본적으로 영리를 목적으로 하는 곳이 아니니까요. 그래서 정부나 소관 지자체에서 사업(전시, 시설관리, 교육)이나 인력(학예인력, 교육인력, 유물등록인력, 봉사인력) 등을 지원해주는 시스템이 갖추어져 있어요. 소장자료의 사진을 찍거나 목록화하고 등록하는 것도 지원을 받을 수 있고, 사회적으로는 문화예술인들의 활동공간으로 인식되기 때문에 문화예술인과 협업할 수 있는 기회나 제도가 마련되어 있습니다. 그리고 자원봉사자나 인턴, 연구인력을 모집하기도 수월합니다. 아무래도 아직까지 한국에서 기록물관리기관은 문화기관이라기보다는 행정기관의 하나로 인식하는 경향이 다분해서 이런 문화적인 활성화를 위한

지원체계가 부족한 것 같아요. 앞으로 기록물관리기관이 문화기관으로 나아가는 여러 과제 가운데 하나이겠습니다.

6. 위기의 아카이브

Q: 기록을 관리한다는 것이 문화적인 활동임을 다시 한번 일깨워주는 것 같습니다. 조금 다른 질문일 수 있는데 올해 모기관인 정의연(구 정대협)이 수사와 의혹으로 많이 힘들었다고 알고 있습니다. 박물관 또는 자료를 관리하는 입장에서 어떤 영향이 있었을까요? 이번 일을 계기로 기록관리에 대한 변화가 있었다면 말씀해주세요.

A: 저희 박물관 개관 기념일이 5월 5일이라 여기에 맞추어 수요시위 디지털 아카이브 오픈을 준비했습니다. 원래 계획은 언론 보도도 크게 하고 관계자분들을 모셔 설명회를 가지려고 했었습니다. 그러나 코로나19로 취소되고 5월 7일 제가 수요시위 현장에 나가 소박하게 아카이브를 소개하는 자리를 가졌지요. 그리고 바로 다음날 피해자 할머니께서 저희 활동에 문제를 제기하신 후 몇 년간을 정신없이 보냈습니다. 기록과의 싸움이었다고 할까요?

저희가 가진 소장기록 중 가장 중요하고 힘이 있었던 기록은 피해자의 역사가 담긴 기록이라고 생각했습니다. 그런데 현실적으로 필요한 자료는 언론과 검찰에 대응하기 위한 업무기록이었던 거죠. 무엇보다 보존기간 5년인 회계자료가 핵심이었습니다. 언론사에서 부실한 근거로 의혹을 제기하면 그 내용에 대한 정확한 해명자료를 만들기 위해 직원들이 밤을 새워 기록을 찾았습니다. 이런 수사에 대응하고 바로잡기 위한 노력은 이후 몇 년간 지속되었습니다. 특히 우려되었던 부분은 수사기관이 우리가 30년간 생산한 기록을 모두 압수해 버릴지도 모른다는 것이었습니다. 압수에 대비하기 위해 복본자료를 만들어야 했고, 평소에는 쉽게 옮길 수 있다고 믿었던 전자기록물도 그 양이 방대해 작업이 어렵다는 것을 알았습니다. 기록관리자로서 평소 위기상황에 대한 준비가 부족했고, 그에 대한 대비책이 없었다는 데 무거운 책임감을 느꼈습니다. 다행히 수사기관은 전자기록 중 필요한 파일 일부만을 복사해 갔습니다. 그러나 압수해 간 비전자기록물은 법정 다툼이 끝난 이후에나 반납된다고 합니다. 그것이 몇 년 후일지, 기록이 원상태로 반납될지 알 수 없습니다. 박물관뿐만 아니라 영구기록물을 관리하는 기관에 소장된 원본 아카이브를 수사기관이 압수해 가는 것이 맞는지 생각해볼 문제입니다.

이 사태가 발생한 직후 박물관은 모기관에서 관리하고 있던 전자기록을 전체 박물관으로 이관보존을 했고, 모기관과 박물관으로 각각 개별적으로 들어오는 자료 요청을 박물관에서 제공하는 것으로 일원화했습니다. 박물관 수장고와 그 밖에 다양한 장소에 산재해 있던 기록은 새로운 수장고를 마련하여 한곳에 보존·관리하는 체계를 갖추었습니다. 저는 이번 사태에 대한 기록은 일지로 남길 것을 제안했고, 그 기록은 언젠가 정리되어 역사가 되겠죠.

7. 비전과 계획

Q: 2020년 한 해 정말 많은 일이 있었군요. 앞으로의 기록관리에 대한 계획과 비전이 있다면 말씀해주세요.

A: 많은 어려움이 있었지만, 그래도 30년간의 기록을 잘 관리하고 있어 많은 도움이 되었습니다. 특히 조직의 위기는 기록의 중요성을 전 직원이 인식하는 계기가 되었습니다. 업무를 관리·감독하는 정부기관에서도 기록과 업무를 철저하게 점검하고 체계화하는 시기였습니다. 피해자 없는 시대를 준비하며 박물관은 기록관리 업무를 더욱 강화할 예정입니다. 기억을 기록화하는 작업을 꾸준히 진행할 예정이며, 전 세계에 있는 일본군'위안부' 관련 기록을 연결하는 허브로서의 역할을 수행하고자 계획하고 있습니다. 그러기 위해서 먼저 소장자료부터 체계적으로 정리하고 이용자 접근이 쉽도록 디지털화하여 아카이브를 구축할 예정입니다. 요청하면 제공하는 수동적 시스템이 아닌, 다양한 사용자를 위해 콘텐츠화하고 적극적으로 서비스하는 형태를 개발할 계획입니다.

8. 나아가며

이상 인터뷰 형식의 사례보고는 정대협/정의연 30주년(+이자), 코로나19 발생 초기이며, 정의연 사태가 시작된 해인 2020년에 작성되었다. 한 해 2만 명이 찾던 박물관은 2020년 5월 이후 한동안 문 여닫기를 반복했다. 코로나19 때문이기도 했고 언론과 외부로부터 업무 일상을 감시당하는 상황 문이기도 했다. 상황을 수습하기 위해 매일 밤낮없이 비상대책회의가 열렸고 박물관의 위상은 내부적으로 재정비되었다. 기록관리는 더욱 강화되어 1명이던 기록연구사가 3명으로 늘었고 '수요시위아카이브'는 확대 발전해 '전쟁과여성인권아카이브'로 거듭났다.

정의연 사태로 한국 시민사회의 기록관리는 큰 변화를 맞이했다. 정부는 그간 느슨하고 무질서했던 기록체계를 정비하기 시작했다. 비영리법인(단체) 관할기관은 일반 영리기관에 맞추어져 있던 공표 내지 공시 시스템을 점검하기 시작했으며, 등록 및 기관 유지관리에 필요한 제출 기록자료를 면밀하게 검토하기 시작했다. 일부 시민단체는 '설명책임성'이라는 용어는 몰라도 과도하리만큼 자기 검증 내지 검열 체계를 강화하고 있으며 회계사들은 비영리 시민단체를 손님으로 맞이하는 상황에 이르렀다.

필자는 2021년 가을 박물관에서 현재 인물활동을 기념하는 기관으로 자리를 옮겼다. 박물관은 여성인권활동을, 현재의 일터는 민주화운동가라는 다른 주제를 다루지만 관리해야 할 형식적 요소는 유사하다. 기념관이라는 형태의 전시관을 짓고 꾸미고 일반 대중을 맞이해야 하며 교육 프로그램을 만들고 방문자들이 익힐 내용을 충실하게 그리고 지속적으로 공급해야 한다. 그런 의미에서 박물관이라는 공간에서의 실무경험은 기록을 관리하는 기관이 문화기관이라는 정체성을 가지고 대중과 어떻게 만날 수 있는지, 이 문화체를 지속적으로 끌고 나가기 위해서는 어떤 내용을 갖추어야 하는지, 그동안 생각한 기록물관리기관의 틀이 어떠한 변화를 도모할 수 있는지 배울 수 있는 시간이었다.

현재 전쟁과여성인권박물관은 기록관리를 위해서 인력을 보강하고 시스템을 갖추는 데 적극 노력을 기울이고 있다. 다만 박물관이라는 외형을 과소평가하거나 보존에만 치중하여 문화적 활동기관으로서의 기능이 약화되는 것은 아닌지 염려된다. 국내외로 뻗어 있는 30년간의 소통창구는 어느 날 갑자기 열린 것이 아니다. 함께 일구었던 선배들의 활동과 역사를 찾아 배우고 이것을 다양한 문화예술자원으로 활용해야 할 것이다.

11

25만여 점 기록물을 품은 민간대통령기록관

김대중도서관의 현황과 과제

장윤서

김대중도서관은 아시아 최초의 대통령도서관으로 25만여
점의 사료를 소장하고 있는 민간대통령기록관이다. 주로 김
대중 전직대통령의 생애, 근현대사, 민주화 등에 관련한 기
록물을 수집하고 있으며 이를 관리하고 활용하여 사료사업,
전시사업, 연구사업 등을 진행하고 있다. 국내 민간대통령기
록관은 기념재단이 주체가 되어 운영하고 있는 경우가 대부
분이지만 김대중도서관은 고등교육기관이 운영하고 있다는
특이점이 있다. 이에 따라 기록물을 기반으로 역사, 민주주
의에 대한 교육적 역할을 수행하며 연구자에게 자유로운 학
술공간을 제공하고 기록물을 통한 연구를 지원할 수 있도록
하는 목표를 가지고 있다. 이 글에서는 교육기관의 부속기관
이며 민간대통령기록관인 김대중도서관의 기록물 구성, 디
지털 아카이브 시스템에 대한 설명과 대표적인 기록정보서
비스에 대한 사례를 소개하고 대통령기록관의 향후 과제, 디
지털 아카이브에 대한 시사점을 제시하고자 한다.

1. 민간대통령기록관 김대중도서관

대통령기록물은 한 나라의 최고 지도자에 관한 기록물이기 때문에 그 시대의 정치적·역사적 증거로 큰 영향력을 가지며 활용가치가 높다고 볼 수 있다. 이에 따라 대통령기록관은 기록물의 수집, 보존을 수행할 뿐만 아니라 이용자에게 역사 및 민주주의 교육, 연구지원서비스 등과 같은 기록정보서비스를 지원한다. 현재 대통령기록물을 보유하고 관리하는 기록관은 세종에 위치한 대통령기록관(이하 통합대통령기록관)과 기념재단, 도서관 등 다양한 형태로 운영 중인 민간대통령기록관이 있다. 민간대통령기록관은 「대통령기록물 관리에 관한 법령」[1]을 근거로 하는 통합대통령기록관과 다르게 「전직대통령 예우에 관한 법률」[2]을 통해 국가로부터 기념사업의 목적으로 인프라 구축 등을 1회가량 지원 받으며 이후 민간에서 자율적으로 기록관을 운영한다. 이처럼 근거로 하는 법령과 운영 주체가 다르기 때문에 대통령기록물은 각 기관에서 따로 관리하며 서비스되고 있다.

앞서 언급했듯 민간대통령기록관은 각 기관에서 독립적으로 운영 중이기 때문에 대통령기록물의 연계 서비스가 어려운 상태이다. 예를 들어 김대중 전직대통령(이하 김대중 대통령)의 재임기 때 기록물을 찾고자 한다면 통합대통령기록관을 방문해야 하지만 재임 전과 퇴임 후 기록물의 경우는 연세대학교 김대중도서관(이하 김대중도서관)을 찾아야 한다. 또한 김대중

---

[1] 「대통령기록물 관리에 관한 법령」 제1조(목적) 이 법은 대통령기록물의 보호·보존 및 활용 등 대통령기록물의 효율적 관리와 대통령기록관의 설치·운영에 관하여 필요한 사항을 정함으로써 국정운영의 투명성과 책임성을 높이는 것을 목적으로 한다.

[2] 「전직대통령 예우에 관한 법률」 제5조의2(기념사업의 지원) 민간단체 등이 전직대통령을 위한 기념사업을 추진하는 경우에는 관계법령에서 정하는 바에 따라 필요한 지원을 할 수 있다.

대통령과 김영삼 전직대통령(이하 김영삼 대통령)의 관계에 관한 자료를 찾기 위해서는 통합대통령기록관과 김대중도서관, 김영삼도서관 세 기관을 방문해야 한다. 이마저도 각 기관에 대한 이해가 높아 어떤 기관에서 어떤 기록물을 보유하고 있는지 인지하고 있는 이용자만 활용할 수 있다는 한계가 있다. 이처럼 대통령이라는 역사적 중요 인물의 전 생애를 통합적으로 살피기 어렵다는 아쉬움이 있다. 현재의 기록관리 패러다임인 이용자 중심의 서비스와 통합검색서비스를 실천하기 위해서는 대통령기록물 관리기관을 전반적으로 살펴보는 것이 중요하다. 이 글에서는 김대중 대통령의 재임 전후 기록물을 소장 및 관리하고 있는 김대중도서관의 기록정보서비스 사례를 소개하면서 민간대통령기록관이 나아가야 할 방향성을 살펴보고자 한다.

민간대통령기록관인 김대중도서관은 김대중 대통령이 소유하던 아태재

그림 11-1 **김대중도서관 비전과 역할**

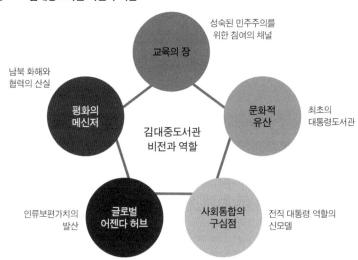

자료: https://www.kdjlibrary.org/

단 건물, 도서, 개인기록물 및 노벨평화상 상금을 연세대학교 측에 기증하며 설립되었다. 이후 김대중 대통령의 생애, 근현대사, 민주화 등에 관련한 기록물이 수집되었고 이를 관리 및 활용하여 전시사업, 연구사업 등을 진행하고 있다. 그림 11-1에서도 확인할 수 있듯이 교육의 장을 만들어 연구자에게 자유로운 연구공간을 제공하는 것을 목표로 도서관을 운영하고 있으며 기록물을 기반으로 역사, 민주주의에 대한 교육적 역할을 수행하고 학술 연구를 지원할 수 있도록 노력하고 있다.

2. 김대중도서관의 구성과 기록정보서비스

1) 기록물 구성

김대중도서관은 아시아 최초의 대통령도서관이면서 기록물에 특화된 기관이다. 김대중 대통령이 소장한 건물, 기록물, 도서 등을 연세대학교에 기증한 이후 대부분의 도서들은 연세대학교 중앙도서관으로 이관되어 현재는 도서관의 기능보다는 기록관의 역할을 수행하고 있으며 기록물을 활용해 전시, 교육, 연구, 대외협력 등 중요 사업을 진행하고 있다.

김대중도서관에서 보유하고 있는 기록물은 기증을 통한 수집기록물과 직접 생산한 생산기록물로 나눌 수 있다. 수집기록물은 김대중 대통령의 저작물, 대통령 행적에 관한 모든 유형의 자료, 대통령이 소속된 또는 활동한 정당 및 단체가 생산한 모든 유형의 기록물, 대통령 및 대통령 가족의 사적 기록물로 구분할 수 있다. 대표적으로 민주화운동 시절 김대중과 이희호의 못으로 쓴 옥중서신과 노벨평화상 수상에 관련한 기록물이 있다. 김

그림 11-2 **김대중도서관 생산·수집 기록물**

김대중의 옥중서신

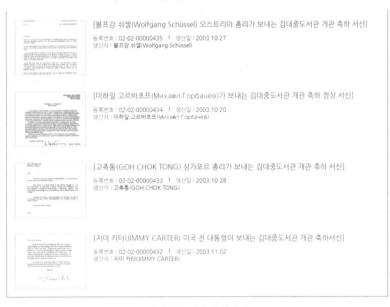

[볼프강 쉬셀(Wolfgang Schüssel) 오스트리아 총리가 보내는 김대중도서관 개관 축하 서신]

등록번호 : 02-02-00000435 ㅣ 생산일 : 2003.10.27
생산자 : 볼프강 쉬셀(Wolfgang Schüssel)

[미하일 고르바초프(Михаил Горбачёв)가 보내는 김대중도서관 개관 축하 정상 서신]

등록번호 : 02-02-00000434 ㅣ 생산일 : 2003.10.20
생산자 : 미하일 고르바초프(Михаил Горбачёв)

[고촉통(GOH CHOK TONG) 싱가포르 총리가 보내는 김대중도서관 개관 축하 서신]

등록번호 : 02-02-00000433 ㅣ 생산일 : 2003.10.28
생산자 : 고촉통(GOH CHOK TONG)

[지미 카터(JIMMY CARTER) 미국 전 대통령이 보내는 김대중도서관 개관 축하서신]

등록번호 : 02-02-00000432 ㅣ 생산일 : 2003.11.02
생산자 : 지미 카터(JIMMY CARTER)

정상들의 개관 축하서신

자료: https://www.kdjlibrary.org/

대중 대통령은 퇴임 후 김대중도서관 건물 집무실에서 활동했기 때문에 자연스럽게 생산기록물이 발생했는데 그 예로 구술기록과 각 정상들에게 받은 김대중도서관 개관 축하서신 등을 들 수 있다.

1998년부터 2003년까지 재임한 김대중 대통령의 재임 중 기록물은 「공공기관의 기록물관리에 관한 법률」에 근거하여 2003년 2월에 정부기록보존소(現 국가기록원)에서 이관 받았다. 「대통령기록물 관리에 관한 법률」이 2007년 4월 27일 공포된 이래로 같은 해 7월 28일부터 시행되었고 이후 통합대통령기록관이 설치됨에 따라 현재는 통합대통령기록관에서 해당 기록물을 전환 받아 관리하고 있다. 김대중도서관에서 보유한 기록물은 김대중 대통령의 재임 전후 기록물이 주를 이루며 민주화와 통일에 관한 기록물이 포함된다. 현재 지속적인 기록물 수집 및 생산으로 25만 여 점(미등록 기록물 포함)을 보유하고 있다.

2) 디지털 아카이브 시스템 구성

영구기록관리시스템인 디지털 아카이브 시스템은 현용 기록물을 10년 동안 보관하는 기록관리시스템과 달리 장기간에 걸쳐 전자기록물의 진본성, 무결성, 신뢰성, 이용가능성을 보장하기 위한 기능을 제공해야 한다(안대진·임진희, 2016). 디지털 기록물의 보존과 서비스에서는 빠른 기술 변화로 인한 노후화의 위험에 대응할 수 있는 시스템 관리가 무엇보다 중요하므로 디지털 아카이브 시스템의 구성을 파악하여 정기적인 유지보수를 지원하고 살펴볼 필요가 있다.

대부분의 기관들이 디지털 아카이브를 홈페이지와 이원화하여 제공하는 방식과 다르게 김대중도서관은 홈페이지 내에 디지털 아카이브가 구축된

그림 11-3 김대중도서관 기록관리시스템 활용 페이지

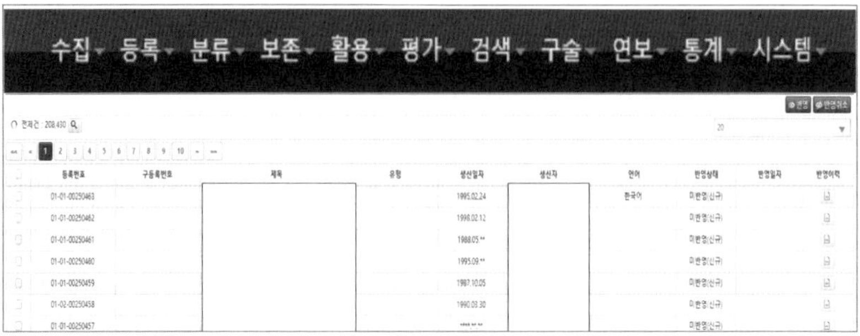

형태로 운영되고 있다. 이용자에게 보이는 서비스 페이지는 홈페이지뿐이 지만 관리자 측면에서는 디지털 아카이브 시스템인 수집기록관리시스템 (이하 기록관리시스템)과 홈페이지관리시스템 2개로 구성된다. 김대중도서관 은 개관 4년 후인 2007년 6월에 기록관리시스템을 구축했으며 2014년 디 지털 아카이브 사료 DB 고도화 사업을 진행했고 이를 마지막으로 시스템 유지보수만 진행 중인 상태이다.

김대중도서관의 기록관리시스템은 크게 수집, 평가, 등록, 분류, 보존, 활 용, 검색, 구술, 연보, 통계로 기록관리 흐름에 따라 구분한다. 이 중 홈페이 지와 연동되는 메뉴는 활용이다. 기록물의 분류 및 등록이 모두 끝나면 기 록물은 활용 페이지로 이관되고 그림 11-3과 같이 보여지게 되는데 이때 공 개할 기록물을 반영 처리한 후 홈페이지관리시스템에서 다시 한 번 공개처 리를 해주면 해당 기록물이 김대중도서관 홈페이지에 표출된다.

3) 김대중도서관의 기록정보서비스

김대중도서관은 기록물을 수집·평가·정리·보존할 뿐만 아니라 이용자에게 다양한 기록정보서비스를 제공하기 위해 노력하고 있다. 김대중도서관의 가장 중심적인 이용자 집단은 정치학, 역사학 등 다양한 주제의 학술정보 이용자이다. 기록학적 측면에서 이용자를 세분화했을 때 학술정보 이용자가 대표적이지 않다고 생각할 수 도 있다. 하지만 전통적으로 주요한 이용자 그룹이 연구자와 교육자를 비롯한 학생 이용자이며 이들이 기록을 활용하여 양질의 지식정보를 창출할 경우 사회의 지적 능력을 높이고 기록물의 가치를 증진시키는 효과가 있다(윤은하, 2014). 또한 대통령기록물의 정치적·역사적 가치를 고려한다면 대통령기록물을 서비스하는 것이 상당한 의미를 가지며 대통령기록관에서 학술정보 이용자가 중요한 서비스 대상자로 구분된다고 볼 수 있다. 자유로운 연구공간을 제공하고 민주주의의 발전과 평화 실천, 빈곤 퇴치의 산 교육장을 목표로 했던 김대중도서관은 학술정보 이용자에게 기록정보서비스를 제공함으로써 설립 목적을 달성하고 교육기관 부속 도서관으로의 기능을 동시에 실천하고 있다.

사적 기록물에 대한 보호와 인력 문제 등으로 김대중도서관은 소장한 기록물에 비해 공개된 기록물이 적은 편이다. 이 때문에 기록물을 온·오프라인으로 연계할 수 있는 기록정보콘텐츠 개발을 위해 노력하고 있다. 대표 콘텐츠로는 김대중 전집 콘텐츠, 김대중 디지털 연보, 사료해제서비스를 들 수 있다. 또한 통일, 평화, 민주화 등에 관한 학술회의를 매해 개최해 학술의 장을 마련하고자 노력하고 있는데 이는 학술정보 이용자들의 내부 커뮤니티에 접근하여 기록물의 활용을 높이고 부가가치를 창출할 수 있는 방법이기도 하다.

대부분의 일반 이용자는 기관명 때문에 도서의 대출, 반납, 열람을 지원하는 도서관으로 오해하는 경우가 많다. 따라서 김대중도서관은 이용자에게 기관의 정체성을 인지시키고 기관에 대한 이해도 증진을 중요한 과업

중 하나로 보고 있다. 이에 전시와 사료 해제, 언론 공개, 뉴스레터 발간을 진행하여 소장기록물 소개와 잠재적 이용자 발굴, 기관 홍보효과를 기대하고 있다.

(1) 김대중도서관 홈페이지 속 기록정보콘텐츠

2019년 김대중도서관은 김대중 대통령 전 생애에 대한 김대중 전집 작업을 완료했다. 김대중 전집은 정당사, 선거사, 경제사, 국내외 민주화운동사, 민주주의 공고화 과정, 외교사, IT, 여성인권 및 양성평등 등 다양한 분야를 포괄하고 있기 때문에 한국 현대사 연구의 양적 확장과 질적 심화에 중요한 자료가 될 수 있다. 이후 2022년 8월 총 3,265건, 1만 7,500페이지에 달하는 김대중 선집의 원문 전체를 기관 홈페이지에 공개했다. 그림 11-4에서 확인할 수 있듯이 전집 콘텐츠는 기록물 정보, 기록물 원문 텍스트, 동일 등록본(동일 내용이 다른 언어로 작성된 기록물), 관련 연보(해당일자 연보행적 링크 연결), 관련 콘텐츠 추천으로 구성된다. 1건당 최대 32개의 메타데이터를 생성했으며 이를 통해 이용자는 시대, 언어, 저작 유형 등 다양한 검색 포인트를 이용할 수 있고 관련 기록물과 정보를 확인 가능하다. 홈페이지 속 전집 콘텐츠를 통해 원문 텍스트를 확인한 후 기록물에 대한 추가적인 정보나 연구지원서비스가 필요한 경우, 기록물 정보에 기재된 등록번호를 도서관에 전달하여 도움을 요청할 수 있다. 요청이 접수되면 내부 검토과정을 거친 후 기록물의 디지털 파일을 제공하거나 경우에 따라 담당자가 지원하는 대면 서비스를 받을 수 있다.

이와 함께 김대중 대통령의 연대기인 김대중 연보를 디지털화하여 홈페이지에 공개하고 있다. 해당 서비스는 1924년부터 2009년까지 내용을 포함하며 이를 통해 김대중 대통령의 개인사뿐만 아니라 그 시대 한국의 현

그림 11-4 **김대중 전집 콘텐츠**

자료: https://www.kdjlibrary.org/

대사와 정치사를 살펴볼 수 있다. 김대중 디지털 연보에서 1만 7,649개의 행적을 확인할 수 있으며 출생과 성장, 청년 사업가, 국회의원, 대통령 후보, 유신시대 1 동경 납치사건, 유신시대 2 명동 3·1 민주구국선언, 광주 민주화운동과 사형선고, 미국 망명생활, 민주화추진협의회 활동, 대통령 출마, 평화민주당 시절, 제15대 대통령 당선, 제15대 대통령 시절, 퇴임 이후로 크게 분류되어 있다. 시대별 분류를 통해 김대중이라는 인물을 포괄적으로 살펴볼 수 있고 키워드 검색도 가능하게 했다. 또한 찾고자 하는 행적과 관련한 사진, 문서 등의 기록물도 함께 제공하여 활용도를 높이고 이용자의 이해를 돕고 있다.

　정보가 넘치는 시대에 살고 있는 이용자들은 기록물을 이용할 때 정보 요구에 부합하는 기록물을 찾는 데 어려움을 느끼고 특히 학술정보 이용자들은 단편적인 정보보다는 광범위한 해석형 정보를 필요로 한다(pugh,

2004: 43). 이는 고품질의 정리된 자료들을 찾기 쉽게 제공할 수 있도록 지속적인 서비스 개선이 요구된다는 뜻이다. 김대중도서관은 매달 하나의 주요 기록물을 선정하여 공개 및 해제하는 서비스를 진행하고 있다. 기록물을 공개할 뿐만 아니라 기록물의 성격과 역사적 배경을 밝히고 공개의 의미를 부여하여 정돈된 내용과 연관 자료를 함께 게시하기 때문에 이용자는 단일 기록물만 보는 것이 아니라 풍부한 역사적 콘텐츠를 확인할 수 있다. 추가적으로 특정 이슈가 있는 일자에 맞추어 기록정보콘텐츠를 제작하곤 하는데 해당 콘텐츠는 홈페이지에 업로드되는 데 그치지 않고 보도자료로 제작되어 언론에 동시 공개된다. 이는 단순한 정보공개 이상의 가치를 가지며 기관의 정체성 확립과 기관 자체에 대한 홍보효과를 줄 수 있다.

(2) 학술회의 개최

김대중도서관은 통일, 평화, 민주화 등을 주제로 학술회의를 개최하고 있다. 학술단체나 각 분야의 국내외 학자 및 전문가를 초청하며 이를 통해 학술정보 이용자에게 학술의 장을 마련하고 있다. 대표적으로 6·15 남북정상회담 기념 학술회의와 노벨평화상 수상 기념 학술회의를 매년 운영하고 있으며 추가로 2021년 '미얀마 민주화를 위한 한국·미얀마 연대-협력 긴급회의' 등과 같이 세계적 이슈인 사회 문제를 주제로 하는 학술회의도 개최하고 있다. 학술회의를 통해서 사회의 지적능력 증진의 효과를 창출할 수 있을 뿐만 아니라 학술정보 이용자의 내부 커뮤니티에 접근하여 도서관의 입지를 확충하고 기관의 이해도를 제고시킬 수 있다.

(3) 온·오프라인 전시

민간대통령기록관은 다양하고 전문적인 기록정보콘텐츠 제작과 전시 구성을 모색하는데 통합대통령기록관에 비해 자율성과 독립성이 보장될 수 있다(이영지 외, 2018). 이러한 특성으로 민간대통령기록관의 경우 전시의 제작과 구성에 있어 통합대통령기록관보다 개별 대통령기록물의 특징을 고려한 구성이 가능하다. 김대중도서관에서도 김대중 대통령의 생애, 사상, 정책에 관한 기록물을 심도 있게 연구하고 구성하여 상설 전시를 운영하고 있다. 이는 김대중이라는 인물뿐만 아니라 민주주의와 현대사에 대한 국민의 이해와 교육을 증진시킬 수 있으며 더 나아가 잠재적 이용자의 호기심을 자극해 기록물과 기록물관리를 널리 알리는 효과를 줄 수 있다. 상설전시는 전체 생애흐름으로 관람할 수 있는 1층 전시실과 2층 특별전시실로 나누어 운영 중

그림 11-5 **김대중도서관 온라인 전시관**

온라인 전시관 내 기록물 해제

온라인 전시관 전체 구성도

자료: https://www.kdjlibrary.org/

이며 단체 관람의 경우 큐레이션을 제공하고 있다.

2019년부터 코로나 시대가 도래하면서 전시 관람에 규제가 있었기에 전시를 예약제로 운영했고 정보의 확장성과 이용자의 관심을 높이기 위해 온라인 전시를 진행하고 있다. 온라인 전시는 접근성과 경제성 측면에서 이용자 만족도가 높은 서비스이다. 도서관에서 제공하는 온라인 전시는 공간 정보를 주로 제공하는 파노라마 VR 형식으로 구축되었으며 그림 11-5와 같이 특정 위치에서 기록물 관련 영상이나 해제를 제공하고 있다.

3. 나아가며

1) 민간대통령기록관 앞으로의 과제

여러 민간대통령기록관이 「전직대통령 예우에 관한 법률」을 통해 시설 건립과 디지털 아카이브 시스템 도입 등 인프라 구축을 지원 받았고 이후 대부분의 기관은 대통령을 지지하는 사람들의 후원으로 운영되고 있다. 이는 기관의 운영 상황이 후원금 사정에 따라 영향을 받고 기록물 관리 및 서비스가 외부 상황에 크게 좌우되며 시설을 유지하는 것만으로도 기관이 부담을 느낄 수 있음을 뜻한다. 후원금 기반의 운영 방식은 일반 이용자로 하여금 대통령기록관 전체를 정치적 편향성을 강조하는 기관으로 오해하게 하는 원인이기도 하다. 대통령기록관의 운영이 지속가능하려면 대통령기록관이 대통령을 우상시한다는 부정적인 인식을 개선하고 대통령기록관의 가치에 대해 사회적 공감대를 형성하는 것이 필요하다.

대통령의 재임기간 중 생산된 기록물은 2007년 제정된 「대통령기록물

관리에 관한 법률」에 따라 통합대통령기록관이 보유하고 있고 나머지 재임 전후의 기록물은 각 민간대통령기록관에서 개별적으로 수집하여 보유하고 있는 경우가 많다. 이는 기록물의 통합적인 이용과 기록정보콘텐츠 제작의 한계를 뜻하며 민간대통령기록관과 통합대통령기록관의 협업의 중요성을 의미한다. 김대중도서관은 고양시, 목포시에서 운영하는 김대중 대통령 기념사업과 업무협약을 체결하여 사진, 영상 등 기록물 제공과 콘텐츠 개발, 운영 자문 등 상호 협력을 규정하고 있다. 이는 상당히 고무적이라고 할 수 있지만 더 나아가 대통령기록물에 대한 이용자의 접근성, 활용성을 높이기 위해 다른 민간대통령기록관 및 통합대통령기록관과 좀 더 긴밀히 연계할 필요가 있다. 이에 가장 먼저 이루어져야 할 과제는 대통령기록관 간의 소통 창구를 만드는 일이며 이후 기록물의 인적 교류, 온라인 시스템 연계가 이루어질 수 있도록 추가적인 방안을 강구해야 한다.

2) 디지털 아카이브 유지의 시사점

디지털 기록물 보존과 서비스에서는 빠른 기술 변화와 시스템 노후화에 대한 관리가 필수적이기에 디지털 아카이브 시스템의 정기적인 유지보수를 지원하고 보안, 백업 장비, 라이선스 등을 지속적으로 살펴볼 필요가 있다. 이용자에게 디지털 기록물을 제공하기 위해 수반되는 기본적인 전자 장비들의 수명이 대략 7년임을 고려할 때 디지털 아카이브를 구축하고 7년이 지나면 기록물을 담고 있는 매체의 안정성에 위험이 커진다고 볼 수 있다. 물론 태생적 디지털(born digital) 기록물이 아닌 이상 원본 자료는 그대로 존재하겠지만 아카이브 재구축과 같은 큰 문제가 발생할 경우 많은 인력, 예산 등을 투입해야 하므로 이는 심각한 재정 부담으로 이어지게 된다.

김대중도서관은 2007년에 디지털 아카이브를 구축했으므로 다른 기관보다 빠르게 디지털 아카이브 시스템을 도입한 기관이라고 볼 수 있다. 2014년 디지털 아카이브 고도화 사업을 마지막으로 유지보수만 진행한 상황이었고 이 때문에 이른 시스템 노후화에 직면했다. 2022년 9월 백업 장비 노후화로 인해 고가의 장비를 새로 구매해야 했고 홈페이지, 아카이브 개편 정보화 사업 진행 중 운영체제 OS에 대한 기술지원이 종료된다는 것을 알게 되었다. 이후 운영체제 OS, DBMS, 라이선스, 데이터 마이그레이션에서 비용이 발생하여 기관에서 예상치 못하게 연속적으로 큰 금액이 청구되는 어려움을 겪었다.

최근 아카이브에 대한 관심이 증가하면서 많은 디지털 아카이브가 구축되고 있다. 이는 기록학 관점에서 긍정적인 측면이라고 볼 수 있다. 하지만 종이기록물의 경우 수백 년간 보존이 가능하고 직관적으로 확인할 수 있는 데 반해, 디지털 기록물을 지속적으로 접근 가능하게 하고 영구보존하는 일은 쉽지 않다. 민간대통령기록관의 경우 대다수 기부 지지자의 후원금으로 운영되고 있고 작은 기관일수록 전산 담당자가 없을 가능성이 많기 때문에 더욱 작업의 고충이 클 것이다. 준영구적 디지털 아카이브를 위해 지속성, 신뢰성, 보안성을 고려하여 아카이브를 구축하는 것이 좋겠지만 대부분의 민간대통령기록관에서는 이미 디지털 아카이브 시스템이 구축되어 있고 시스템 유지보수 업체와 계약을 맺어 시스템을 관리하고 있다. 전산에 관심을 가지지 않는다면 시스템에 대한 업체 의존도가 높아질 것이고 오류가 발생하거나 개편 작업 등을 시행할 때 확신을 가지지 못한 채 업무를 수행할 수밖에 없다. 기록물관리 전문요원은 디지털 아카이브 시스템에 대해 가장 잘 이해하며 책임지고 관리해야 할 주체이기 때문에 이를 분석하고 연구할 필요가 있다. 디지털 아카이브 수요가 늘어남에 따라 구축에

대한 연구는 활성화되고 있지만 앞으로 어떻게 지속가능하게 발전시킬 것
인지에 대한 연구는 많지 않다. 디지털 기록물을 잘 관리하고 서비스하기
위해 디지털 아카이브 시스템 환경에 대한 연구와 실무 적용사례가 활성화
되어야 한다.

참고문헌

김대중도서관. 2022. 김대중도서관 홈페이지. https://www.kdjlibrary.org/
안대진·임진희. 2016. 「디지털 아카이브 시스템 구축을 위한 공개 소프트웨어 활용방안 연구」.
 ≪정보관리학회지≫, 33(3): 345~370.
윤은하·배삼열·심갑용·김용. 2014 「정보공개청구를 통한 학술 정보 이용에 관한 연구: Srauss와
 Corbin의 근거이론적 접근」. ≪한국비블리아학회지≫, 25(1): 265~294.
이영지·오계윤·정상준·윤은하. 2018. 「국내 통합 대통령기록관 및 민간 대통령 기념재단의 대통
 령기록물 서비스 현황 연구」. ≪한국기록관리학회지≫, 18(4): 69~97.
퓨, M. J.(M. J. Pugh). 2004. 『기록정보서비스』. 서울: 진리탐구.

3부 로컬리티 아카이빙 사례

12

자치분권의 시작, 성북마을아카이브

강성봉

성북마을아카이브는 성북구청과 성북문화원이 협력하여
지역의 고유성과 특수성을 담고자 구축한 마을 아카이브이
다. 공동체의 기록물을 보존하는 공동체 아카이브이자, 원천
자료의 디지털화를 통해 DB(데이터베이스)를 구축해가는
디지털 아카이브이다. 민·관 거버넌스로 연차적·단계별 추
진을 거쳐 관리시스템과 홈페이지를 구축했다. 성북마을아
카이브의 시스템은 고도화된 마을기록 표준분류체계를 바
탕으로 자료 축적과 개별 기록물 간의 연결이 원활히 이루어
지도록 설계되었다. 성북문화원은 이를 바탕으로 기록물을
온·오프라인으로 연계하면서 융합문화콘텐츠를 생산하려고
노력했다. 또한 기록물의 보존뿐 아니라 콘텐츠 생산 및 활
용을 위해 홈페이지에 드러나는 항목 구성을 다양화했다. 성
북의 역사문화자원을 어떻게 하면 이용자들에게 생성 및 존
재의 맥락과 함께 보여줄 수 있을지 고민한 끝에 나온 결과
이다. 또한 다채로운 큐레이션과 주민기록단의 활동을 통해
보다 풍부한 아카이브 플랫폼을 구축했다.

1. 성북마을아카이브의 추진 과정

　지역문화자원은 일정한 장소나 지역에서 오랜 시간에 걸쳐 사회 구성원의 행위에 의해 축적된 유·무형의 문화적 산물이다. 지역의 역사와 변화 과정, 지역의 전통과 관습, 현재 지역에 살고 있는 주민의 생활 모습과 감정, 의식 등을 보여주는 모든 것을 가리킨다고 하겠다. 하지만 디지털 기술의 발달과 제4차 산업혁명의 가속화로 새로운 콘텐츠가 끊임없이 생산·유통되면서 지역의 전통이나 고유의 것이 보존되지 못하고 소멸되고 있다. 이와 관련하여 현재 광역시·도를 중심으로 민간기록 보존을 위한 디지털 아카이브 구축이 이루어지고 있으나, 기초지자체 단위의 민간기록 보존을 위한 움직임은 최근에서야 몇몇 지자체를 통해 이루어지고 있다. 이 글에서는 기초지자체 단위에서 마을 아카이브를 진행하는 '성북마을아카이브'[1]의 사례를 소개하면서 마을 아카이브가 나아가야 할 방향성을 살펴보는 데 그 의미를 갖고자 한다.

　성북마을아카이브는 성북구청과 성북문화원이 협력하여 지역의 고유성과 특수성을 담고자 구축한 마을 아카이브이다. 공동체의 기록물을 보존하는 공동체 아카이브이자, 리소스(원천자료)의 디지털화를 통해 DB(데이터베이스)를 구축해가는 디지털 아카이브이다. 이를 추진하게 된 배경은 먼저 마을기록의 중요성이 부각되었기 때문이다. 지방자치제가 실시되면서 마을의 정체성이 강조되고, 시민이 직접 지역의 주체로 자리 매겨지는 마을 민주주의 분위기가 형성되었다. 이 과정에서 지역의 현장에서는 마을기록이 지방자치 실현의 한 방안으로 여겨졌다. 마을기록이 빈약해지면 자치분

1　　성북마을아카이브 홈페이지(https://archive.sb.go.kr/).

권의 위기로 이어질 수 있다는 인식이 확산되었다. 마을기록 및 문화콘텐츠에 관한 수요는 급증하고 있는 반면 이에 대한 공급은 부족하며 관리체계의 부재가 문제시되고 있는 실정이다.

기존의 지역 아카이브 사업들 중에서 일부는 마을단위의 기록 수집 및 전시 사업에 머무는 한계성을 띠고 있었다. 특히 정부에서 진행하는 지역 관련 기록화 사업들은 실제 마을 문화자원의 고유한 특징들을 획일적인 분류체계에 담으려는 속성을 지녔으며, 각 마을단위에 적합한 활용전략을 추진하기에도 여러 가지 한계가 있었다. 정부 주도로 진행하는 아카이브 사업과는 별도로 마을단위의 기록 아카이브는 문화다양성과 미래의 문화자원 확보라는 측면에서 매우 중요하다고 생각한다. 따라서 마을공간 속 삶의 흔적을 모두가 공감하고 경험할 수 있는 혁신적 인프라를 구축할 필요가 있었다. 이러한 관점에서 성북문화원은 그동안 진행해왔던 성북학[2]의 내용들을 주민과 쌍방향으로 소통하면서 아카이빙(진행형)을 진행해야 할 필요성을 절감했다. 이를 실현하기 위한 플랫폼이 다름 아닌 '성북마을아카이브'이다. 성북마을아카이브는 그림 12-1과 같이 서울특별시 성북구에서 일어나는 모든 마을 관련 기록물을 아카이빙하여 플랫폼을 구축하는 것을 비전으로 삼고 있다. 민간기록물을 중심으로 관, 단체, 시설 등에서 생산되는 모든 기록물을 집대성하여 홈페이지를 구축·운영하고, 이를 기반으로 역사·문화 등의 콘텐츠를 제작하여 시민과 공유하는 것을 목표로 삼고 있

---

2   지역학이란 "지역 및 공간과 관련된 주제에 대해서 객관적이고 과학적인 분석을 수행하는 학제적(interdisciplinary)인 학문"으로, 특정 지역을 이해하려는 목적에서 전개되는 모든 학술적 활동을 말한다(김학훈, 2015: 88). 이에 따른 '성북학'은 지역의 역사, 지리, 문화, 도시건축, 경제, 자연환경, 생활 등 여러 분야를 종합적으로 분석·고찰하여 지역의 특성과 정체성을 발굴하며 나아가 지역을 더 나은 삶의 공간으로 만들어나가는 데 기여하는 학문이다.

그림 12-1 **성북마을아카이브의 추진체계도**

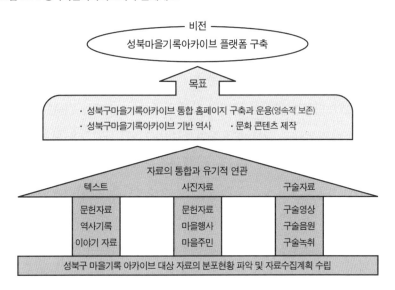

다. 텍스트, 사진, 구술, 영상 등의 자료를 수집하고 발굴하여 통합시키는 동시에 각 자료가 유기적으로 연결되게끔 추진체계를 설정하는 특징을 지닌다.

성북마을아카이브는 표 12-1과 그림 12-2에서 보는 것처럼, 마을의 삶과 역사 보전 및 지역 자산화 프로세스를 구축하기 위해 민·관 거버넌스로 3단계 5개년 사업으로 추진되었다. 1단계(2018년)에서는 대상지역을 성북동 단위로 제한하여 시범사업을 전개했다. 우선 성북동 관련 문헌자료 및 영상, 구술자료 등을 목록화하고, 향토문화전자대전, 민족문화대백과사전, 국가기록원, 도서관 분류체계 등을 벤치마킹하면서 성북만의 항목 분류체계를 정립하려고 노력했다. 또한 엑셀 프로그램으로 메타데이터를 작성해 나가면서 효율적인 자료 입력 및 관리 시스템 제작을 위해 노력했다. 2단계(2019~2020년)인 본격구축단계에서는 성북구 20개동 전역으로 사업범주를

표 12-1 **성북마을아카이브 5개년 프로세스**

구분		시범단계	본격구축단계		사업 정착 및 심화	
		2018년	2019년	2020년	2021년	2022년
대상지역		성북동	성북, 정릉 중심	모든 지역		
추진목표		목록집 (inventory)	기록철 (cataloging)		활용 (utilization)	
추진 내용	분류틀	사전분류체계	마을기록용 분류체계 '표준화'		마을기록용 분류체계 '고도화'	
	자원화	• 자료 입력·검증 (내부자료)	• 자료 입력·검증(내부자료) • 구술, 사진 등 자료 확대		• 이용자 편의 고도화 (다운로드) • 교육, 문화 등 활용 콘텐츠 개발 • 민간기록물 수집 확대	
	접근성	파일럿 홈피 구축	아카이브 시스템 구축 및 확장		융합 콘텐츠화 (온·오프라인 연계)	

그림 12-2 **마을기록: 단계별 개념 구분 및 발전 흐름도**

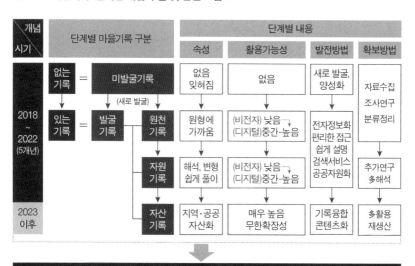

확장시켰다. 우선 1단계 시범사업에서 진행한 마을기록 분류체계를 표준화했으며, 관리시스템을 구축하여 메타데이터 입력과 자료 입력 및 검증 작업을 지속적으로 수행했다. 아울러 3단계 사업을 위한 준비 과정으로 시민과 소통할 수 있는 공식 홈페이지의 디자인 설계 작업을 병행했다. 3단계 (2021~2022년)에서는 사업이 정착되고 고도화되는 단계를 설정했다. 특히 시민이 쉽게 자료를 찾고 흥미를 가질 수 있는 콘텐츠 대중화 방안을 모색했다. 모바일 및 유튜브와의 연결 방안과 저작권 정책 반영, 지역 대학 및 도서관, 문화시설과의 연계 프로그램 모색 등을 수행했다. 2024년에는 성북구 및 모든 관계지역을 공간적 범주로 확대·설정하고 이에 대한 원천기록을 발굴·자원화하여 디지털 전산화를 통한 지역 자산화 수립 목표를 실현하고자 계속해서 노력하고 있다.

2. 성북마을아카이브의 구조와 특징

1) 민·관 협치시스템

2017년 말 성북구청은 성북마을아카이브 구축사업을 5개년 단위로 계획하고 함께할 것을 성북문화원에 제안해왔다. 성북문화원은 구청의 제안에 동의하면서 사업 착수에 앞서 아카이빙을 담당할 충분한 인력과 그에 맞는 예산 확보를 요청했다. 이에 2018년 1월 구청은 2명의 인건비 예산을 지원하여 연구원을 채용했고, 3월에는 '서울시 뉴딜일자리 사업'을 통해 3명의 연구원을 추가로 지원 받아 성북마을아카이브 팀의 진용을 갖추었다. 업무공간은 성북문화원 지층의 향토자료실을 아카이브 전담 인력의 사무공간으로 개조하여 사용했다. 곧이어 성북문화원과 성북구는 '마을기록 아카이브 구축 및 발전을 위한 업무협약'을 맺고 지자체와 지방문화원이 공동으로 협의하고 운영하는 민·관 협치 아카이빙 모델의 첫발을 내디뎠다. 사업 초기에는 성북마을아카이브가 그대로 참고할 만한 선례가 없었으므로, 기존 사업의 사례들을 두루 살펴보면서 성북마을아카이브에 알맞는 새로운 체계를 맞춤형으로 만들어갔다. 이러한 과정 속에서 2019년에는 성북마을아카이브 홈페이지를 구축하여 2020년 1월에 공개했다. 하지만 안정적인 예산과 인력, 민간기록물 수집 공모와 전시 등을 위해서는 법적 기반이 마련되어야 함을 깨달았다. 따라서 구청과 함께 구의회 의원들을 설득하여 2020년 12월에는 성북구의회에서 「서울특별시 성북구 민간기록물 수집 및 관리에 관한 조례」[3]가 공포·시행되었다. 비로소 성북구에서 마을 아카이브 사업을 지속적으로 수행할 수 있는 법적 기반이 마련된 것이다. 이는 민·관 협치사업의 성과가 아닐 수 없다.

2) 아카이브 시스템 구축과 항목의 다원화

성북마을아카이브의 시스템은 고도화된 마을기록 표준분류체계를 바탕으로 자료 축적과 개별 기록물 간의 연결이 원활히 이루어지도록 설계되었다. 성북문화원은 이를 바탕으로 기록물을 온·오프라인으로 연계하면서

---

3   이 조례는 서울특별시 성북구와 관련된 민간기록물을 파악하여 수집·관리함으로써 성북의 기록문화를 계승 발전시키고 기록유산을 효율적으로 보존·활용하는 것을 목적으로 한다. 특히 주민기록단의 운영과 공공기관 및 민간단체와의 협력체계 구축, 민간기록물자문위원회의 구성에 관한 사항이 포함된다(성북구의회 홈페이지 자료실 참조, www.sbc.go.kr).

융합문화콘텐츠를 생산하려고 노력했다. 또한 기록물의 보존뿐 아니라 콘텐츠 생산 및 활용을 위해 홈페이지에 드러나는 항목 구성을 다양화했다. 이를 위해 시스템 설계 단계부터 성북구 문화자원의 고유성과 특수성을 고려하고, 이를 활용하는 전략을 염두에 두면서 마을기록 아카이브 시스템의 전략과 세부 계획을 수립했다. 마을기록 아카이브 시스템은 기존의 기관, 시 단위의 아카이브 시스템을 보완하는 동시에 성북구 문화자원과 콘텐츠를 확보하기 위한 보다 효율적이고 선도적인 역할을 수행하려는 목적성을 띠고 있었다. 성북구는 지리적 입지조건은 물론 지역의 특성상 문화자원의 시·공간, 인물, 사건이 다층적으로 연결되어 있는 특징을 지녔기에, 마을기록의 대상이 각각 별개로 존재하기보다는 다양한 주제를 통해 연계되어야만 성북구의 마을기록 아카이브 특성을 드러낼 수 있다고 판단했다.

여기서 중요한 것이 바로 관리시스템인데, 엑셀로 정리·분류된 기록물의 항목과 메타데이터를 온라인으로 편리하게 관리할 수 있도록 하는 시스템이다. 입력한 정보는 즉각 온라인 홈페이지에 반영할 수 있다. 관리시스템은 크게 '아카이브 자료 관리', '통합 홈페이지 관리', '모바일 홈페이지 관리' 세 부분으로 나뉜다. '아카이브 자료 관리'가 기록물의 보존 및 관리 영역이라면 '통합 홈페이지 관리'와 '모바일 홈페이지 관리'는 기록물의 활용 및 서비스 영역이라 할 수 있다. 관리시스템은 성북마을아카이브에 자료를 올리기 위한 디지털 수장고와 같은 역할을 수행한다.

성북마을아카이브는 기록물의 보존뿐 아니라 콘텐츠의 생산 및 활용을 위해 홈페이지에 드러나는 항목 구성을 다양화했다. 먼저 홈페이지에 접속하면 '통합검색' 창이 나타나 찾고자 하는 정보를 보다 쉽게 검색할 수 있도록 했다. 또한 홈페이지 상단에 분야별 카테고리가 키워드로 노출되어, 이용자가 관심분야 항목으로 더욱 쉽게 이동할 수 있게 했다. 홈페이지 하단에는 '이 달의 마을 아카이브' 카테고리가 있어 축적된 각종 데이터들이 달력과 같이 월별 기준으로 자동 노출되게 했다.

성북마을아카이브의 내용은 크게 '이야깃거리'와 '기록물' 항목으로 구성된다. 이는 성북의 지역자원을 어떻게 하면 이용자에게 생성 및 존재의 맥락에서 보여줄 수 있을 것인지 고민 끝에 만든 구조이다. 수집된 기록물들을 병렬적으로만 제시할 경우 기록물 간의 생산 맥락이나 상호 관계를 보여줄 수 있는 방법이 없다. 이를 해결하기 위해 상위의 '이야깃거리'라는 항목을 만들어 간략한 개요 설명을 제시하면서 관련 기록물들을 덧대어 보여주는 방식으로 제작했다. 예를 들어 '한양도성'이라는 이야깃거리를 검색하면 이에 대한 개요 설명 및 근거자료 원문을 확인할 수 있으며, 관련 신문기사 및 이야깃거리가 제시된다. 이러한 방식을 통해 이용자는 한양도성과 관련된 역사문화자원을 잇대어 탐색할 수 있다.

2024년 1월 30일 기준 성북마을아카이브의 이야깃거리는 1,922건의 항목이 탑재되었고 이는 사건, 인물, 장소, 유물, 발간물, 작품, 미디어 등으로 세분화된다. 시대는 선사시대, 삼국시대, 고려시대, 조선시대, 일제강점기, 현대로 세분된다. 그리고 지역은 관내 동별로 나눠져 있으며 문화재는 유·무형 문화유산은 물론 기념물, 등록문화재, 미래유산, 비지정문화재 등으로 분류되어 있다. 한편 기록물 카테고리에서 '기록물건'으로는 2024년 1월 30일 기준 1만 2,355건이, '기록물철'로는 45건의 자료가 구축되어 사진, 영상, 간행물, 박물류 등으로 구분되어 탑재되어 있다. 분류체계는 유형(시청각기록물, 일반기록물 등)과 생산(위탁, 구입, 기증, 수집, 생산 등), 시대, 지역으로 구성된다. 이와 같은 자료의 분류체계 만들기는 성북마을아카이브 사업에서 가장 어려운 점이었는데 성북구의 지역문화자원, 즉 리소스의 특징을 파악하고 그에 알맞은 맞춤형 체계를 만들어야 했기 때문이다. 예를 들어 성북

그림 12-3 **성북마을아카이브 이야깃거리(숭곡초등학교)**

마을아카이브에서 '서울숭곡초등학교'를 검색하면 그림 12-3과 같은 화면이 나타난다. 왼쪽에는 숭곡초등학교의 연혁과 개요 등이 서술되어 있고, 오른쪽에는 관련 사진 및 영상기록물이 노출되어 있다. 아래에는 관련 이야깃거리와 기록물, 시청각 자료 등이 나열되는데, 숭곡초등학교 생활통지표, 입학 및 졸업 사진, 졸업앨범, 코로나19 시기 자료, 신문기사 등의 각종 기록물들이 나타난다. 이는 기록물 간의 유기적 연계가 잘 드러난 부분이라 하겠다.

3) 주민기록단

주민기록단은 지역 사람들이 기록의 주체가 되어 기록 대상을 스스로 정

그림 12-4 **성북구 주민기록단 포스터**

하고, 내 마을과 내 주변의 삶을 직접 기록하는 시민활동단체이다(그림 12-4
참조). 이들의 활동은 성북마을아카이브가 마을 민주주의의 기반으로 정착
하는 데 큰 기여를 하고 있다. 2019년부터 정식으로 시작한 주민기록단 사
업은 올해로 6년차를 맞이했다. 지난 교육생들 가운데 일부는 실제로 성북
구 곳곳을 다니며 기록자로서 활동을 펼치고, 현장에서 생산한 기록물을
아카이브 홈페이지에 업로드하여 공개하고 있다.

주민기록단 교육은 크게 기본 교육과 인터뷰 실습으로 나뉜다. 주민기록
단은 먼저 지역학과 구술 인터뷰에 대한 기본적인 지식을 배운 뒤, 실제 구
술 인터뷰 자료(영상, 음성)를 정리해 녹취록을 작성하고, 최종적으로 글쓰
기를 실행한다. 2020년부터는 코로나19로 인해 사회적 거리 두기를 준수하
면서 줌(Zoom) 프로그램을 적극 활용했고, 2023년부터는 다시 오프라인 활
동을 진행하고 있다. 주민기록단의 구성원은 기본 교육을 수료한 후 심화
교육을 받는다. 이 과정에서 만들어지는 최종 성과물은 연말에 조별로 발

간되는 구술자료집을 통해 확인할 수 있는데, 2024년 1월 기준 『성북 사람들의 구술 생애사』는 9권까지 발간되었다.

4) 다양한 큐레이션

성북마을아카이브는 다채로운 큐레이션을 지향한다. 아카이브 팀 연구원은 보다 많은 지역 사람들이 아카이브 사업의 혜택을 누릴 수 있도록 홈페이지에 수록된 다양한 콘텐츠를 재편집하여 온라인상으로 기획전시의 큐레이터 역할까지 수행한다. 그 대표적 결과물이 '주제로 보는 성북'이다. 이 메뉴에서는 성북 지역의 역사문화자원을 주제별로 묶어서 볼 수 있다. 2019년 하반기에는 전통시장, 미아리고개, 동신제, 한옥밀집지역, 하천 등 5개 주제를 만들어 공개했고, 2020년에는 독립운동, 불교문화재, 코로나19라는 주제로 성북의 기록물들을 모아 선보였다. 2021년에는 한성대학교 디지털인문정보학트랙과 역사문화콘텐츠트랙 학생들과 함께 지역축제인 '성북동 밤마실' 현장을 스케치하고 관람객과 인터뷰를 진행하는 등 축제의 모든 것을 기록화하는 과정을 수행했다(기억저장소 프로젝트). 아울러 지역의 재개발 예정지를 함께 답사하고 사라져 갈 공간에 담겨진 이야기들을 채록하기도 했다. 특히 고려대학교 문과대학 학생들과 리빙랩 수업을 연계하여 고려대학교 주변과 안암동 일대의 지역자원을 수집하여 '안암학 디지털 아카이브'를 탑재했다. 2022년에는 조각가 권진규, 지도로 보는 성북, 그림으로 기록한 성북천 등을, 2023년에는 성북의 도시형 한옥, 성북의 봉사활동, 민간기록물 수집공모전 등을 탑재했다.

성북마을아카이브는 박물관 시스템과 매우 유사하다. 관리시스템은 디지털 아카이브의 수장고이고, 이야깃거리와 기록물은 상설전시, '주제로 보

그림 12-5 주제로 보는 성북

는 성북'은 그림 12-5에서처럼 독립운동, 전통시장, 미아리고개 등 다양한
주제의 자료가 특별전시처럼 제공되고 있다. 이 외에도 마을아카이브 팀은
2020년 3월부터 매주 금요일마다 문화원 블로그와 페이스북을 통해 성북
의 마을 이야기를 스토리텔링화하여 제공하고 있다. 이 카테고리는 '금요일
마다 돌아오는 성북 이야기', 즉 '금도끼'(2024년 1월 30일 기준 192개)인데,
2023년부터는 고도화 사업의 일환으로 성북마을아카이브 홈페이지에 탑재
되고 있다. '금도끼'는 성북문화원 연구원들이 지역자원을 수집·연구하는
동시에 다양한 콘텐츠로 확산시킬 수 있는 효과를 보여주고 있다. 이러한
지속적인 연구성과는 새로운 기록물을 찾거나, 큐레이션을 수행하며 주제
를 탐색하는 과정으로 그 중요성이 크다고 할 수 있다.

3. 나아가며

성북구청과 성북문화원은 '성북구 민간기록물 수집 공모전'을 격년으로
진행하고 있다.[4] 디지털 영역에서뿐만 아니라 실물 기록물 수집·관리까지
그 영역을 넓혀 가기 위해 노력하고 있다. 이를 위해서는 기록물을 보관할

수 있는 완벽한 설비를 갖춘 오프라인 기록물 저장소가 구비되어야 한다. 기록물 저장소는 주민들이 기증한 기록물을 영구적으로 보관하는 기능을 주로 하고, 기록물들의 전시와 연구를 병행하는 기관이 되어야 한다. 이를 통해 지역 사람들은 성북의 기록물을 눈으로 접하고, 자신도 기록물 기증을 통해 지역사에 동참할 수 있게 된다. 다행인 것은 최근 성북구청이 오프라인 '(가칭) 마을기록저장소'의 설립 준비를 진행한다는 점이다. 문화원의 관계자이자 지역주민으로서 자부심을 갖는 대목이다.

아울러 최근에 공포된 「서울특별시 성북구 민간기록물 수집 및 관리에 관한 조례」[5]는 실물 기록물을 수집하기 위한 제도적 근거가 된다. 이를 바탕으로 앞으로 성북마을아카이브 팀은 더 풍부하고 정리된 디지털 아카이브를 만들어가는 한편, 공모전을 기획하여 기록물들을 수집함으로써 지역기록관 설립의 기초를 놓고자 한다. 이러한 노력에 힘입어 성북마을아카이브는 '2020 국가기록관리 유공 장관 표창'과 '2021 우수행정 및 정책사례 발표대회 우수상', '2021 자치분권 어워드'의 지역 브랜드 분야에서 동상을 수상했다. 이 글을 통해서나마 성북구청과 성북문화원 임직원, 그리고 성북구 주민들에게 감사 인사를 전하고 싶다. 앞으로도 성북마을아카이브는 끊임없는 진행형이 되고자 한다.

---

4   제1회 전시는 2021년 11월에, 제2회 전시는 2023년 10월에, 길음동 글빛도서관 1층 로비에서 개최되었다.

5   「서울특별시 성북구 민간기록물 수집 및 관리에 관한 조례」. 서울특별시성북구조례 제1343호(시행 2020.12.31).

참고문헌

김학훈. 2015. 「한국의 지역학 30년: 성과와 전망」. ≪지역연구≫, 30(4): 87~103.
「서울특별시 성북구 민간기록물 수집 및 관리에 관한 조례」. 서울특별시성북구조례 제1343호.
성북구·성북문화원. 2019. 성북마을아카이브(https://archive.sb.go.kr/).

13

지역정체성 확립과 연구를 위한 공주학 아카이브 사례

고순영·문경호

이 글은 2015년부터 현재까지 진행되고 있는 공주학 아카이브 구축사업에 대한 사례이다. 공주학 아카이브 구축사업은 공주의 지역정체성 확립과 공주학 연구의 토대 마련을 위해 지역과 관련된 다양한 분야의 자료를 수집 및 DB(데이터베이스)화하여 많은 사람들이 쉽게 이용할 수 있도록 하고 있다. 공주학 아카이브는 공주시와 공주대학교 두 기관의 상생발전협약에 따른 것으로써 기초지방자치단체에서 구축된 지역학 아카이브의 선구자적 역할을 해왔다고 자부한다. 이에 공주학 아카이브를 구축하는 과정에서 겪은 고민과 경험을 공유하여 전국의 시역학 아카이브 구축기관들과 상생 발전할 수 있기를 기대한다.

1. 공주학 아카이브의 시작

1) 추진 배경

현대 사회에서 지역과 지역문화에 대한 관심과 중요성이 인식된 지는 이미 오래다. 이를 더 체계적으로 연구하고 관리하기 위하여 각 광역지자체는 물론 기초자치단체까지 지역학 연구센터를 설립하거나 '지역학'의 이름을 건 시민교육을 내세우는 등 이른바 '지역학 운동'이 앞 다투어 시행 중이다. 이와 관련해 빠질 수 없는 것이 '지역학 아카이브 구축'이다. 지역정체성의 가장 근간인 기록물과 정보들에 대한 체계적인 수집과 관리의 중요성이 강조되면서 지역학 아카이브 구축 사례가 늘어나고 있다. 그동안 공공기록 또는 국가 중심의 기록관리에 치우치던 것에서 벗어나 '지역 민간기록물의 DB 구축' 또는 '지역기록화' 작업으로 이어지고 있다.

지역이라는 단위를 통해 한국의 다양한 삶과 사회상들을 살펴보고, 지역별 특수하고 고유한 성격이라는 지역정체성을 확립하면서 학문적 정체성까지 갖추는 지역학 아카이빙을 실시하고 있는 것이다. 공주학 아카이브는 '공주학연구원'의 설립과 함께 시작되었다. 2014년 공주시와 국립공주대학교가 공주의 역사성과 문화유산 등을 체계화하고 학문적으로 개발, 보존 및 함양하여 상생 발전을 도모하고자 두 기관의 협약 아래 공주대학교 부속기관으로서 '공주학연구원'을 설립했다. 공주학연구원의 주요 사업으로써 공주학 아카이브는 공주의 정체성을 뒷받침할 수 있고, 지역학으로서 공주학 연구의 토대가 되는 기록물을 수집하여 지역발전의 방향을 모색하자는 요구에 따라 시작되었다. 지역의 역사자료를 비롯한 중요한 기록물들이 산재해 있고 소멸할 위기에 처해 있으며, 체계적인 관리 아래 이용되지 못하고 있다는 아쉬움이 공주학 아카이브 구축에 대한 공감대를 이끌어낸 것이다.

2) 추진 과정

공주학 아카이브에 대한 계획은 공주시와 공주대학교 상생협약에 따라 공주시의 출연금(보조금) 지원사업으로써 현재까지 진행되고 있다. 2015년, 즉 공주학연구원이 설립된 지 1년 후부터 본격적인 지원이 시작되었는데, 이는 두 기관의 야심 찼던 첫 계획과는 달리 지자체장의 변경과 공주대학교 총장의 부재 등 여러 가지 난제가 겹치며 예정보다 1년여 정도가 늦어진 것이었다. 우여곡절 끝에 공주시로부터 1차년도(약 9개월) 사업보조에 대한 승인으로 사업이 시작되었고, 매년 보조금 지원에 대한 예산심의를 통해 지금까지 연간 2억~2.5억 원의 예산을 지원 받아 아카이브 구축이 진행되고 있다(2023년까지 총 17.2억 원).

공주학 아카이브는 '공주의 기억공간에서 공주학의 토대를 구축하기 위한 아카이브'라는 비전을 갖고, 디지털형, 참여형, 융합형 그리고 지속형 아카이브라는 방향성을 설정했다. 첫째, 디지털 아카이브는 많은 아카이브 추진단에서 수행하고 있듯이 수집된 기록물을 디지털화하여 인터넷을 통한 온라인 공간에서 쉽고 간편하게 이용할 수 있도록 하는 것이다. 수집하려는 기록물은 반드시 원본이어야 한다는 점을 고집하지 않고 원본은 디지털화한 후 반환하고 사본을 수집하기도 하여 수집량을 증대시켰다. 둘째, 참여형 아카이브 활성화를 위해서는 공주의 기록문화에 관심과 애정이 많은 시민이 아카이빙의 주체가 되어 수집하고 정리하며 기록해가는 시민기록활동가 양성 활동을 지원했다. 그들로 하여금 공주의 현재, 특히 일상을 기록함으로써 아카이브가 과거만이 아닌 현재에 대한 기억, 즉 과거가 될 현재와 미래에 대한 기억을 남길 수 있도록 한 것이다. 셋째, 융합형 아카이브 구축은 공주학연구원의 다른 기능, 즉 조사연구 및 교육 기능과 연계하여 구축했다. 공주를 대표하는 종합연구기관으로서 수집된 기록물을 기반으로 연구서를 편찬하고, 시민교육에 활용하며, 지역사회의 대표축제나 문화행사를 위한 다양한 콘텐츠 개발에 기초 역할을 하고자 했다. 이 세 가지 방향을 활성화하기 위해 공주학 아카이브가 단절되지 않고 지속형 아카이브로 유지하는 것을 마지막 기본 방향으로 설정했다. 아카이브의 기본 토대 구축 후 또는 그 과정에서 여러 예산 지원의 문제로 사장된 아카이브 사례들을 볼 수 있는데, 그 사례들을 답습하지 않기 위해 공주학 아카이브 구축의 필요성과 효용성에 대한 공감대를 형성하는 데 주력할 수밖에 없었다.

이러한 기본 방향을 토대로 2015년 1차년도부터 지속적인 수집 활동을 유지하며, 2차년도: 기록관리시스템 도입(정리)-3차년도: 홈페이지 구축(서비스)-4차년도: 기록콘텐츠 개발(활용 및 연구 단계) 도입 과정을 거쳐 지금에 이르고 있다. 이것은 지역 지자체로부터 보조금을 받아 수행한다는 사업 여건을 크게 고려한 것인데, 최소한의 기간에 최대한의 성과를 가시적으로 보여줄 수 있도록 구체적인 전략을 수립한 것이다.

2. 공주학을 위한 아카이브 체계 구축

1) 수집 전략

지역학 아카이브 구축을 위한 첫 작업은 자료의 수집이었다. 지역학 아카이브로 자리매김하기 위해 어떤 자료를 수집하느냐가 아카이브 구축사업의 본질을 나타낼 수 있기 때문에 무엇보다 중요한 과제라고 판단했다. 공주학 아카이브에서 현재까지 수집한 기록물은 5만 3천여 건으로, 민간기록물이 다수를 차지한다. 공주학 아카이브라는 이름처럼 지역 전역과 모든 분야에 걸친 기록물을 수집하는 것이 당연하지만, 그것은 현실적으로 많은 어려움이 있다. 특히 사업 추진의 여건상 가시적인 효과가 빠르게 제시되어야 하는 상황에서 수집 전략을 세우는 것은 무엇보다 중요했다.

이를 위해 공주학 아카이브에서는 가장 먼저 공주학과 관련된 기록물에 대한 전반적인 예비 조사를 실시하여 자료의 목록을 작성했다. 지역 시립 도서관이나 연구기관, 국가정보시설로부터 자료의 종류와 형태를 막론하고 공주와 관련된 기록물에 대한 정보를 수집했다. 이어서 그 목록을 토대로 수집 활동을 시작하고, 그 경험을 통해 시사점을 찾으려 노력했다. 그러나 이미 수집 및 DB화된 자료로서 그것에만 의존한다면 수집의 폭을 넓히는 데 한계가 있었다. 또한 그들의 기록물을 연계하는 부분에서도 공감대를 형성하기 어려웠다.

두 번째는 선택·집중적인 자료수집이다. 공주의 지역적 정체성이 담긴 주요 주제를 선정하여 집중 수집했다. 공주는 고대 역사 속 백제의 고도지, 조선시대 충청 감영지, 일제강점기 충남의 행정 수부지로서 역사문화를 바탕으로 고도특별지구, 유네스코 세계문화유산으로 등재될 만큼 '역사문화도시', '행정중심도시'라는 지역정체성을 갖고 있다. 또, 근대 이후 유서 깊은 학교들이 다수 설립되어 '교육의 도시'라는 이름도 붙여졌다. 이러한 정체성을 뒷받침해줄 수 있도록 계룡산, 공산성, 금강, 제민천, 백제문화제, 공주고등학교, 공주여사범학교 등 주요 연관주제(키워드)를 설정하여 자료를 수집했다. 그런데 이러한 주제선정 방식의 수집은 공주라는 지역 전체를 놓고 이미 정체성을 선정하고 편향된 아카이브를 구축할 수 있다는 우려가 있었다. 지역의 정체성이란 시대에 따라 변하기 마련이기 때문이다. 따라서 아카이브 팀에서는 이러한 부분을 고려하며 수집 대상을 선정해나갔다.

세 번째는 주요 소장처와의 접촉을 통한 수집 방법이다. 오랜 기간 향촌 사회활동을 하며 공주 관련 기록물을 소장하고 있는 지역 연구자의 경우, 지역을 위한 아카이브 구축의 필요성을 공감하고 적극적인 자료 제공과 주변과의 공감대 형성을 위해 노력해주었다. 또, 지역 내 유관기관 및 단체와 연계한 수집을 전개했다. 예를 들어 교도소 및 법원과 같은 공공기관의 역사자료, 초중고 학교의 역사자료실, 비영리 시민단체는 오랜 역사만큼이나 다량의 소장기록물이 있는데, 아카이빙의 필요성에 대한 불인식과 관리자의 부재로 관리되지 못한 경우가 많았다. 이런 경우 상호협약을 통해 기록물을 공유하고 아카이빙 서비스를 제공함으로써 상생할 수 있는 여건을 만들어나갔다. 이와 같은 수집 방법은 상대방에게도 DB 제공이라는 실질적인 이점이 있어 긍정적인 반응이 이어졌고, 지금까지도 여러 기관과 단체와의 협약을 통한 수집이 이루어지고 있다.

이 밖에 수집 방식 면에서 기록물의 원본뿐 아니라 사본까지 직접 수집하거나 기 수집기관 웹사이트의 목록 링크를 통해 수집을 확대하기도 했다. 이는 흩어져 있는 공주의 자료를 한곳으로 집적한다는 구축 목적을 실천하는 일과도 연계되었다. 또 참여 아카이브 실천을 위해 공주에서 현재 일어나고 있는 일상을 기록화하여, 공주 학생과 시민들에게 기록의 중요성을 일깨워주고 과거가 될 현재의 모습을 기록해나가고 있다.

그러나 이러한 모든 수집 전략에서 가장 중요한 기준은 공주라는 '지역 범위'에 대한 설정이다. 기록물 수집을 위해서는 기준이 명확해야 하지만,

그렇다고 단순히 현재의 행정구역으로 잘라 수집 범위를 가를 수 없다. 그 것은 지역사회 구성원의 생활권이라든가, 행정구역의 변화 등 그 지역의 정체성을 가늠하는 데 고려해야 할 것들이 매우 많기 때문이다. 이것은 단 연 공주학 아카이브에만 닥친 현실은 아닐 것이다. 모든 지역학 아카이브 가 고민했을 또는 함께 고민해야 할 부분이라고 생각된다.

2) 정리와 분류

공주학 아카이브에서도 수집된 기록물을 정리하는 과정은 여타 기록관 리 업무를 진행하는 곳과 대동소이하다. 기록물은 도서간행물류, 사진류, 문서류, 시청각류, 빅물류, 그리고 구술류까지 6개 형태로 나누어 정리하고 있다. 그리고 형태별로 7개 분야의 메타정보를 기입하고 있는데 크게 기본 정보, 수집정보, 생산정보, 분류정보, 형태정보, 기술정보, 저작권 정보이 다. 이러한 정보들을 기입하여 공개자료에 한해 메타정보를 공개한다.

수집된 자료를 정리하고 분류하는 과정에서 꼭 필요한 것이 바로 분류체 계이다. 기록과 그 기록에 수록된 정보를 단순히 모아두거나 저장해놓은 DB(데이터베이스)에 그치지 않고 공주의 지역성을 최대한 보여줄 수 있는 최선의 분류체계를 찾아야 했다. 또 단순한 지역기록물의 분류가 아니라 지역학, 즉 공주학을 위한 아카이브라는 목적에 따라 기존의 학문체계 분 류와 어떻게 부합할 수 있는가도 함께 고려해야 했다. 그러나 공주학의 분 류기준을 기존 학문의 분류체계에 따라 설정하기에는 기록물 자체가 기존 학문체계와 연관성을 짓기 어려운 경우가 있을 뿐 아니라, 가공되지 않은 원천자료의 다양성을 존중하지 않고 일방적으로 기존 분류 방식에 따라 구 분하기에는 무리가 많다고 판단했다.

표 13-1 **공주학 아카이브 주제분류 기준**

분류번호	000	100	200	300	400	500
대분류	총류	읍면자료	지리·환경	민간신앙·민속	역사·유적·인물	교육
분류번호	600	700	800	900	1000	1100
대분류	지역개발·관광	문학·예술·언론	종교·언어	정치·행정	경제·산업	타지역학

현재 공주학 아카이브에서는 앞서 언급했던 형태분류를 비롯해 주제분류, 출처분류, 시대분류 총 4개의 항목과 관련된 분류기준을 갖고 있다. 그중 주제분류의 대분류 기준을 살펴보면 표 13-1과 같다.

총 10개의 대분류 기준을 위와 같이 설정하고, 그 하위 중분류와 소분류 기준을 추가로 세분화하여 자료를 분류했다. 이러한 대분류 기준은 공주의 전반적인 내용을 함축하여 담고 있는 시군지의 주제 편성을 참조한 것인데, 소분류에 주제별 공주의 상황을 담아 공주만의 분류기준을 수립하려 했다. 그러나 세분된 주제분류 기준은 기록물이 가진 다양성을 제한할 수 있다는 부정적인 측면에서 벗어날 수 없었다. 실제로 한 기록물이 가진 주제는 아키비스트에 따라서, 또는 이용자에 따라서 복합적으로 나타날 수 있음에도 불구하고 기록관리시스템이나 아카이브 홈페이지의 구현 방식에 따라 하나의 주제분류만 설정할 수밖에 없었다. 이러한 단점을 보완하기 위하여 기록물의 키워드나 다양한 연관 검색어 등의 메타 항목을 추가로 편성하여 검색에 용이하도록 했고, 앞으로도 관련 부분의 개발이 필요하다.

3) 서비스

디지털 아카이브로서 홈페이지를 구축하는 것은 기본 구축단계의 목적지라 할 수 있다. 공주학 아카이브의 홈페이지가 구축된 것은 구축 3년차이다. 당초 계획은 2차년도에 도입한 '감어인5' 기록관리시스템을 기반으로 아카이브 홈페이지를 구축하는 것이었다. 그러나 제한된 예산안에서 전체 사업비 절반이 소요되는 홈페이지 구축은 현실적으로 불가능했다. 결국 다른 방법을 강구하게 되었는데, 이때 오픈소스 소프트웨어인 오메카(Omeka) v.2.4.1로 오픈형 아카이브 통합시스템을 갖추게 되었다.

홈페이지를 통해 구현하려는 목표는 크게 두 가지로, 수집된 기록물을 데이터로 제시하는 것과 그 기록물을 활용한 기록콘텐츠를 온라인에서 보여주는 것이다. 이를 위해 주제별 컬렉션이나 지역신문 검색 연동, 공주학 연구원에서 자체 개발한 전시 콘텐츠 구현 등을 커스터마이징했다. 또 오픈형 아카이브의 가장 쟁점이었던 이용자가 소장자료를 직접 제공하는 참여형 아카이브를 실현했다. 그러나 검색 기능을 위해 적용된 솔라(Solar) 시스템이 이용자에게 편리한 검색 페이지를 제공하는 부분이나 개발된 콘텐

그림 13-1 **공주학 아카이브 홈페이지**

츠를 구현하기 위한 프로그램 플러그인에 일부 제약이 있었다.

이후 5차년도에 이르러 이러한 점들을 보완하고자 홈페이지 고도화 작업을 실시했다. 오메카소프트웨어는 오메카 v.2.6.1로 업그레이드 되었고, 확장된 검색 기능으로 검색에 누락되는 기록물이 없도록 했다. 무엇보다 홈페이지에 수록된 공주 기록물의 특수성을 표현하고자 했는데, 여기에 활용된 것이 기록물과 연관된 위치정보이다. 기록물의 메타 항목에 위치정보 (경도, 위도)를 기입하여 웹 지도에 표기했으며, 하나의 지도에 각 기록물의 위치가 일시에 표기될 수 있도록 했다. 이로써 기록물이 가진 장소성을 보여줄 수 있다는 긍정적인 효과를 보았다. 그뿐만 아니라, 기록물마다 적용된 키워드 항목을 누적 합산하여 공주의 주요 키워드 및 연관어를 도출할 수 있었는데, 이것은 곧 공주의 정체성이 무엇인지 알려줄 수 있는 중요한 지표 역할이 되어주었다.

그러나 이러한 홈페이지 고도화 작업에도 불구하고 아직 해결하지 못한 과제들이 몇몇 남아 있다. 그중 가장 핵심적인 과제는 기록별 저작권 이용 범위를 별도로 설정하기 어렵다는 점이다. 디지털 아카이브의 목적은 이용자들이 편리하게 기록을 활용할 수 있게 한다는 점인데, 기록마다 저작권 이용 범위가 달라 사진의 경우 저장 기능을 일괄적으로 막아 자유롭게 저장하여 이용할 수 없다. 소프트웨어는 빠르게 진화하는 경향이 있기 때문에 곧 해결점을 찾을 수 있으리라 기대해본다.

4) 활용 및 연구

지역과 관련된 기록물을 많이 수집하고 잘 정리하여 이용할 수 있도록 서비스를 제공하는 것이 지역 아카이브 구축사업의 가장 기본적인 단계라면, 다음 단계로는 우수 기록물의 존재를 알리고 지역의 정체성과 어떤 연관이 있을지 가능성을 제시하면서 기록물을 연구의 대상으로 삼는 것이 필요하다. 아무리 지역을 알리는 우수한 기록물이 존재해도 이용자가 활용하지 않으면 그 기록물의 존재는 알 수 없다. 키워드로 검색한다고 해도 이용자의 검색 키워드 설정이 잘못되었거나, 아키비스트가 기록의 명칭이나 키워드를 잘못 설정하면 그 기록물은 사장될 수도 있다. 따라서 기록의 활용과 연구를 통해 지역민에게 지역정체성을 일깨워주고, 나아가 수집된 기록을 지역문화발전에 어떻게 활용할 수 있는가에 대한 방향을 제시하는 일은 매우 중요하다.

이러한 인식 아래 공주학 아카이브에서는 다양한 활용사업을 시도했다. 먼저 기록물의 원형 그대로를 보여주는 패널 전시회와 기록을 연계한 교육 프로그램을 진행했다. 패널 전시회는 매년 1~2회씩 실시하고 있는데, 백제문화제와 같은 지역축제, 또는 문화재 야행 등의 문화행사와 연계하기도 하고, 자료 공모전을 통해 수집된 자료를 모아 자체 전시회를 열기도 했다. 패널 전시회는 작은 규모이지만, 유동 인구가 많은 행사의 야외 공간에 전시함으로써 많은 관람자로부터 공감대를 얻을 수 있었다. 또, 학생들을 대상으로 수집된 기록물을 활용하여 강좌와 투어를 연결한 교육 프로그램도 운영했다. 이러한 행사는 많은 시민들과 학생들에게 공주학 아카이브의 존재와 기록의 중요성을 알리는 데 기여했다. 그뿐만 아니라 수집된 기록물을 토대로 자료총서, 연구총서, 구술총서 등 지역사를 연구한 총서를 지속적으로 간행하여 수집한 자료를 공유하기 위해 노력했다.

한편 원형의 기록물에 기초해 변형을 통한 네 가지 새로운 기록콘텐츠를 개발했다. VR(가상현실)콘텐츠는 공주 사람들의 기억이 담긴 옛 사진을 실제 주변 상황에 있는 것처럼 볼 수 있도록 VR을 통해 매칭하여 과거와 현재를 한곳에서 재현할 수 있는 장점이 있다. 또 웹툰 형식의 '그랫슈통신'은 공주 사람이면 누구나 아는 이야기부터 그동안 잘 알려지지 않았던 이야기까지 사진, 문서, 구술 등의 기록물을 바탕으로 이해하기 쉽도록 콘텐츠를 만들어 시민들에게 한층 더 친근하게 다가서는 데 기여했다. 영상 콘텐츠 '고마뉴우스'는 '대한뉴스' 콘셉트를 이용하여 그때 그 목소리로 공주의 옛 기억을 새롭게 소개한 프로그램이다. 마지막으로 매월 제작하는 카드뉴스 '월간공주'는 공주의 다양한 주제와 이야기를 10장 안팎의 카드로 만들어 공주의 옛 이슈를 함축적으로 전달하기 위해 시행한 것이다. 이러한 기록 콘텐츠는 모두 공주학 아카이브 홈페이지에 게재되고 있으며, 일부 콘텐츠는 올해부터 SNS 공주학연구원 계정에서도 업로드되어, 이용자들에게 빠르게 확산되고 있다. 기록콘텐츠 개발에서 주요 쟁점으로 두었던 것은 스토리를 얼마나 쉽고 재미있게 이해하고 공감할 수 있도록 하는가, 그리고 수집된 기록물의 핵심과 다양성을 얼마나 활용했는가이다. 다시 말해, 기록물을 통해 증명하는 콘텐츠를 지향함으로써 기록물 수집의 중요성을 표현하려 노력했다. 이러한 기록콘텐츠는 앞으로도 지속적으로 개발해나갈 계획이다.

3. 공주학 아카이브의 과제와 전망

공주학 아카이브를 구축함으로써 공주시는 현재 전국에서 어느 지자체보다도 다양하고 풍부한 지역학 아카이브 체제를 갖춘 자치단체라는 영광의 타이틀을 갖게 되었다. 7년이라는 짧은 기간 동안 사진과 구술 등을 통해 공주 사람들의 옛 기억을 재생시켰으며, 공주 사람들을 기록과 수집 활동에 참여시키고, 수집한 기록물을 활용해 기록콘텐츠를 제작함으로써 기록문화의 중요성을 일깨웠다. 그리고 마침내 디지털 공주자료관을 구축함으로써 누구든 자유롭게 공주의 기록물을 이용할 수 있게 되었다. 즉, 공주학 아카이브가 지역의 핵심 구성원인 공주 시민의, 공주 시민에 의한, 공주 시민을 위한 민간기록물을 수집하고 관리하며, 서비스하고 활용하는 것이 지역 발전에 기여한다는 기록의 사회적 의미를 확대해주고 있다고 볼 수 있다.

물론, 지역학 아카이브로서의 기본 토대를 바탕으로 공주학 아카이브가 다음 단계로 성장하려면 풀어야 할 과제들이 많이 남아 있다. 역사문화도시라는 정체성에 갇혀 특정 분야에 편중해서는 안 될 것이며, 기록물의 활용을 특정인 또는 특정 분야의 사람들에게 제한해서도 안 된다. 지역에서 수집한 자료이기 때문에 지역민을 위해서만 활용되어야 한다는 좁은 생각에서도 벗어나야 한다. 지금까지의 기록물 수집에 안주해서도 안 되고, 더 이상 수집할 자료가 없다고 생각해서도 안 된다. 수집한 기록물의 활용을 극대화하여 미래가치 창출에 한 걸음 다가가야 한다. 또 공주의 기록문화 운동을 확산시키기 위해 시민과 함께하는 공주학 아카이브라는 믿음을 주어야 한다.

나아가 역사문화도시라는 영예에 무색하게도 지역향토전시관(박물관) 하나 없는 도시를 위한 공주역사문화관 설립에 대비하고, 지방기록 자치 시대에 공공기록물 관리와 연대하여 공주 지방기록물 관리기구 설립에 활용할 수 있는 가능성을 제시하고 설득해야 한다. 공주판 미래기록유산이 될 공주학 아카이브의 유지와 활용이 공주의 기록문화 발전으로 이어져야 한다는 신념을 유지하고 이어가야 한다.

4. 나아가며

2020년 사례보고 이후, 공주학 아카이브에서는 당초의 기본 방향에 충실하되, 각각의 고도화에 방향을 맞추었다. 우선 기록정보의 정확성을 위해 전반적인 메타정보 점검 작업을 약 2년간 실시했다. 8만여 점에 대한 데이터와 기록의 일치화 점검, 내용 및 기술정보 수정, 키워드 보강 등이 주요 작업이었다. 그리고 고도화를 마친 기록정보를 리뉴얼된 홈페이지를 통해 공개할 예정이다.

중요 수집기록물에 대한 연구력 강화를 목표로 삼아 공주학 아카이브의 실효성을 더욱 알리는 데도 집중했다. 그동안 지역 내 알려지지 않았던 일제강점기 시가도를 분석해 101가지의 기관과 상점, 인물들을 도출해 하나의 자료총서를 발간했다. 그 결과 공주시가 수행하는 문화재 야행, 시민 자치 프로그램 등 다양한 부분에서 다채롭게 활용되고 있다. 또 중요 기록물 중 하나인 '일본공주회' 기록물을 유네스코 아시아태평양 지역기록물 등재 가능성을 두고 연구·검토함으로써 지역 내 아카이브 사업에 대한 관심을 유도하고 효용성에 공감할 수 있도록 하고자 했다.

한편 기록물 활용의 강화와 사업 홍보를 목적에 두고 예산을 증편해 기증기록물 전시회 개최를 확대했다. 부족한 예산에 따라 관내 시립박물관과 협업을 진행하기도 했으나, 특히 2022년 개최한 향토사가의 기증기록물 전시회는 단독으로 진행되었다. 이 전시회를 통해 오래된 과거의 기록물만큼 향토사가가 지역 연구를 위해 노력한 과정의 기록물도 중요하다는 것을 시민들에게 일깨워줄 수 있었다. 이 외에도 시민참여 아카이브 사업을 보강하고자 공주여자중학교 인문학 동아리 학생들과 함께 구술채록 참여 교육 프로그램을 운영하면서, 공주 시민들의 옛 기억을 직접 채록하고 하나의 이야기로 엮어 책을 출간했다. 이처럼 수집과 활용, 연구, 기록정보의 보강과 홈페이지의 리뉴얼 등 4개 단위사업별로 각각의 고도화 정책을 수립해 사업 간 균형을 맞추고자 노력했다.

참고문헌

고순영. 2019. 「공주학 아카이브 구축현황과 도전과제」. 『공주학 아카이브의 구축현황과 미래』. 학술세미나 자료집. 공주학연구원.
공주학연구원. 2017. 『공주학 아카이브 구축사업 결과보고서』.
송충기·고순영. 2015. 「공주학 아카이브의 구축사례에 관한 연구」. 『지역학과 지역아카이브』 학술세미나 자료집. 공주학연구원.

14

지역 아카이빙 프로젝트 사례

김포 북변동 스토리텔링

손동유

 이 글은 2018년 김포문화재단에서 주관한 김포시 북변동 스토리텔링 사업을 소개하고자 한다. 이 프로젝트는 지역의 역사와 문화자원을 아카이빙하기 위해서 수행되었다. 세부 과업으로는 조사, 답사, 구술채록, 스토리 정리, 콘텐츠 개발 및 활용방안 제시 등이었다.

 이 프로젝트를 수행하는 과정에서 경험한 프로젝트의 한계와 의미, 지역 역사문화자원 발굴의 의미, 지역 아카이브의 필요성과 지속성에 대한 견해를 제시하고자 한다.

1. 프로젝트의 배경과 목적

김포문화재단은 김포시청의 출연기관으로 2015년 12월에 출범했다. 설립 취지는 시민들의 다양한 문화 향유 욕구에 능동적으로 대처하고 전문적인 서비스를 제공하는 한편, 문화예술 분야에 대한 양질의 프로그램을 기획 및 제공하며 문화시설을 전문적이고 효율적으로 관리하는 것이다.

김포시는 1998년 시로 승격되었고, 최근 신도시 개발과 함께 급속하게 이주민이 증가하여 2023년 7월 기준으로 전체 약 49만 명 중 30만 명 이상이 최근 이주한 주민들로 구성되어 있다. 또한 김포시는 서울과 강화도의 관문 역할을 하는 위치이며 김포평야에서 생산되는 쌀은 질이 좋기로 유명하다. 시로 승격된 이후 꾸준한 양적 성장을 이어오고 있는 가운데 농어촌 지역, 신도시, 행정타운 등이 상존하는 전형적인 도·농 복합도시이다.

김포문화재단에서는 지역적 특성과 급속한 지역의 변화를 기록으로 남기기 위하여 다각도로 역사문화자원 아카이빙 사업을 추진했다. 지역 원로를 대상으로 한 구술채록사업, 지역문화자원 조사 및 수집사업, 디지털 아카이브 체계 구축사업 등이 그것이다.

이러한 맥락에서 '김포 북변동 스토리텔링 사업'도 기획되었다. 북변동은 옛 김포군청이 자리했던 지역으로 현재에도 김포초등학교, 김포성당, 김포제일교회, 김포향교가 있으며 전통시장인 김포 5일장이 열리는 이른바 구도심 지역이다. 당시 재개발 논의에서 주민 간의 팽팽한 의견 차이로 적잖은 갈등이 있었던 지역이다. 도시 전반적으로는 급속한 변화를 거듭해가지만 구도심은 미래를 예측하기 힘든 상황에서 더 늦기 전에 구도심의 근현대 생활문화자료, 역사자료를 확보하여 미래의 문화유산으로 삼아야 한다는 시민들의 공감대가 형성되었다. 이에 따라 북변동 주민 인터뷰를 통해 생생한 삶의 기억과 경험을 수집하여 현장성 있는 기록을 확보하고자 하는 김포문화재단의 판단에 따라 사업이 준비되었다.

이에 따라 2018년 하반기에 김포시 북변동의 근현대 생활문화 이야기를 수집 및 발굴하여 기록하고, 대표적인 이야기를 도출하여, 향후 스토리북 및 다양한 콘텐츠로 제작할 수 있는 기본 자료를 구축하는 것을 과업의 목표로 정하고 "북변동 스토리텔링 사업"이 추진되었고 이를 (협)아카이빙네트워크연구원이 수행했다.

2. 프로젝트의 주요 내용

이 프로젝트 수행 과정은 문헌자료를 통한 기초조사 및 연구 → 지역답사 및 취재 → 지역주민 인터뷰 → 스토리 정리 및 가공 → 투어코스 개발의 순서로 진행되었다. 이 같은 기획은 김포문화재단에서 수립했으며 지역주민들의 삶의 경험을 아카이빙하여 스토리, 투어코스 등 흥미로운 콘텐츠로 개발함으로써 외지인들의 유입을 늘리고자 하는 의도가 담겨 있었다.

1) 기초조사 및 연구

북변동은 현재 김포본동이라는 행정동에 걸포동, 감정동과 함께 속해 있으나, 과거에는 관청과 학교, 종교시설을 두고 있는 독립성이 강한 김포의 행정, 문화, 상업의 대표적인 중심지였다. 이러한 뚜렷한 특징과 역사가 있는 지역을 조사하기 위해 문헌자료를 찾았으나, 의외로 자료가 빈약했다. 단행본의 경우 『金浦郡 地名由來集(김포군 지명유래집)』(1995, 김포시청), 『金

浦市史(김포시사)』(2011, 김포시사편찬위원회)가 있었고, 간행물의 경우 ≪김포마루≫ 2018년 01호와 02호, ≪테마 속 달콤한 여행 스토리 김포: 선조들이 남긴 발자취 김포문화유산≫(2014, 김포시청)이 있을 뿐이었다. 그 외에 신문 및 인터넷 언론에 북변동에 관한 기사들이 일부 있었고, 인터넷 사이트 '응답하라 김포 온라인 사진전'을 참고할 수 있었다. 그러나 현재 해당 온라인 사진전은 공개하지 않고 있다.

2) 지역답사 및 취재

지역을 조사하고자 답사를 하기 위해서는 현지인의 도움이 매우 요긴하다. 이 경우에는 북변동 출신으로서 지역문화사업에 종사하고 있는 젊은 활동가와 북변동 출신으로 지역에서 건설업을 하고 있는 중년 사업가의 도움으로 지역의 중요한 장소를 견학하고 관련 인물들을 소개 받을 수 있었다. 대내외적으로 잘 알려져 있는 옛 군청터, 김포초등학교 및 등·하굣길, 100년이 넘은 김포성당과 김포제일교회, 김포향교, 5일장, 오래된 상점 등을 견학했다.

답사를 통해 현재 차량과 주민이 주로 이동하는 도로 외에 과거 주민들의 주요 이동경로를 파악할 수 있었고, 제방공사 이전의 지형과 이후 변화된 모습을 확인할 수 있었으며, 주요 상점과 문화시설의 과거 위치 또한 확인할 수 있었다. 이와 함께 답사 과정에서 만난 주민들과 간단한 대화를 통해 인상적인 회고를 부분적으로 들을 수 있었다. 견학을 이끌어준 지역주민 또한 현장을 답사하는 과정에서 옛 기억들, 예를 들면 어린 시절 친구들과의 놀이, 먹거리 등을 소개해줘서 간접적으로나마 지역의 역사와 문화적 내력을 파악하는 데 많은 도움이 되었다.

3) 지역주민 인터뷰

　문헌자료와 지역답사를 통해 개괄적인 조사를 마친 후에는 본격적으로 지역주민 인터뷰를 시작했다. 3개월이라는 프로젝트 기간과 재원의 한계상 구술자 한 사람 한 사람의 생애사 전반을 인터뷰할 수는 없는 관계로 간략한 생애사적 배경, 직업 관련된 내용, 생활 경험을 중심으로 북변동에서의 삶과 지역의 변화 과정을 질문하는 방식의 인터뷰를 수행했다.

　구술자 선정은 김포문화재단에서 나이, 직업, 성별 등을 고려하여 추천한 인물들로 정했으며 전체 17명을 대상으로 총 20회 인터뷰를 했다. 물론 인터뷰 내용은 녹음 및 촬영을 해서 녹취문을 만들었고, 동의서 등을 포함하여 구술기록을 생산했다. 구술자들은 1930년대에 출생하여 줄곧 북변동에서 살아온 노년층에서부터 북변동에서 태어나 외지에서 고등교육을 받고 되돌아와서 가업을 잇거나 새로운 형태의 생업에 종사하는 1950~1960년대생, 최근에 이주해 온 젊은 계층에 이르기까지 다양하게 선정되었다.

　첫 번째 그룹은 일제강점기, 한국전쟁 전후, 산업화 시기 지역의 변화 등을 주로 발언했고, 두 번째 그룹은 지역의 정서와 문화에 대하여 주로 발언했으며, 마지막 그룹은 지역에 대한 바람을 중심으로 발언했다.

　이와 같은 인터뷰를 통해 현재는 흔적조차 없지만 한국전쟁 이후 한동안 미군 부대가 주둔해 있었고, 주변에 미군들이 드나들던 사창가와 미군 전용 클럽 등이 있었던 사실, 미군 부대에서 흘러나오는 물건들이 지역주민들에게 음성적으로 유통되었던 사실 등이 소개되었다. 또한 1984년에 발생한 장릉산 산사태의 경우, 미군 부대가 철수한 후 한국군이 주둔하면서 주변에 호를 파고 그 밑에 발목 지뢰를 매설했는데 호우가 내리자 지뢰가 폭발하면서 인근 학교 기숙사의 여학생들을 포함해 많은 사상자를 낸 사고였다. 그런데 당시 군사정권 아래 사회 분위기상 미군 관련 내용 없이 단순한 자연재해로 알려졌다는 의견도 새롭게 제기되었다.

한편 현재 그 실체는 확인할 수 없지만, 이번 인터뷰 과정에서 장군바위, 공마당 등 어린이 놀이터로 사용되던 공간의 위치와 그와 함께 전해 내려오는 내력이 소개되었고, 북변지역 내부에도 동변, 서변, 북변, 중구 등 동네 환경과 거주민들의 계층적 특징에 따라 정체성을 세분화할 수 있다는 해석도 소개되었다. 이 외에도 북변동과 인근 타 지역의 문화적 차이, 교통편에 얽힌 일화, 상권 및 의료시설의 변화, 학교 생활과 놀이 문화 등에 지역민들이 공유하고 있는 많은 기억과 경험이 모아졌다.

4) 스토리 정리 및 가공

문헌조사 및 답사 등을 통해 북변동 지역주민들이 걸어온 근현대사의 삶의 맥락에 대해 틀을 잡은 다음 주민들과 인터뷰를 통해 이야기의 살을 붙여나가는 작업을 진행했다. 우선 인터뷰에서 취합된 이야기들 가운데 북변동 주민들의 의식주, 교통, 교육, 의료, 신앙, 관혼상제, 상업, 여가, 사연환경 등과 관련하여 가치 있는 주제어를 도출했다. 이렇게 도출된 100여 개의 주제어를 김포문화재단과 협의한 대표 스토리의 프레임에 매핑시켰다. 이 과정을 형상화하면 그림 14-1과 같다.

이런 과정을 통해 각 대표 스토리가 한 꼭지씩 텍스트로 정리될 수 있었다. 이와 같이 문헌, 답사, 주민 인터뷰를 통해 취합된 스토리들은 지역 원로들을 포함한 구술자들에게 회람되어 사실관계에 대한 재확인 작업을 거치고 나서 지역의 스토리로 정리될 수 있었다. 이처럼 작성된 스토리는 기본형이라 할 수 있고, 다양한 콘텐츠로 응용되어 재가공될 수 있을 것이다.

그림 14-1 **김포 북변동 스토리텔링 매핑 과정**

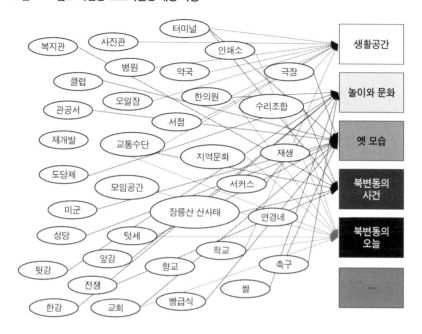

5) 투어코스 개발

기본자료를 활용한 콘텐츠는 여러 가지 유형으로 개발될 수 있는데, 대
표적으로 문화콘텐츠, 홍보콘텐츠, 교육콘텐츠, 관광콘텐츠를 들 수 있다.
이들은 동영상 플랫폼(유튜브), SNS(페이스북, 인스타그램, 카카오톡)로 온라인
유통도 가능하고 관광 상품이나 책자를 통한 실물 유통도 가능할 것이다.

이 프로젝트에서는 지역 스토리 콘텐츠 개발의 일환으로 투어코스를 제
시했다. 역사코스, 생활코스, 이야기 코스로 이름 붙인 3개 코스를 제시했
는데, 이들 코스는 향후 마을 해설사를 양성하여 지역 투어 프로그램으로
활용할 계획 아래 만들어졌다. 각 코스의 간단한 소개는 표 14-1과 같다.

표 14-1 **투어코스 소개**

코스명	주요 지점	비고
역사코스	김포초등학교➜김포향교➜송미여인숙➜구작로➜김포인쇄사➜ 해동서점➜김포군청➜(구)대동철물➜(구)김포경찰서➜김포성당	근현대 백년의 길
생활코스	김포성당➜김포제일교회➜김포5일장➜북변터미널➜ 식당골목➜성심당➜감초당한의원➜김포약국➜신작로	북변동의 일상 길
이야기 코스	우체국(터)➜김포군청(은행나무)➜김포초등학교➜재건중학교➜ 공마당➜김덕문 외 12용사 공적비➜봉화➜충혼탑➜전도관➜ 장군바위(터)➜도당산	사색의 길

이용자들이 이들 코스에 대해 마을 해설사의 설명과 함께 풍부한 정보를 얻을 수 있도록 안드로이드/IOS 기반의 어플리케이션을 개발·활용하여 코스에 관한 설명자료를 제공하는 방안을 제시했다. 또한 옛 북변동의 이미지를 3D로 모델링해 증강현실(AR)로 제공함으로써 현장감 있는 투어를 통해 이용자들의 만족도와 흥미를 높일 수 있는 방안도 함께 제시했다.

3. 진행 과정의 특징과 시사점

3개월의 일정은 이상의 과업을 수행하는 데 결코 충분치 않은 시간이었다. 재단 안팎의 사정으로 과업의 규모와 기간이 충분하게 준비되지 못했던 것으로 보인다. 그리하여 프로젝트를 수행하는 과정에서 현장 사정에 맞게 주관기관과 유기적으로 협의하면서 프로젝트를 진행했고, 지역주민들의 협조 덕분에 무난하게 마무리할 수 있었다. 수행 과정의 몇 가지 특징과 시사점을 정리하면 다음과 같다.

1) 프로젝트 수행의 특징

우선 용역 방식의 프로젝트라는 형식을 고려할 때, 준비 과정에서부터 과업의 내용, 규모, 진행 방식을 예측할 수 있어야 한다. 시간과 비용이 한정되어 있는 프로젝트에서 과업의 내용, 규모, 진행 방식이 과정에서 변경되면 프로젝트의 목표와 결과물에도 변화가 오기 때문이다. 이번 프로젝트에서는 비중을 크게 차지한 구술채록에 변화가 있었다. 당초 예정했던 구술자와 인터뷰 방식에 변동이 생기면서, 일정 관리에 다소 차질이 있었다

한편 지역의 문화자원을 아카이빙하는 차원에서 추진되는 프로젝트임에도 불구하고 유관 프로젝트와의 연관성, 향후 추진방향과 계획의 부재는 프로젝트의 목표와 결과물의 상을 뚜렷하게 하는 데 저해가 된다. 올해 어디까지 완성을 하고, 다음 단계에서는 어떻게 프로젝트를 계승해야 할지에 대해 필요성만 공유한 채 구체적인 계획이 없다 보니, 올해 프로젝트의 마무리 수위를 정하는 데 다소 어려움이 있었다.

2) 지역 역사문화자원 발굴의 의미

프로젝트 추진 과정의 절차적 한계에도 불구하고 지역 스토리 발굴에서 조력자로서 지역주민 역할의 중요성과 순차적·동시다발적 공정이 동시에 이루어지는 특성상 공정관리의 중요성을 깨닫는 계기가 되었다.

조사, 답사, 인터뷰, 재확인의 절차를 거치면서 지역주민들이 지역 스토리의 주인으로 온전히 자리매김한 것은 주민들 스스로 지역에 대한 애착과 의미를 갖는 데 좋은 계기가 되었다는 평가를 받았다. 또한 스토리를 콘텐츠로 재가공하여 활용할 계획을 세우는 데 있어서도 결국 콘텐츠 제작, 운

영, 성과 공유의 주인은 지역주민이라는 원칙을 강조한 것도 의미 있다고 판단된다. 스토리가 발굴, 취합, 정리되는 과정을 통해 해당 지역주민들에게는 특별할 것도 없고, 큰 의미를 부여하지 못했던 사실들이 '지금 시점에서 생각해볼 때', '다른 지역과 비교해볼 때' 북변동만의 정체성이 숨어 있었다는 사실을 새삼 자각한 것은 무엇보다도 지역주민들에게 큰 성과라고 평가한다. 결국 생활사 바탕의 유·무형 문화자원은 그 주인인 주민들로부터 나와서 주민들에게 재공유되며, 타 지역민들에게는 해당 지역의 생활문화를 들여다볼 수 있는 계기로 작용하게 된다는 점을 확인했다.

3) 지역 아카이브의 필요성

여전히 문제는 기록의 부재이다. 이 프로젝트는 인터뷰를 통해 이야기를 수집하는 것이 주요 과업이었기 때문에 주민들이 소장하고 있는 실물 기록을 본격적으로 조사하지는 못했다. 그러나 인터뷰를 하는 가운데 개인이나 가정에서 지역의 역사와 문화를 담은 다양한 기록물을 소장하고 있다는 점은 상당 부분 확인할 수 있었다. 그럼에도 불구하고 김포문화재단은 스스로 기록관리기관이 아니라고 판단하고 있기 때문에, 적극적으로 기록물 수집에 나서는 것을 어려워했다. 지역기록의 조사, 발굴, 수집, 관리, 활용이 원활하려면 시청, 문화재단 등 유관기관이 협력하여 현실성 있고 창의적인 지역 아카이브의 모델을 적극적으로 고민해야 한다는 것을 과제로 남겼다.

4. 사례보고 그 이후

김포 북변동 스토리텔링 사업 이전에도 여러 가지 방식의 지역 아카이빙 사례가 없었던 것은 아니지만, 이 경우에는 지역의 문화자원에 대한 조사(발굴), 수집(생산), 활용(콘텐츠 개발)이라는 일련의 과정을 모두 수행했다는 특징과 이 과정에서 생산·취득한 정보와 기록물을 모두 아카이빙하는 특징을 동시에 갖고 있는 프로젝트였다.

이후 한국은 중앙정부 차원의 도시재생사업, 법정 문화도시사업 등이 본격화되면서 여러 지역에서 다양한 방식의 아카이빙을 추진하고 있다. 한편 '가평군 마을 기록화 사업'(2019년), '당진 기록화 사업'(2020년), '군포 원도심 아카이빙 사업'(2021년), '문경시 기록화 사업(2022년)' 등 지방자치단체 주도의 지역 아카이빙 사업도 점차 늘어나고 있다. 이들 사업은 마을 이야기 기록화 중심, 주민 소장기록물 수집 중심, 변화하는 지역의 일상기록 중심, 시범 수집과 중장기 계획 수립 중심 등 지역의 형편에 맞게 설계되어 추진 중이다.

한편 김포의 경우 이상의 사업을 마무리한 후 디지털 아카이브를 구축하고 운영하고 있다. '김포 역사문화 아카이브'(https://archive.gcf.or.kr)는 김포의 역사문화정보를 체계적으로 보존 및 관리하고 공유하기 위해서 구축했다고 표방하고 있다. 그런데 2020년 디지털 아카이브를 공개할 시점에는 활발하게 기록물이 등록되었으나, 현재는 거의 정체되어 있는 상태다. 전체 소장기록물 1,826건 중 사진류가 82%인 1,504건을 차지하고 있으며, 최근에는 새로 등록되는 기록물이 거의 없다.

아카이브는 단기간의 프로젝트를 통해 만들어진다고 해서 이후 운영까지 저절로 보장되는 일이 아니다. 장기적으로 지속하려면 아카이브를 운영하기 위한 제도적 근거, 사람, 중장기 계획, 운영환경(전자·비전자), 재원 등이 적절하게 준비되어야 한다. 김포문화재단의 경우 그간 조직 개편이 이루어지면서 아카이브 관련 프로젝트를 담당했던 조직은 없어지고, 담당자도 새로운 부서로 이동했다. 초기 수립했던 계획은 중단되었고, 디지털 아카이브는 방치된 것이나 다름없는 상황이다.

아카이브는 공공기록물법, 정보공개법 등의 영향을 비롯해, 디지털 기기의 대중화, 기록에 대한 시민 관심의 증대로 인해 날로 활성화되고 있다. 공공기록물법에 적용되지 않는 기업, 문화기관, 도서관, NGO·NPO, 개인 등 다양한 영역에서도 자발적으로 아카이브를 표방한 움직임이 늘어가고 있다. 그럼에도 불구하고 지속되는 경우는 그리 많지 않은 형편이다.

아카이브는 사람들의 행위, 관계, 정체성의 흔적이 모이는 기억과 기록의 공간이다. 결코 단기적 관점에서는 소화할 수 없는 영역이다. 아카이브를 만들고 지속하기 위해서는 제도적 근거, 전담 인력, 운영환경을 마련하는 것이 반드시 필요하다는 점을 강조하고자 한다.

참고문헌

김포시사편찬위원회. 2011. 『김포시사』.
김포시청. 1995. 『김포군 지명유래집』.
김포시청. 2014. 『테마 속 달콤한 여행 스토리 김포: 선조들이 남긴 발자취 김포문화유산』.
김포시청. 2018a. 「김포, 북면골목과 사랑에 빠지다」. ≪김포마루≫, 02호.
김포시청. 2018b. 「뿌리깊은 역사와 전통에 빛나는 문화 1번지」. ≪김포마루≫, 01호.

15

증평기록관은 증평을 닮았다

신유림

　충청북도 증평군은 1읍 1면의 행정구역과 3만 7천여 명의 인구를 가진 전국에서 손꼽히게 작은 기초자치단체이다. 그러나 증평의 사람들은 한마음으로 뭉쳐 2003년 증평군으로 승격을 이루어내는 등 꾸준히 '도전과 투쟁의 역사'를 만들어왔다. 증평기록관도 국비 공모로 사업예산을 확보하고, 실험적인 지역 아카이빙 사업을 통해 증평군과 비슷한 '작지만 의미 있는' 사례들을 만들어가고 있다. 이 글에서는 2017년부터 증평기록관에서 추진했던 마을기록만들기, 경관 아카이빙, 기록전시회, 국비공모사업 '증평 아카이빙 프로젝트'를 소개하고 그 의미를 짚어보았다. 증평기록관의 지역 아카이빙 경험을 공유하여, 더 많은 기록관들이 아카이빙을 실험하고 도전하는 데 작게나마 아이디어를 제공하기 위함이다.

1. 짧지만 특별한 역사를 지닌 증평

충청북도의 중앙에 위치한 증평은 2003년 군으로 승격되어 이제 막 20년
이 된 짧은 역사를 가지고 있으며, 1읍 1면의 행정구역에 인구 3만 7천여
명인 전국에서 가장 작은 기초자치단체 중 하나이다. 증평은 군으로 승격
되기 전까지는 괴산군에 속한 읍 단위 행정구역이었으나 지역민들의 간절
한 바람과 지속적인 요구[1]로 군으로 독립한 '특별한' 역사를 가지고 있다.

좁은 면적과 작은 인구를 가진 증평이 괴산으로 독립하기 위해 내세운
명분은 '정체성'과 '소외감'이었다. 괴산에서 유일하게 '평'이라는 글자가 이
름에 붙을 만큼 너른 평야지대에 위치했던 증평은 험준한 산마을이 많은
괴산의 다른 곳들과는 정서적으로 다른 정체성을 가질 수밖에 없었다. 더
불어 증평에는 이미 1920년대에 철도역이 생겨[2] 교통이 편리했고, 그 덕에
일본인, 중국인을 포함한 많은 외지인들이 들어와 토박이들과 어우러져 살
아온 경험 때문인지 인근 타 지역들보다 상대적으로 개방적인 성향을 지니
고 있었다.

그러나 비옥한 평지에 위치한 교통의 요충지 증평은 괴산 안에서는 늘
소외된 외곽 지역일 뿐이었다. 중심지였던 괴산읍에 경제 규모가 뒤지진
않았으나 무언가를 얻으려면 늘 '투쟁'을 통해서만 가능했다. 증평과 괴산
은 다르다는 자각, 오랜 시간의 소외에서 얻어진 훈련된 투쟁력은 증평 사
람들을 뭉치고 도전하게 했다. 그리하여 '계란으로 바위 치기'라던 증평군
으로의 승격을 이뤄낼 수 있었다.

---

1 증평군은 1960년대부터 괴산으로부터의 독립을 요구했으며 '증평시민회' 주도로 개청운
  동을 지속하여 군 개청을 이룬 성공의 역사를 가지고 있다.
2 1923년 5월 1일 처음 영업을 시작하여 2023년 개통 100주년을 맞았다.

이러한 증평에 위치한 증평기록관[3]은 2018년에 국비 공모로 지역 아카이빙 예산을 확보했으며 2019년에는 기록연구사가 1명 더 충원되며 비로소 '제대로' 기록 일을 해볼 수 있는 기반이 만들어졌다. 전국 최소 군 단위 기초자치단체에서 시민기록관리까지 할 수 있는 '특별한' 전환점을 맞은 것이다. 이는 증평군이 그래왔던 것처럼 악조건에서도 투쟁력을 갈고닦으며 여러 실험적인 도전들을 해온 결과이다.

이 글에서는 증평기록관의 이러한 여러 도전들을 소개하고자 한다. 오늘도 홀로 외딴 문서고에서 고군분투하고 있을 전국의 기록인들에게 자그마한 아이디어라도 되었으면 하는 바람으로 증평기록관의 '작지만 의미 있는' 사업들을 정리해보았다.

2. 증평 마을기록만들기

증평기록관의 첫 실험은 마을에서 시작했다.

'마을은 지역의 중요한 사회 단위이고 사람들은 마을에서 공동체를 형성하고 일상을 살아가고 있다. 마을 사람들은 집단기억과 공유된 문화를 갖고 있으며, 이것을 기록하고 역사를 만들어내는 경험은 공동체 복원과 지역역량 강화에도 도움이 될 것이다.'

---

3 증평군은 2021년부터 기록관의 명칭을 '증평기록관'으로 정하고 이를 조례를 통해 밝히고 있다.

그림 15-1 마을기록만들기 사업으로 생산된 마을과
　　　　주민의 사진

이와 같은 생각에서 예산 확보부터 시작했다. 기록관 자체예산을 도무지 세울 수 없었던 탓에 다른 부서의 사업 잔액 1천만 원을 빌려 1개 마을을 대상으로 마을기록만들기 사업을 진행했다. 2017년 10월부터 약 5개월간 마을 사람들에게 옛 이야기와 사진을 모으고 이를 엮어 마을 이야기집을 발행했다. 또한 과거의 기억이나 기록들을 모으는 데 그치지 않고 마을의 모습과 사람들의 사진을 찍어 '현재의 기록을 만들어내는 첫 시도'를 했다. 지금의 것들은 미래에는 기록이자 역사가 될 것이기 때문이다.

사업 초반 마을기록만들기를 처음 접하고 낯설어하던 사람들은 시간이 지날수록 적극적으로 사업에 참여했다. 나와 가족, 우리 마을이 주인공이 되고 추억과 이야기를 공유하는 일은 즐겁고 유쾌했다. 내가 사는 집, 내가 매일 다니는 골목길 앞에서 가족 사진을 찍고 마을 사람들과 공유하는 경험은 또 하나의 추억을 만들고 평범한 일상에 특별함을 더했다.

마을기록만들기 사업에 참여한 사람들은 나와 우리 마을이 특별한 존재임을 인식하기 시작했고, 같은 추억과 기억을 갖고 있는 마을공동체의 소중함을 더 많이 이야기하게 되었다. 그리고 "도대체 뭘 하려는지 모르겠어"라며 손사래 치던 사람이 "지금 것들을 기록으로 잘 남기면 나중에는 아주 중요한 재산이 된다"고 말할 정도로 기록전도사가 되는 마법도 목격할 수 있었다.

마을기록만들기 사업은 증평기록관에도 마법 같은 첫 경험이었다. 시민과 시민기록을 만났고, 서고를 벗어나 지역으로 들어갈 수 있었다. 또한 기록물을 이관 받던 수동적인 기록관에서 적극적으로 기록을 발굴·수집하고, 생산하는 주체가 될 수 있었다.

3. 증평군 경관 아카이빙

증평기록관에서는 2017년부터 지역의 경관을 거리와 하늘에서 촬영하여 사진기록으로 남기려는 장기계획사업을 진행 중이다. 자연경관, 역사문화경관, 농촌경관, 시가지, 도시기반시설, 지역상징, 산업지역, 건축물, 개발현장 등 크게 9개로 구분된 99곳[4]을 주기적으로 기록하고 있다. 계속해서 같은 장소에서 찍힌 증평의 모습은 시간이 지날수록 지역의 변화를 살펴볼 수 있는 중요한 기록이 될 것이다.

---

4   2007년 제정된 경관법에 따라 증평군에서는 2011년 증평군기본경관계획을 수립했고, 이를 반영하여 아카이빙 대상지를 확정했다.

그림 15-2 **증평군 경관 아카이빙 사업으로 생산된 사진기록**

2018년부터는 사진으로만 기록하던 경관을 VR로도 만들기 시작했다. 보강천 등 증평의 주요 공간, 도시재생·마을만들기 사업으로 경관 변화가 예상되는 마을, 산업단지와 종합운동장 조성 등으로 대규모 사업비가 투입되는 지역, 축제와 건물의 건축 과정 변화를 한눈에 볼 수 있는 새로운 유형의 기록물을 만들어낸 것이다.

별다른 감흥 없이 지나치던 풍경도 높이 띄운 드론에서 촬영한 모습으로 접하면 특별하게 다가온다. 경관 아카이빙은 특별한 증평을 재발견하는 작업이다. 일상의 공간을 자주, 자세히 들여다보고 기록하니 증평기록관에는 기록물과 함께 지역에 대한 이해와 애정도 쌓여가고 있다.

4. 기록전시회

2018년 8월에 개최한 첫 기록전시회 '증평, 살기 좋은 너른 터'는 증평기록관의 데뷔 무대였다. 증평군 혹은 증평군 행정과[5]에 감추어져 있던 기록관을 전면에 내세우고 '우리가 하는 일은 이런 것입니다'를 널리 알리는 자리가 마련된 것이다.

마을만들기와 경관 아카이빙 사업의 산출물인 시민의 사진과 영상기록으로 증평의 과거와 현재를 재현했는데, 그림 15-3과 같이 만들어진 전시 포스터는 당시 많은 관심을 받았다. 전시는 정보 전달이나 교육·계몽을 위한 설명글은 최소화하여 전시 집중도를 높이고 자유로운 상상이 가능하도록 기획했다. 주 관람객은 증평 사람들이니 굳이 긴 설명은 필요 없을 것이라 생각한 터였다. 증평 전문가인 증평 사람들에게 이야기는 이미 차고 넘칠 테니 말이다.

전시 사업은 작은 기록관에서 추진하기에는 쉽지 않지만 시도해볼 만한 가치는 충분하다. 전시를 통해 지역과 교감하는 효과가 매우 크기 때문이다. 증평의 경우, 전시 이후 기록관의 존재를 인식하고 기록관의 일을 이해하는 사람들이 늘어났다. 이는 기록물을 기증 받거나, 기록관 사업에 협조를 구하는 일이 점점 수월해지는 데서 확인된다.

다른 한편으로 증평기록관은 전시를 통해 전문성을 키울 기회도 얻을 수 있었다. 소장기록 연구, 기록콘텐츠 개발, 홍보 및 관람객 응대, 전시장 운영 유지, 전시·디자인·콘텐츠·사진·영상 관련 타 분야 전문가와의 협업 등

---

[5] 2018년 전시 개최 당시 기록관 소속 부서는 행정과였으나, 2023년 1월 1일부터 자치행정과로 부서명이 바뀌었다.

그림 15-3 **증평기록관의 첫 전시 '증평, 살기 좋은 너른 터'의 포스터**

전시를 위한 일들로 새로운 경험과 공부가 가능했다. 이렇게 지역 사람들의 지지와 전문성에 대한 증평군 내부의 인정이 있어 첫 전시 이후에도 증평기록관은 지속적으로 크고 작은 전시를 열 수 있었다.[6]

증평기록관의 전시는 증평이 주제이고, 증평 사람들이 주인공이다. 기록 전시라고 기록'물'만 강조하지 않고, 기록을 만들어내는 '사람'의 일상과 활동에 주목했다. 증평 사람들의 기억과 기록으로 채워진 전시는 증평의 과

---

6   증평기록관은 2018년의 '증평, 살기 좋은 너른 터' 전시 이후에도 2020년 '증평, 첫 번째 기억', 2021년 '기록하는 증평의 봄', 2022년 '증평, 기록의 정원'에 이어 2023년에는 증평역 개통 100주년 기념 이동전시와 증평군 개청 20주년을 기념하는 특별기획전 '증평, ___ 집'을 진행했다.

거와 현재를 보여주고, 미래를 상상할 수 있게 해준다.

5. 증평 아카이빙 프로젝트

여러 사업에 실험적으로 도전해보면서 '증평기록관은 지역의 아카이브
가 되어야겠다'는 목표가 생겼다. 지역 안에 자리 잡고 있어 지역민들과 가
장 빠르고 쉽게 만날 수 있고, 무엇보다 증평에 대한 이해와 애정이 있는 곳
이 아카이브 역할을 한다면 기록의 수집부터 생산, 영구보존, 활용까지 가
장 잘 해낼 것이라는 믿음 때문이었다. 이 목표 달성에 필요한 예산을 확보
하기 위해 2018년 농림축산식품부의 국비공모사업[7]에 '농촌을 기록해요!
증평 마을 아카이빙 프로젝트'라는 이름으로 도전했고, 좋은 결과를 얻었
다. 증평기록관은 2019년부터 2023년까지 5년간 27억 5천만 원[8]의 예산으
로 지역 아카이빙을 추진할 수 있었다.

프로젝트 첫 해인 2019년에 진행된 기본계획 수립 연구용역 이후, 마을
아카이빙을 확장시킨 '증평 아카이빙 프로젝트'로 이름을 바꾸고 사람·마
을·단체의 기록을 수집·채록·생산하여 증평의 과거와 현재를 기록하고 미
래의 역사를 만들고 있다. 그림 15-4와 같이 총 15개의 과업으로 짜여진 프
로젝트의 가장 핵심은 증평기록가를 양성하는 것이다. 이는 증평을 기록하

---

7   농림축산식품부 일반농산어촌개발 농촌다움 복원사업으로 농촌지역의 공익적 가치를 살
     릴 수 있도록 문화자원 등을 활용한 창의적인 제안이 필요했는데, 기록관이 주관하여 도·
     농 복합도시인 증평을 아카이빙하고 기록과 역사를 만들어 나가겠다는 기획이 좋은 평가
     를 받았다.
8   당초 20억 원이었으나 추가 과업을 추진할 필요성이 받아들여져 7억 5천만 원의 예산을
     더 확보했다.

그림 15-4 **증평 아카이빙 프로젝트의 세부 과업**

증평기록가 양성

· 증평기록가 양성 프로그램
· 증평기록가 활동지원 프로그램
· 어린이 및 청소년 대상
· 아카이빙 활동 프로그램

마을·단체·지역 아카이빙 활동

· 개인·가족 아카이빙 활동
· 마을·단체 아카이빙 활동
· 학급·학교체 아카이빙 활동
· 증평기록 수집·발굴
· 증평기록 채록·생산

온·오프라인 공간 마련

· ○○마을기록관 조성
· ○○단체기록관 조성
· 증평기록관 조성
· 온라인 플랫폼으로서의 디지털 아카이브 구축

증평 역사와 기록문화 만들기

· 증평기록집 발간
  - 개인·가족 기록집
  - 마을·단체 기록집
  - 학급 기록집
· 역사문화맵 발간
· 전시회 개최

고 역사를 만드는 일을 증평 사람들이 스스로 해낼 수 있도록 '시민 주도의 지역 아카이빙'이 뿌리내리는 데 가장 기초가 된다. 여기에서 증평기록관의 역할은 증평기록가를 지원하고 협력하며, 증평기록가들이 활동하는 마을 및 단체와 '수평적'으로 연결되어 함께 기록을 보존하고 활용하는 것이다.

2020년 이후 세 번의 프로그램으로 양성된 24명의 증평기록가[9]는 증평기록관과 협력하여 7개 마을과 12개 단체를 아카이빙하고 총 55권의 기록집을 제작했으며, 해를 거듭할수록 아카이빙 역량이 성상하고 있다.

프로젝트 막바지인 2022년에는 '증평 통합 메타데이터'를 개발하고 '증평 디지털 아카이브'(https://archives.jp.go.kr)를 구축하여 체계적이고 영구적인 기록관리의 기반을 만들었다. 19개 메타데이터 요소로 구성된 '마을·단체 기록카드'[10]를 선개발한 후, 이를 확장하여 42개 항목으로 이루어진 '증평

---

9   24명의 증평기록가 이외에도 증평청소년기록가 100명, 증평어린이기록가 7명, 총 131명의 기록가가 양성되었다. 이는 증평기록관의 자체 프로그램 혹은 학교와의 협력 프로그램을 운영한 결과이며, 프로그램을 수료한 증평의 기록가들은 주도적으로 마을·단체·학교·지역을 아카이빙했다.

그림 15-5 증평 디지털 아카이브 구성도

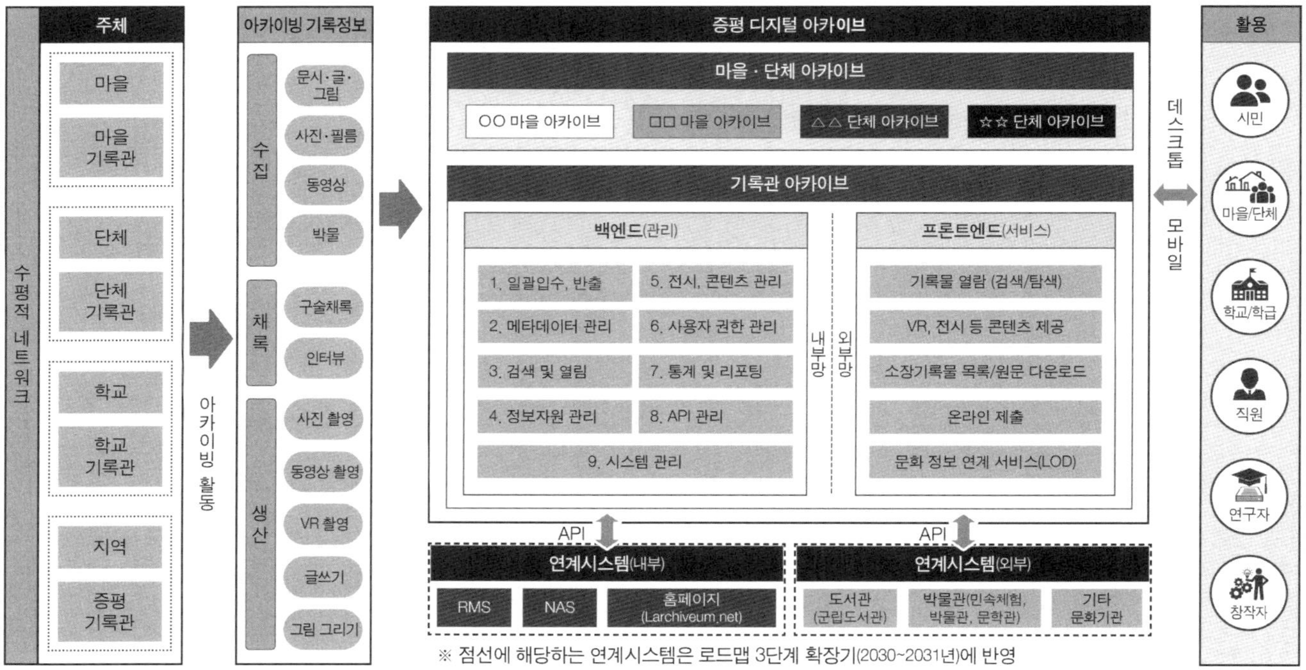

주체
- 마을 / 마을기록관
- 단체 / 단체기록관
- 학교 / 학교기록관
- 지역 / 증평기록관

수평적 네트워크

↑ 아카이빙 프로세스

아카이빙 기록정보

수집: 문서·글·그림, 사진·필름, 동영상, 박물

채록: 구술채록, 인터뷰

생산: 사진 촬영, 동영상 촬영, VR 촬영, 글쓰기, 그림 그리기

증평 디지털 아카이브

마을·단체 아카이브
- ○○ 마을 아카이브
- □□ 마을 아카이브
- △△ 단체 아카이브
- ☆☆ 단체 아카이브

기록관 아카이브

백엔드(관리)
1. 입고/입수·반출
2. 메타데이터 관리
3. 검색 및 열람
4. 정보자원 관리
5. 전시, 콘텐츠 관리
6. 사용자 권한 관리
7. 통계 및 리포팅
8. API 관리
9. 시스템 관리

프론트엔드(서비스)
- 기록물 열람 (검색/탐색)
- VR, 전시 등 콘텐츠 제공
- 소장기록물 목록/원문 다운로드
- 온라인 제출
- 문화 정보 연계 서비스(LOD)

연동 확장성

개방성

연계시스템(내부)
- RMS
- NAS
- 홈페이지 (Larchiveum.net)

연계시스템(외부)
- 도서관 (공립도서관)
- 박물관(민속체험 박물관, 문화관)
- 기타 문화기관

API

※ 점선에 해당하는 연계시스템은 로드맵 3단계 확장기(2030~2031년)에 반영

활용

서비스 / 접근

시민 / 마을단체 / 학교·학급 / 지원 / 연구자 / 창작자

메타데이터'[11]를 완성했다.

'증평 메타데이터'를 기반으로 구축된 '증평 디지털 아카이브'는 마을·단체 기록관[12]과 증평기록관이 함께 기록을 등록·관리·활용한다. 그림 15-5의 구성도와 같이 증평 안의 기록관들에서는 '따로 또 같이' 디지털 기록관이 만들어지고, 이들이 함께 모여 '증평 디지털 아카이브'가 된다.

한편 '증평 아카이빙 프로젝트'를 통해 증평기록관은 국내외에 흩어져 있는 증평기록들을 발굴하고 수집했다. 어린이부터 노인, 여성, 다문화 가족까지 목소리를 내지 못했던 지역 안의 다양한 사람들을 만나 채록도 했다. 또 지금은 생생하지만 곧 사라질 기억들을 모아 새로운 기록을 생산[13]했다. 아직은 시작이라 미미하지만, 언젠가는 증평 사람 누구나 증평기록관에서 나와 가족, 친구, 마을의 기록과 만날 수 있도록 꾸준히 아카이빙을 진행할 계획이다.

---

10 증평기록가들이 마을·단체의 기록관리를 위해 작성하는 기록관리요소는 식별영역 7개(식별번호, 제목, 생산자, 소장자, 생산일, 크기 및 수량, 기록유형), 내용영역 3개(기록의 설명, 기록의 의미, 주제어), 활용영역 3개(공개구분, 보존장소, 관련장소), 관리영역 6개(원본여부, 협약여부, 특별협약조건, 카드작성일, 카드작성자, 비고)로 구성된다.

11 증평기록관에서 수집·채록·생산한 기록을 관리하기 위한 항목은 '마을·단체 기록카드'보다 상세한 식별영역 17개(구분, 식별번호, 제목, 생산자, 발행·출판사, 소장자, 기여자, 소장자 및 기여자 상세, 생산일, 기술계층, 상위계층 식별번호, 기록유형, 기록유형 상세, 크기 및 수량, 파일용량, 파일포맷, 출처), 내용영역 5개(기록의 범위, 기록의 설명, 기록의 의미, 분류, 주제어), 활용영역 9개(공개구분, 부분·비공개 사유, 검색노출 우선대상, 라이선스, 보존기간, 보존장소, 관련 인물·마을·단체, 관련장소, 관련사건), 관리영역 11개(원본여부, 입수유형, 입수유형 상세, 특별입수경로, 협약여부, 특별협약조건, 이벤트이력, 비고, 기술작성일, 기술작성자, 아카이빙담당자)로 구성된다.

12 증평기록가가 양성되어 활동 중인 마을·단체부터 증평 디지털 아카이브의 사용 권한을 갖는다.

13 기록이 아예 없거나 많지 않을 경우에는 기억을 기반으로 글, 그림, 메타버스로 새로운 기록을 만들었다. 더 많은 기억이 보태질수록 사실에 가까운 기록이 된다.

그림 15-6 주민기억을 수집하여 생산한 증평 메리놀 병원의 그림기록과 메타버스 공간

6. 나아가며

2019년 사례보고 후 5년이 지났다. 당시는 증평기록관에서 주력하는 '증평 아카이빙 프로젝트'가 제 궤도에 오르기 전이라 구체적인 사업 내용보다 큰 예산을 어떻게 사용해야 할지, 결과가 어떻게 나올지 걱정하며 글을 마무리했었다. 그러나 다행스럽게도 지난 5년간 증평에는 의미 있는 성과가 있었다. 특히 사람, 기록, 공간의 확장을 강조하고 싶다.

우선 증평에는 '기록하고 기록되는 사람'이 늘어났다. '시민이 주도하는

지역 아카이빙'을 실현하기 위해 양성된 증평기록가들은 스스로를 아카이버(archiver)[14]라 칭하면서 '우리가 아니면 이렇게 속속들이 증평을 알기도 힘들고, 아카이빙을 해낼 수도 없을 것'이라며 자부심을 드러낸다. 증평기록가들은 기록연구사 1명이 시민기록 업무를 담당하던 때와는 비교할 수 없을 만큼 더 많은 증평 사람을 만나 이야기를 듣고, 기억과 기록을 수집하고 생산하면서 다채로운 역사를 꽃피운다. 증평에서는 누구나 기록하고 기록되는 민주주의를 실현하고 있다.

자연스레 증평기록관은 좀 더 풍성하고 다채로운 '기록'으로 채워졌다. 군정을 '증거'하는 행정의 기록에 증평의 '기억, 정체성, 공동체'를 보여주는 시민의 기록까지 보태져 증평기록이 되었다.[15] 2021년에는 「증평군 기록물 관리에 관한 조례」를 제정하여 시민기록물까지 균형 있게 보존·활용하고 기록유산으로 전승한다는 지향을 담아 기록관의 관리대상 기록을 확장했다.

증평은 기록의 공간도 달라졌다. $66m^2$의 문서고로 존재하며 내부 공무원만을 만났던 증평기록관은 2020년에는 규모를 10배로 키운 '기록관 중심의 라키비움'으로 새롭게 조성되면서 문화기관이 되었다. 기록카페, 기록서재, 기록교실이라 이름 붙여진 기록관의 각 공간에서 증평사람들은 기록전시도 보고, 책도 읽고, 회의도 하고 때론 휴식을 취한다. 증평 아카이빙의 거점이 될 수 있도록 만들어진 증평기록관은 이제는 증평 사람들이 오가며 들르는 사랑방 같은 곳이다. 디지털 공간에도 증평 시민기록을 관리하는

---

14 기록학자 E. 케텔라르(E. Ketelaar)가 제안한 용어로 아카이브와 관련된 모든 직업군과 사람을 가리킨다.

15 테리 쿡(Terry Cook)은 2013년 《기록학(Archival Science)》에 실린 "Evidence, memory, identity, and community: four shifting archival paradigms"에서 기록관리 패러다임의 변화를 증거, 기억, 정체성, 공동체라는 키워드로 서술한 바 있다.

곳이 생겼다. 증평 디지털 아카이브에서 마을·단체[16]와 증평기록관은 수평적으로 네트워킹되어 기록을 함께 등록하고 보존하고 활용한다. 그 결과 더 멀리, 더 많은 사람들에게 증평의 기록이 닿을 수 있게 되었다.

증평기록관은 관심의 대상을 지역까지 넓힌 후 더 많은 사람, 더욱 다채로운 기록들을 만나고 있다. 그 탓에 전에 없던 일을 해야 하지만, 기록관을 알아봐주고 박수쳐주는 새로운 지지자들이 늘어나 큰 힘도 얻고 있다. '계란으로 바위 치기라 할지라도 해야 할 일이니 군 개청 독립운동을 멈출 수 없었다'고 이야기하는 증평 사람들의 마을에서 증평기록관은 아카이빙의 도전과 실험을 지속해나갈 예정이다.

참고문헌

「증평군 기록물관리에 관한 조례」. 증평군 조례 제964호.

증평기록관. 2020. 증평 마을아카이빙 프로젝트 기본계획 수립 연구보고서. 증평: 증평군.

증평기록관. 2021. 증평 디지털 아카이브 정보화 전략계획(ISP) 수립 연구보고서. 증평: 증평군.

Cook, Terry. 2013. "Evidence, memory, identity, and community: four shifting archival paradigms." *Archival Science*, Vol. 13, Iss. 2-3, pp. 95~120.

Ketelaar, Eric. 2023. "The Agency of Archivers." *OXFORD TWENTY-FIRST CENTURY APPROACHES TO LITERATURE*. pp. 287~295.

16 2024년 1월 기준, 증평의 13개 마을과 단체에서 디지털 기록관을 구축하고 증평기록가들에 의해 독자적으로 운영되고 있으며, 증평 디지털 아카이브를 통해 연결된다. 마을·단체 기록관은 점차 늘어날 것이다.

16

경기도를 잇는 디지털 아카이브 '경기도메모리'

신정아·강석주

'경기도메모리'는 경기도사이버도서관에서 추진하는 지역
디지털 아카이브 프로젝트로, 경기도 지역의 기록자원을 광
범위하게 수집하고 디지털화하는 것을 목표로 한다. 경기도
메모리는 2014년 도서관의 디지털정보서비스를 확장하면서
시작했고, 경기도 내 다양한 문화기관들과 협력하여 아카이
브를 구축했다. 경기도와 관련된 기록자원들을 보존하고 공
유하는 저장소 역할을 수행하며, 연구자와 시민들이 지식을
협업적으로 공유하는 플랫폼으로 기능한다. 또한 접근성과 활
용성에 초점을 맞추어 현재 세대와 미래 세대를 위해 경기도
의 풍부한 문화유산을 보호하는 데 중요한 역할을 하고 있다.

1. 들어가며

최근 지역에 대한 성찰과 탐구를 통해 쇠퇴해가는 지역의 위기를 극복하려는 다양한 공동체 활동과 지역학 연구들이 활성화되고 있다. 지역 연구가 증가하면서 지역 기록화와 아카이빙에 대한 관심도 높아지고 지역에서 생산한 기록자원(이하 자원)을 체계적으로 수집·관리·보존하기 위한 아카이브 구축의 필요성도 요구되고 있다. 더 나아가 정보기술의 발전과 디지털 자원의 급증에 따라 디지털 아카이브 구축도 함께 논의되고 있는 추세이다.

전통적으로 공공도서관은 향토자료실 또는 별도의 공간을 조성하여 지역의 발간자료와 정보를 수집·정리하여 주민과 연구자들에게 정보서비스를 제공해왔다. 하지만 도서관 인프라가 크게 확충되는 과정 속에서 문화 프로그램은 다양해졌음에도 지역자원에 대한 장서 개발의 임무는 제대로 수행하지 못했다는 비판도 있다.

2023년 국가가 발표한 「제4차 도서관발전종합계획」(2024~2028)에서는 소멸의 위기에 처한 지역이 증가하고, 지역 내 다양한 삶의 기억들이 유실되는 환경의 변화에 따라 공동체 역량을 축적하기 위해 정책 목표 중 하나로 공동체 삶의 기억을 수집·보존·관리하기 위해 '도서관 중심의 지역공동체 아카이브 구축 및 운영'을 발표했다. 그리고 경기도가 수립한 「경기도도서관발전종합계획」(2019~2023)에서는 새로운 기술 변화를 반영하여 도민의 삶의 질을 높이고 지역공동체 성장을 촉진하기 위해 경기도 디지털 아카이브 '경기도메모리'의 활성화와 지역별 아카이빙 활동 지원을 세부 과제로 담고 있다. 이제 지역에 대한 자원의 수집, 보존, 활용은 도서관이 수행해야 할 당면 과제이다.

2. 경기도메모리의 시작

1) 추진 배경

2001년 개관한 경기도사이버도서관은 초기부터 온라인 지역·향토자료 서비스를 제공하기 위해 주로 지역에 관한 책자 형태의 자료를 디지털화하거나 전자파일을 홈페이지에서 서비스했다. 가장 기초적이면서 비교적 저렴한 예산으로 수행할 수 있는 일반적인 도서관 서비스 방식으로, 이러한 단순 서지정보서비스로는 이용자들이 지역의 자원을 이용하는 데 한계를 느낄 수밖에 없었다. 한편 지역정보서비스를 확대하기 위해 진행한 경기도 내 문화원 직원, 향토 사학자 등 관계자 면담 과정에서 소실되는 자원에 대한 체계적인 수집·관리에 대한 높은 관심과 필요성을 확인할 수 있었다.

이처럼 지역자원에 대한 관심이 점차 높아지는 가운데 '경기도메모리' 아카이브 구축이 추진되었다. 내부적으로는 디지털 기술을 활용한 도서관 서비스 개선의 필요성과 축적해온 디지털 자원의 이용 확대를 위한 고민이 있었고, 외부적으로는 경기도 내 지역, 역사, 문화 콘텐츠 등을 생산 및 수집하는 기관·단체·개인(이하 이해관계자)이 기대하는 지역자원 보존과 서비스에 대한 도서관 역할 확대 요구가 있었다.

2) 추진 과정

경기도사이버도서관은 2003년부터 도내 행정기관 및 도서관 협조를 통해 공공기관의 발간자료를 수집하고 디지털화하여 '원문 DB' 서비스를 제공해왔다. 2012년에는 경기도에서 수립한 「경기도도서관 종합발전계획」

(2013~2017)에서 경기도 지식정보서비스를 위해 도서뿐만 아니라 다양한 형태의 문화자원 구축과 서비스를 포함한 '경기도메모리' 포털 운영계획을 포함했다. 발전계획을 기반으로 2014년에는 '경기도메모리'라는 이름으로 사이트(memory.library.kr)를 열고 서비스를 다변화했다. 한편 도내 지역문화의 발굴·조사·연구 및 활용에서 핵심 이해관계자라고 할 수 있는 지역문화원들과의 네트워크를 구성하여 발간자료를 디지털화하는 방안을 연구하고, '경기도 문화자원 아카이브 심포지엄'을 매해 개최했다. 2016년 「경기도메모리 종합발전계획 수립연구」에서 경기도메모리의 비전으로 '경기

표 16-1 경기도메모리 추진 경과

단계	내용	주요 서비스
1단계: 시작 원문 DB 서비스 (2003~2013)	• 단순 원문 DB 구축 • 수동적인 자료수집 • '경기도도서관 종합발전계획'(2013~2017) 내 '경기도메모리 구축 계획 포함 • 개인기록물 수집·디지털 서비스 • Open Access Korea 참여	○ 경기도 DB ○ e-추억상자 ○ 경기도 OAK
2단계: 전개 경기도메모리 서비스 시작 (2014~2016)	• '경기도메모리' 서비스 개시 • 지역자료서비스 다변화 • 경기도 문화자원 아카이브 심포지엄 개최 • 경기도 문화자원 아카이브 TFT 운영 • '경기도메모리 종합발전계획'(2016~2020) 수립	○ 경기도민 이야기 ○ 사진으로 보는 경기도 ○ 경기도 문화자원 LINK ○ 경기도 역사·민속 정보
3단계: 발전 아카이브로 전환 (2017~2020)	• '경기도메모리' 서비스 신규 오픈 • 경기도메모리 아카이브 시스템 시범 구축 및 운영 • 기구축 DB 고품질화 사업 • 경기 천년 기록콘텐츠 개발 및 디지털 전시 • '경기도도서관 발전종합계획'(2019~2023) 내 디지털 아카이브 '경기도메모리' 활성화 포함 • '경기도가 궁금해' 콘텐츠 서비스 • '경기도메모리 아카이브 정보화전략계획' 수립	○ 주제별 서비스 ○ 타임라인별 서비스 ○ 공간별 서비스 ○ 온라인 전시 ○ 기획 콘텐츠 개발
4단계: 도약 체계적 서비스 (2021~2025)	• 경기도메모리 아카이브 시스템 신규 구축 및 운영 • 외부 기관 연계·협력 아카이브 수집 모델 시범 운영 • 경기도서관서비스와 연계	○ 아카이브 컬렉션 서비스 ○ 이 달의 콘텐츠 서비스 ○ 협력기관별 웹페이지 발행

도의 문화사관, 문화자원의 저장소, 재생산의 플랫폼, 문화자원의 허브'로 규정했다. 2021년에는 경기도메모리 비전을 '경기도의 기억을 잇는 아카이브 플랫폼'으로 변경하고, 주요 가치를 '연계', '재현', '공유'로 설정했다.

2017년 오픈소스 오메카(OMEKA) 기반의 아카이브 시스템을 구축하고 기구축 데이터베이스의 품질 고도화를 진행했고, 2021~2022년에 걸쳐 신규 아카이브 시스템을 도입하여 현재에 이르고 있다. 아카이브 구축사업의 기본 추진 방향은 첫 번째, 지역 내 자원을 생산하는 이해관계자와의 유기적인 협력을 기반으로 할 것. 두 번째, 자원의 확장 가능성을 고려하여 구축할 것. 세 번째, 자원을 통한 세대 간의 공감과 미래의 지속가능성을 기반으로 할 것으로 설정했다. 그간 추진 과정을 시작·전개·발전·도약 단계로 구분하여 살펴보면 표 16-1과 같다.

3. 아카이브의 구축과 운영(2017~2021년)

1) 수집

경기도메모리는 경기도 지역에 기반을 두고 있는 활동단체와 구성원 및 개인과 단체가 생산하는 모든 유형의 자원을 포괄한 망라적 수집을 기본 원칙으로 하고 있다. 경기도는 서울을 둘러싸고 31개 시·군을 포괄하는 광역자치단체로 인구 규모는 전국에서 가장 크고 그 면적 또한 다른 광역자치단체에 비해 넓고 남부와 북부 간의 지역별 편차도 큰 편이다. 따라서 아카이브 운영에서 장기적인 수집 전략이 무엇보다 중요하지만, 오랜 기간 시스템을 유지하면서 대내외적인 상황에 의해 체계적인 자원수집 전략을 수행하지는 못해 과제로 남아 있는 상황이다.

현재 경기도는 「공공기록물 관리에 관한 법률」에 따라 영구기록물관리기관의 건립을 추진하고 있으나, 현행 기록관 체제에서는 도의 공공기록물 관리 업무를 우선할 수밖에 없는 상황이다. 이에 경기도메모리는 도서관에서 운영하는 아카이브로 경기도와 관련된 매뉴스크립트 수집에 집중하고 있다. 도내 공공기관에서 발간한 연구자료뿐만 아니라 비매품으로 발간되는 지역자료들을 아울러 민간의 단체나 개인이 생산하는 가치 있는 자원을 대상으로 자원의 원본 또는 디지털 사본을 수집하는 것으로 차별화하고 있다.

수집에 있어서 경기도사이버도서관은 여타의 물리적 도서관들과는 다르게 디지털도서관인 관계로 서고나 수장고를 운영하지 않아 이해관계자들로부터 실물 자원을 수집하면 디지털화하고 다시 반납하는 형태로 서비스를 운영하고 있다. 이해관계자에게는 자원 제공에 대한 부담을 줄이는 효과가 있지만, 다양한 자원을 수집하는 데 어려움이 있어 현재 소장 중인 실물 자원의 대부분은 단행본 형태의 기증자료이다.

수집의 범위는 디지털 서비스에 우선하여 경기도의 역사, 연구, 기록으로 가치가 있는 자원을 대상으로 한다. 자원의 상태와 희소성, 유일성, 이용가능성 등을 반영하여 저작권에 문제가 없는 것들에 한해 포괄적으로 수집하고 있다. 또한 경기도메모리가 소장하고 있는 자원을 분석하여 부족한 분야나 시기, 내용을 채울 수 있는 자원을 우선하여 수집한다. 주제 차원으로는 지역의 로컬리티를 보여줄 수 있는 역사, 문화, 산업, 경관의 정체성을 고려하여 다양한 형태의 자원을 포함하고 있다.

2) 정리와 분류

수집자원은 아카이브 시스템에 등록하기 위해 건별로 기술요소에 따라 기술 및 정리한다. 필수 메타데이터를 최소화하고 서비스 중심의 메타데이터를 사용 중이며 더블린코어에 기반하여 해외 메타데이터 사례를 커스터마이징했다. 기술요소는 더블린코어 기본 영역에 ISAD(G) 기록관련 영역을 추가하여 표 16-2와 같이 기술하고 있다.

기본분류는 형태분류, 출처분류, 시대분류, 지역분류로 구분하고 있으며, 주제분류는 대주제로 문화자원, 역사와 지리, 정치와 행정, 종교와 문화, 인물과 성씨, 이야기와 생활로 구분하여 서비스하고 있다.

2020년 6월 기준 DB는 총 5만 3천여 건이 구축되어 있으며 이 중 1만 7천여 건은 도서 간행물, 3만 5천여 건은 사진자원이며 2만 2천여 건은 타 공공기관과의 연계를 통해 구축된 자원이다. 경기도 지역별 자원 구축 현황은 각 지역 내 위치한 이해관계자들의 협조도에 따라 파주·수원·성남순으로 가장 많은 자료가 구축되어 있으며 각 시·군별로 300~5천여 건이 구축되어 있다.

표 16-2 **경기도메모리 기술요소(2017~2021년)**

구분	요소명
기본영역	식별번호 ㅣ 표제 ㅣ 주제분야 ㅣ 내용 ㅣ 생산자 ㅣ 발행자 ㅣ 생산일자 ㅣ 크기·분량 ㅣ 언어 ㅣ 기록물 유형 ㅣ 관련 자원 ㅣ 소장처 ㅣ 기증자 ㅣ 권한관계
내용영역	목차 ㅣ 문화자원 주제 ㅣ 문화재 종목 ㅣ 공개 여부 ㅣ 주기 ㅣ 관련 기록
접근영역	시대 ㅣ 시기 ㅣ 지역 ㅣ 공간 ㅣ 사람
관리영역	수집유형 ㅣ 수집형태 ㅣ 가공·이벤트 이력 ㅣ 기술일시 ㅣ 기술자 ㅣ 작업 여부 ㅣ 썸네일
추가영역	목차 ㅣ 표준번호 ㅣ 구술기록(구술자, 면담자, 구술일시)

3) 서비스와 활용

경기도메모리 서비스는 기본적으로 제목, 생산자, 발행처, 설명, 목차에 대한 키워드 검색과 경기도 지도 기반의 지역 서비스, 자원 내용이 담고 있는 시대 정보를 기반으로 타임라인 서비스, 구축 자원을 기반으로 구성한 온라인 서비스로 이루어져 있다. 검색한 자원은 형태, 생산자, 시대, 원본 소장처, 주제 패싯 구분을 통해 볼 수 있으며 등록된 자원을 기반으로 주제별 온라인 전시를 구성한다. 경기도메모리 이용 현황은 월평균 이용률이 2만여 건으로 일평균 500~600건 정도 이용되고 있다.

현실적으로 지속가능한 아카이브로 존재하기 위해서는 정책 결정자뿐만 아니라 일반 시민에게 친숙하고 매력적으로 보이며 쉽게 활용 가능한 웹 콘텐츠 서비스가 중요하다. 이에 경기도메모리의 자원정보와 연계한 다양한 웹 콘텐츠를 개발하고 전시 공간에서 디지털 전시를 진행했다.

먼저 테마 콘텐츠 구축사업의 일환으로 근현대 역사 속에서 다양한 삶을 살아온 경기도민들의 삶의 구체성과 다양성을 구술기록으로 담아내는 '경기도민 이야기'를 구축하고 있다. 또한 어린이를 대상으로 초등학교 4학년 지역화 교과서 『경기도의 생활』을 분석하여 개발한 '경기도가 궁금해?' 콘텐츠는 학교 현장에서 온라인 학습에 많이 활용되고 있다.

마지막으로 디지털 자원을 물리적 공간에서 보여주기 위해 경기도메모리의 소장자원을 활용하여 경기 천년의 시간을 담아낸 〈기억의 도서관〉 콘텐츠도 있다. 경기도를 천년의 시공간을 품은 도서관으로 보고 특별한 기억과 이야기를 한곳에 보여주기 위해 '기억으로 만나 미래를 열다'라는 콘셉트로 물리적 전시 공간에서 디지털 자원과 도서관의 목록카드 형식을 활용한 디지털 전시를 개최했다.

그림 16-1 **경기도메모리 웹페이지(2017~2021년)**

그림 16-2 **경기도메모리 온·오프라인 콘텐츠**

그림 16-3 경기도메모리 데이터흐름도

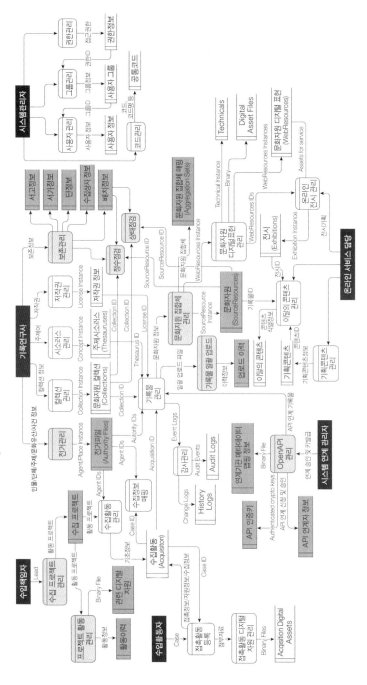

4. 아카이브의 개편과 발전(2022~2023년)

1) 데이터

경기도사이버도서관은 2020년 '경기도메모리 아카이브 정보화전략계획'을 수립하고, 2021~2022년 경기도메모리 아카이브 시스템을 새롭게 도입했다. 시스템 신규 도입 시 가장 중점을 둔 부분은 이해관계자와의 연계·협력과 데이터 구조였다. 자원의 생산 과정에 관여하기 어려운 수집형 아카이브에서는 자원이 입수되기 이전에 생성된 다양한 맥락들을 아카이빙하기 어려운 문제가 있다. 경기도메모리에서는 자원이 다른 객체들과 관계를 형성하면서 새로운 맥락을 형성할 수 있도록 구현하고자 했다. 데이터 구조 설계 시 유로피아나 데이터 모델(Europeana Data Model)을 참고했고, 이를 통해 자원과 개념어, 전거(행위자, 공간, 사건, 문화유산)들이 연결될 수 있었다.

2) 수집과 입수

경기도메모리는 지난 10여 년간 다양한 이해관계자들과의 유대를 바탕으로 참여 생태계를 조성하기 위해 노력했다. 이를 기반으로 아카이빙에 따른 이익을 경기도메모리에 참여하는 이해관계자들과 공유하고 경기도 내 기록문화를 함께 발전시키기 위해 2022년부터 자원수집체계를 표 16-3과 같이 세분화하여 운영하고 있다.

자체수집은 콘텐츠 제작 사업이나 수집 전략에 근거하여 경기도메모리 단독으로 수집 프로젝트를 수행하는 모델이다. 현재 진행하고 있는 프로젝

표 16-3 경기도메모리 자원 수집 유형별 특징

항목	자체수집	협력수집	연계수집
수집 대상	자원(원본 혹은 진본)	자원(사본), 메타데이터	메타데이터
데이터 소장·관리	경기도메모리	경기도메모리	제공처
자원 분류·기술	경기도메모리	제공처, 경기도메모리(일부)	제공처
자원 목록 열람	경기도메모리	경기도메모리	경기도메모리
자원 데이터 열람	경기도메모리	경기도메모리 (단, 제공처 열람 페이지 발행)	제공처

트로는 '원문 DB 구축'이 있다. 20여 년간 꾸준히 진행한 '원문 DB 구축'은 경기도 내 공공기관 및 문화원의 협조를 받아 자원을 수집한다. 수집된 자원 중 디지털화가 필요한 자원은 디지털화를 진행하고, 메타데이터 및 목차 정보를 입력한 후 시스템에 등록하여 서비스한다. 이 외에도 아카이브 콘텐츠 제작 시 산출된 자원들을 수집하거나, 개인이나 단체들이 자신들의 자원을 기증하는 경우들이 있다.

협력수집은 타 생산(수집) 주체들과 협력하여 공동으로 수집 프로젝트를 수행하는 모델이다. 이는 생산(수집) 주체들이 자원을 생산(수집)했으나, 정리가 미비해서 혹은 기타 사유로 활용하지 못하는 자원을 대상으로 디지털화와 조직화 등을 지원하고 공동 활용을 추진한다. 실제 수행 사례로는 2022~2023년에 경기도미술관과 협력하여 진행한 '1980년대 미술운동 아카이브 수집'이 있다.

연계수집은 타 생산(수집) 주체들이 이미 구축한 데이터베이스를 연계하여 반입하는 모델이다. 이는 이미 자원의 디지털화나 조직화가 완료되어 온라인에서 열람할 수 있는 데이터베이스를 대상으로 한다. 실제 수행사례로는 2022~2023년에 '도내 5개 기관(경기아트센터, 수원시 박물관사업소, 김포문화재단, 안양문화예술재단, 이천문화원)과 연계하여 진행한 자원 및 전거 데이터베이스 반입'이 있다.

경기도메모리는 자원의 수집 이외에도 지식 베이스 수집을 꾀하고 있다. 지식 베이스 수집은 외부 사전이나 전거 데이터 등 구조화된 지식정보를 연계하여 반입하는 모델이다. 권위 있는 기관에서 편찬한 지식 베이스를 반입하여 경기도메모리의 전거 데이터의 정합성과 다양성을 높이고자 한다. 2022년에 시범적으로 '한국학중앙연구원의 한국민족문화대백과사전 반입'을 진행했다.

경기도메모리의 수집유형에 따라 자원의 입수방식도 달라진다. 자체수집과 협력수집의 경우 경기도메모리가 데이터베이스의 구축에 관여한다. 이에 경기도메모리에서 설계한 메타데이터 요소들과 제성한 기술지침(협력수집의 경우 일부만 반영)에 따라 데이터베이스가 작성된다. 따라서 별도의 매핑 과정 없이 일반적인 아카이브 등록 프로세스로 자원을 등록한다.

반면에 연계수집의 경우 경기도메모리가 데이터베이스의 구축에 관여하지 않는다. 이에 해당 주체들이 사용하는 메타데이터와 경기도메모리의 메타데이터 매핑이 필요하다. 이해관계자들은 조직 체계, 설립 목적 등에 따라 다양한 네트워크 구조로 되어 있으므로 각 이해관계자의 특성에 따른 메타데이터의 원활한 수집과 유통을 위해서는 데이터 모델별 전용 데이터 수집기가 필요하다.

그러나 아카이브는 공공기록관리표준을 준수할 의무도 없고 할 수도 없기에 각 운영 주체별로 데이터 모델이 전부 상이하다. 이에 현실적으로 데이터 수집기를 개발하기가 어려웠고, 각 운영 주체별로 반출한 데이터베이스를 경기도메모리에서 반입하도록 설계했다.

3) 정리와 분류

경기도메모리는 지역을 기반으로 이해관계자들과 연계·협력을 중시하는 디지털 아카이브라는 특성상 일반적인 매뉴스크립트 수집기관의 자원 입수 방법과는 상이한 지점이 있다. 경기도메모리에 입수되는 자원은 도서, 간행물, 사진 등 개별 건이 주를 이루며, 특정 주제 및 인물·단체 컬렉션과 같이 구조화되고 맥락을 유추할 수 있는 자원들은 거의 없다. 따라서 아카이브를 표방하고 있음에도 자원의 집합적 관리와 기술을 진행하기 어려운 지점이 많다.

상술한 이유들로 경기도메모리에서 관리하는 모든 자원들이 전부 집합체를 이루지는 않고 상당수의 자원이 건으로만 존재한다. 집합체의 경우에도 대부분이 도서 시리즈로 구성되어 있고 아카이브 컬렉션은 그 수량이 적다.

이에 경기도메모리에서는 개별 자원에 대한 기술요소가 많고 상세하게 기술할 수 있도록 표 16-4와 같이 구성했다. 경기도메모리 컬렉션의 경우 표 16-5처럼 상대적으로 소략한 기술요소를 가지고 있으며 특히 관계영역에서 자원(건, 철)과 가장 큰 차이를 보인다.

한편 경기도메모리의 자원은 상술한 메타데이터 요소들을 활용하여 다양하게 분류할 수 있다. 이는 아카이브 시스템 도입 시 상당수 요소들의 값 입력 방식을 문자열 입력이 아닌 URI를 가진 객체를 연결하는 방식으로 설계했기에 용어의 통제가 용이하여 분류체계로서 역할을 할 수 있기 때문이다. 이번 사례에서는 지면의 한계상 그중 주제분류에 대해서만 언급하고자 한다.

현재 경기도메모리의 주제분류는 '주제'와 '경기도메모리 주제' 두 가지로

표 16-4 **경기도메모리 자원(건, 철) 기술요소**

구분	요소명
식별영역	고유번호 l 관리번호 l 타 시스템 고유번호 l 타 식별자 l 계층
배경영역	수집 프로젝트 l 수집활동 l 제공자 l 데이터 제공자 l 중간 제공자 l 제목 l 대등제목 l 부제목 l 생산자 l 기여자 l 발행자 l 날짜 l 생산일자 l 발행일자 l 수정일자
내용 및 구조영역	주제 l 경기도메모리 주제 l KDC l 검색 키워드 l 내용의 범위 l 시간적 범위 l 지역 l 장소 l 자원의 위치 l 기술 l 목차 l 언어 l 출처 l 유형 l 경기도메모리 유형 l 형식 l 크기 l 매체
관계영역	관련 행위자 l 관련 사건 l 관련 문화유산 l 관련 사전 l 상위 자원 l 하위 자원 l 이전 버전 l 이후 버전 l 대체된 자원 l 대체 자원 l 필요되는 자원 l 필요 자원 l 참조된 자원 l 참조 자원 l 다른 형식의 자원 l 다른 형식의 자원 l 유사 자원 l 후속 자원 l 재현 자원 l 자원의 순서 l URL l 전체 정보 URL l 객체 URL l 썸네일 URL l 활용
접근 및 이용영역	준수표준 l 이용조건 l 저작권 l 공개조건 l 공개유형 l 권리시작일 l 권리종료일 l 비고
기술통제영역	기술 담당자 l 기술일자·변경일자 l 기술상태 l 기술규칙 l 기술노트

표 16-5 **경기도메모리 컬렉션(아카이브 컬렉션, 도서 시리즈) 기술요소**

구분	요소명
식별영역	고유번호 l 관리번호 l 종류
배경영역	제목 l 부제목 l 생산자 l 소유권자 l 축적기간 l 생산기간
내용 및 구조영역	주제 l 시간적 범위 l 지역 l 장소 l 소장장소 l 기술 l 기원 l 이용대상 l 추가방법 l 추가주기 l 추가정책 l 언어 l 규모
관계영역	하위 항목 l 상위 항목 l 관련 컬렉션 l 참조된 자원
접근 및 이용영역	저작권 l 공개조건 l 공개유형 l 접근서비스
기술통제영역	기술 담당자 l 기술일자·변경일자 l 기술상태 l 기술규칙 l 기술노트

나뉜다. 주제요소가 분리되어 있는 까닭은 이해관계자들과 연계·협력 시 해당 이해관계자의 주제분류를 존중하기 위함이다. 따라서 '주제'의 경우 연계 및 협력수집을 통해 입수된 자원에 한해 해당 값이 존재하며, '경기도 메모리 주제'는 경기도메모리에서 입수한 모든 자원에 동일하게 적용된다. 이 밖에도 추후 도서관 자료관리시스템과의 연계에 대비하여 'KDC' 요소를

표 16-6 경기도메모리 주제분류

구분	주제명
주제	연계 및 협력수집에 참여하는 각 이해관계자의 자체 주제분류표 준용
경기도메모리 주제	총류 | 도서관 | 아카이브 | 언론·출판 | 종교·사상 | 통계·연감 | 경영·경제 | 사회복지 | 사회운동 | 일상·생활문화 | 정치·행정·법제 | 교육 | 민속·풍습 | 축제·의례 | 음식 | 의복 | 지리·여행 | 통일·외교·안보 | 자연·환경 | 보건·의료 | 과학·기술 | 산업 | 건축·토목 | 교통·통신 | 미술 | 공예 | 음악 | 공연·매체예술 | 체육 | 문학 | 언어 | 역사 | 문화유산 | 계보·인물

만들어두었다.

표 16-6은 경기도메모리의 주제분류를 정리한 것이다. 앞서 언급한 것처럼 '주제'는 연계 및 협력수집에 참여하는 각 이해관계자별 자체 주제분류표를 준용하고, '경기도메모리 주제'는 한국십진분류법 요목표를 바탕으로 상황에 맞게 재구성했다. '경기도메모리 주제' 구성 시 주안을 둔 부분은 단순한 분류체계의 수립이었고 이에 위계를 두지 않았다. 경기도라는 넓은 공간을 아우르는 지역 아카이브로 다양한 주제의 자원을 망라적으로 수집하기에는 특정 주제에 국한된 전문적인 주제분류가 어려웠기 때문이다. 또한 이해관계자와의 연계수집 시 주제 간 매핑이 수월하도록 구성했다.

4) 서비스와 활용

2023년 12월 기준 경기도메모리 아카이브 시스템에 등록된 자원의 수량은 5만 8,114건이며, 그중 2만여 건은 텍스트, 3만 6천여 건은 이미지 자원이다. 2023년 연계수집을 통해 반입된 자원(7천여 건)이 정리 작업 중이어서, 2024년에는 총 6만 5천여 건의 자원이 서비스될 예정이다. 또한 꾸준히 연계수집 대상 이해관계자들을 확충하고 있기 때문에 서비스 자원의 증가

폭은 더욱 커질 것이다.

2023년 한 해 동안 경기도메모리에 방문한 인원은 12만 8천여 명으로 총 51만 5천여 건의 페이지 뷰를 기록했지만, 2022년 대비 이용자는 약 15% 감소했고, 페이지 뷰는 약 10% 감소했다. 이용자 및 페이지 뷰 수가 감소했던 가장 큰 원인은 신규 아카이브 시스템 도입 시 검색엔진 최적화(SEO)가 미흡했던 점이다. 실제로 구글 서치 콘솔(Google Search Console) 기준 구 시스템인 오메카(OMEKA)에 대비하여 현 시스템에서는 색인이 생성된 페이지가 대폭 감소했다. 이러한 사례를 통해 아카이브 서비스에서 검색엔진을 통한 우연한 유입의 중요성을 알게 되었고, 현재는 지속적으로 검색엔진 최적화를 위해 노력하고 있다.

2021~2022년 경기도메모리 아카이브 시스템을 새롭게 도입하면서 이용자 페이지 또한 개편했다. 예산의 제약으로 이용자 페이지의 전면 개선은 이루어지지 못해 전체적인 구조는 기존 이용자 페이지를 준용했다. 가장 크게 달라진 점은 그림 16-4와 같이 경기도메모리에서 제작 및 큐레이션한 콘텐츠를 전면에 노출시켰다는 점이다. 이 밖에도 자원의 활용도를 높이기 위해 2023년부터 Open API 서비스를 시작했으며, 각 자원별로 이용허락조건을 명시하여 이용자들이 보다 쉽게 자원을 활용할 수 있도록 했다.

한편 2023년부터는 경기도메모리에 자원을 제공하는 기관들을 지원하고 아카이브 구축에 따른 편익을 공유하기 위하여 '협력기관별 자원 열람 페이지'를 발행하여 제공하고 있다. 실제 경기도미술관의 적용 사례를 살펴보면 그림 16-5와 같다. 이용자가 미술관 웹페이지로 접근하여 자원을 열람할 경우 경기도메모리에서 서비스 중인 경기도미술관 제공자원만 별도로 출력하여 보여주는 방식이다. 이때 경기도메모리 웹페이지의 헤더(header)와 푸터(footer) 영역은 제거된 채 보여준다. 이를 통해 미술관 웹페이지에서 아

그림 16-4 경기도메모리 웹페이지(2021년~)

그림 16-5 경기도메모리 협력기관별 자원 열람 페이지(경기도미술관)

카이브 서비스에 접근한 이용자는 미술관이 독자적으로 제공하는 서비스로 인식하도록 했다. 해당 기능은 2024년에 수행할 경기도메모리 아카이브 시스템 3차 도입 사업에서 몇 가지 사항들을 보완하여 다른 협력기관들에

도 배포할 예정이다.

5. 나아가며

지역 아카이브는 지역사회 내의 가치 있는 자원을 수집·보존·활용하는 데 중점을 두고 있다. 지역의 자원은 지역의 공동체나 구성원들의 사회적 활동과 생활양식을 보여주는 증거로서 지역의 가치를 만들어내고 지역의 정체성을 강화한다. 그리고 지역 디지털 아카이브는 디지털 자원을 통해 시민과 연구자들이 더 쉽고 편리하게 지역자원정보에 접근하고 미처 알지 못했던 지역에 대한 지식과 다양한 정보를 얻는 데 도움을 줄 수 있다.

그동안 경기도사이버도서관은 경기도 지역 아카이브를 지향하고 개별 지역의 이해관계자들이 감당하기 어려웠던 지역자원 수집, 보존 및 디지털 아카이브에 대한 전문적인 기술을 지원하는 사업을 추진해왔다. 그러나 아카이브 구축과 운영이 경기도사이버도서관의 주력사업 중 하나였음에도 불구하고 인력과 운영체제의 한계로 경기도메모리의 비전에 맞춰 사업을 확장하기는 쉽지 않았다. 한 사람이 담당해 구축하고 운영한 아카이브인 관계로 환경 변화에 따라 변화하는 구현 모델에 대한 확신 부족과 성과가 바로 눈에 보이는 사업이 아니기 때문에 예산 확보가 쉽지 않았다. 이러한 어려움이 있었던 반면 장기간 지속적인 운영을 통해 아카이브의 구성과 서비스를 다변화하기 위해 다양한 시도를 할 수 있는 기회가 있었다. 이제 그동안 아카이브 구축과 운영을 위해 만난 연구자, 이해관계자의 연계 활동은 가장 큰 자산이 되었다.

경기도메모리는 지금 새로운 도약과 과제에 직면해 있다. 2025년 개관을 목표로 경기도서관 공사가 진행 중이다. 경기도서관이 건립되면 경기도사이버도서관의 기능과 역할이 이관될 예정으로 경기도메모리는 경기도서관의 핵심 서비스로 자리 잡을 기회를 얻게 될 것이다. 이를 위해 경기도사이버도서관은 아카이브 시스템 도입, 데이터베이스 정비, 내부 제 규정 정비, 협력모델 도출 등을 추진하고 있다. 이를 통해 매뉴스크립트의 수집에서 서비스에 이르기까지 다양한 이해관계자들과 협력하고 연계하는 활용 중심의 아카이브로 명실상부한 경기도 문화자원 플랫폼으로 자리매김할 것이다.

참고문헌

경기도. 2012. 경기도서관 종합발전계획 2013~2017. 수원: 경기도.
경기도. 2018. 경기도서관 발전종합계획 2019~2023 연구보고서. 수원: 경기도.
경기도사이버도서관. 2016. 경기도메모리 종합발전계획 수립연구 최종보고서. 수원: 경기도사이버도서관.
경기도사이버도서관. 2020. 경기도메모리 아카이브 정보화전략계획(ISP) 수립 완료보고서. 수원 : 경기도사이버도서관.

17

시민과 함께하는 지역 아카이브

파주중앙도서관 사례

윤명희

    파주중앙도서관은 2017년부터 '시민채록단'을 구성하여 파주에서 오랫동안 살아온 사람들의 생애를 구술채록하는 '휴먼 in Paju'를 실시했다. 이 성과를 토대로 전국 최초로 도서관에 '기록관리 팀'을 신설했고, 이후 조례를 제정하고 민·관 위원회를 구성하면서, 지역 아카이브의 지속적 조건을 갖추었다. 또한 모든 단계에서 공론화와 협업을 중시하여 파주시 전체에 기록화 사업의 중요성을 알리고, 시민 스스로 지역 아카이브의 주체로 성장할 수 있도록 지원하는 체계를 만들었다. 이 같은 기초자치단체 도서관 중심의 지역 아카이브 사례를 소개하고자 한다.

1. 들어가며

　파주는 분단된 국토의 최전방에 위치한 접경 지역이며, DMZ를 품은 생태의 보고이다. 전쟁과 분단이라는 역동적인 근현대사 속에서 모진 세월을 견디며 살아왔던 주민들이 여전히 생존해 있는 도시이며, 운정 신도시 등 도시화 과정에서 급격한 변화를 겪고 있는 도·농 복합도시이다. 이런 환경에서 공평한 정보 접근을 위해 도시와 농촌에 골고루 도서관을 조성하여 도·농 간 정보격차를 줄이고, 책을 매개로 차이를 인정하고 다양성을 존중하는 문화를 통해 지역공동체 강화에 힘써왔다. 시민과 함께하는 다양한 정책과 서비스를 개발하여 읽고 생각하는 시민의 성장을 통해 경쟁력 있는 도시를 만들고자 노력해왔다. 1994년 금촌도서관, 문산도서관을 시작으로 2010년부터 2013년까지 책 읽는 파주 정책에 힘입어 13개의 공공도서관을 조성했고, 2022년 광탄도서관 개관에 이르기까지 총 19개의 공공도서관을 조성하여 모든 읍·면·동(장단면 제외)에서 도서관 서비스를 제공하고 있다. 그러나 균형적 인프라 조성이 모든 도서관의 이용 활성화로 연결되지는 않았다. 출생률이 적고 고령화가 급속히 진행되는 농촌 지역인 북파주와 자녀를 가진 젊은 층의 유입이 많은 신도시 지역인 남파주의 정보 요구에는 상당한 차이가 있었고 이용률 또한 갈수록 격차가 커졌다. 북파주 권역 10개의 도서관을 총괄하고 있던 중앙도서관에서는 이 같은 이용률 격차를 극복하면서 북파주 권역 도서관의 존재 이유를 드러내야 할 현실적 요구에 직면했다.

2. 파주 지역 아카이브의 시작

2016년 7월 필자는 교하도서관장에서 중앙도서관장으로 발령을 받고, 파주중앙도서관이 처한 객관적 상황을 살펴보게 되었다. 당시 교하도서관의 활발한 서비스와 운영에 고무된 시민들은 중앙도서관의 정체된 서비스에 대해 상대적 만족도가 낮았다(윤명희, 2022). 어둠침침한 공간과 직원들의 경직된 태도, 부족한 주차 공간에 불만이 많았다. 가장 빠른 시간 내에 도서관의 이미지를 바꾸는 방법으로 1층 공간의 리모델링을 계획하고 예산을 확보했다. 도서관 문을 여는 순간 책들이 환대하는 공간이라는 이미지를 주기 위해 1층을 누구나에게 열린 커뮤니티실[1]로 바꾸고 도서관 자료의 재배치 및 직무 재설계를 통해 이용자 중심의 조직으로 전면 개편했다. 이 과정에서 철옹성 같았던 안내 데스크를 접근이 용이한 정보 데스크로 바꾸고, 문을 열었을 때 가장 먼저 보이는 위치에 파주중앙도서관의 상징이 될 만한 컬렉션을 전시하여 중앙도서관이 추구하는 가치를 드러내고자 했다. 이때 기획된 것이 바로 '휴먼 in Paju'이다.

1) 추진 배경

'휴먼 in Paju'는 급격한 도시화 과정에서 사라져가는 것들을 기억하기 위해 공적 기록에 포함되지 못했던 파주 사람들의 삶을 기록하는 일이다. 파주에서 오랫동안 살아온 사람들의 삶을 채록하여 전시하고 후배 시민들

---

1   파주중앙도서관 1층 로비를 리모델링하여 만든 자료실 명칭으로 남녀노소 누구나 자유롭게 이용할 수 있는 자료실이라는 의미이다.

과 만나게 함으로써 세대 간 소통과 교류를 촉진키시고, 파주 사람으로서 살아온 한 명 한 명의 삶에 자부심을 갖게 하고자 기획된 사업이다. 이는 파주라는 지정학적 특성과 고대부터 현대까지 교통과 교역의 중심지로서 역사문화적 자원과 이야깃거리가 풍부했던 파주의 역사적 경험, 급격한 도시화 과정에서 유·무형의 자산이 빠르게 사라져가는 데 대한 안타까움, 새롭게 등장한 민선 7기의 '한반도 평화 수도, 파주'라는 시정 요구, 문화예술과나 문화원 등에서 시행하지 않은 사업 등 외적 상황에 대한 객관적 인식과 더불어 내부 직원들이 할 수 있는 정도의 수준과 당장 예산 없이도 시도할 수 있는 수준을 고려하여 기획된 것이다. 또한 이것은 과거를 기억하고 기록해내는 일로써 역사적 기억을 품고 있고, 전쟁의 상흔이 고스란히 남아 있는 북파주 지역이 보유한 자원을 발굴하고 공유한다는 측면에서, 이용률이 적은 북파주 권역 도서관들의 존재 이유를 설명해줄 수 있는 기획으로서도 유용할 것이라는 판단에서 시작되었다.

2) 추진 과정

'휴먼 in Paju'의 목적과 기획 의도에 맞게 추진하기 위해서는 조직 내·외부에서 이 내용을 공유하는 작업이 필요했다. '아카이브'나 '기록'이라는 용어가 생소했던 터라, 담당자를 정하고 직원과 시민 모두 함께 배우는 시간으로 기획 강좌를 준비했다. 주민과 함께 마을을 기록하는 사례를 문헌으로 조사하고 관련 활동이나 사례를 알려줄 수 있는 강사를 초빙하여 총 6강으로 된 마을 아카이브 강좌를 기획하여 시민 누구나 참여할 수 있도록 했다. 그리고 6주간의 강좌 이후 관심 있는 시민을 대상으로 '시민채록단'을 구성했다. 시민채록단은 파주에서 40년 이상 살아온 사람들을 발굴하고 직접 찾아가 그분들의 삶을 채록하는 활동을 하게 했다. 2주마다 모여서 누구를 채록할 것인지 정하고 각자 맡은 분야의 구술 대상자에 대한 정보를 공유하고 구술채록에 관한 스터디를 진행했다. 구술 대상자 선정 원칙, 구술 대상자와의 면담 기법 등에 대해 논의했고, 부족한 것은 도서관 강좌를 기획하여 배우고 실천하는 일련의 활동을 반복했다. 담당 사서가 매번 참여하여 채록단을 격려하면서 필요한 지원이 무엇인지 파악했다. 시민채록단은 순수한 자원 활동으로 몇 번의 문전박대를 극복하며 찾아가고 또 찾아가서 채록 대상자와의 만남을 자연스럽게 이어가기 위해 노력했다. 채록단원의 활동이 알려지면서 관심 있는 분들의 참여가 많아지자 기존 회원과 나중에 들어온 회원 간의 갈등도 있었으나, 도서관에서 적절히 조율하여 다른 도서관으로 배치하여 활동하게 했다. 구술채록과 출판이라는 목적을 뚜렷하게 제시하면서 그에 필요한 조언을 해줄 수 있는 지역 멘토와 편집자를 발굴하여 시민채록단과 함께 활동하게 함으로써 격주의 모임 자체가 워크숍이자 학습이 되도록 지원했다.

채록한 기록물은 1층 커뮤니티실에 축약된 텍스트와 이미지, 상징이 되는 실물을 포함한 전시 컬렉션으로 마련되어 두 달씩 전시되었다. 서가 1개 정도의 작은 규모였지만, 구술 대상자로 선정된 분들의 자부심은 대단했다. 지인이나 자녀들의 방문이 끊이지 않았고, 지역의 명사로 도시 전체에 알려지기도 했다. '휴먼 in Paju'는 캠프하우즈 미군기지가 철거되는 봉일천 4리 주민들을 집중적으로 채록하면서 자연스럽게 개인의 기록에서 마을의 기록으로 이어지게 되었다.

도서관은 시민채록단의 구술채록을 전시하는 데 그치지 않고, 이분들의 삶이 후대에 연결되도록 하기 위해 '만남의 시간'을 마련했다. 2017년 4월부터 2019년 1월까지 구술채록 기록은 『파주에 살다, 기억하다』라는 책자로 출판되기에 이르렀다. 시민채록단 11명이 3년간 채록한 12명 중 10명의 삶을 책으로 펴냈다. 이 책에는 미군 부대 주변에서 평생 이발사로 살아온 조리읍 토박이 가위손 할아버지, 봉일천의 하우스보이 할아버지, 폴라로이드에 인생을 담았던 할아버지, 5대째 봉일천에서 굴곡진 인생을 살아온 할아버지와 할머니 등을 비롯해 파주의 영원한 스승으로 수많은 제자를 배출한 90대 선생님, 짚풀공예 마을활동가, 파주 새마을운동 활동가, 파주 문인협회의 초석을 다진 문인 등 10명의 삶의 기록을 담았다. 시민채록단의 자발적 봉사활동은 지역에 거주하는 기록작가와 편집자, 역사교사와의 협업으로 구술기록에 고증을 거치고 편집자의 편집을 거쳐 한 권의 책으로 탄생했다.

3. 파주 지역 아카이브의 발전

파주중앙도서관은 '휴먼 in Paju'를 통해 평소에 도서관 이용이 거의 없던 분들의 이용을 촉진시켰고, 도서관에 대한 이해와 관심을 높이게 되었다. 이들은 도서관의 새로운 이용자층으로 부상하면서 도서관의 핵심 이용자 그룹으로 발전했다. 이들에게 파주중앙도서관은 보잘것없다고 여겼던 자신의 삶을 의미 있고 가치 있게 해주는 특별한 도서관으로 인식되었다. 또한 '시민채록단'이라는 자발적 활동을 통해 시민 스스로 파주기록의 주체로서 활동하게 함으로써 민·관 협력의 토대를 구축했다. 이런 활동은 북파주 권역의 다른 도서관으로 확산되어, 파평도서관의 '마을학교', '동네사람', 적성도서관의 '마을책장', 법원도서관의 '마을책장', '마을다큐', 문산도서관의 '마을잡지', 월롱도서관의 '동네사람'으로 연결되었다. 도서관이 위치한

표 17-1 **파주중앙도서관 지역 아카이브 추진 과정**

구분	주요내용	시작 시기
시작	• 북파주 권역 도서관 특성화 서비스 '휴먼 in Paju' 기획, 아카이브 강좌, 시민채록단 구성 • '휴먼 in Paju': 구술채록➜전시➜만남➜출판기념회	2017.4
공론화	• 파주아카이브 강좌 개최, 2017년 이후 매년 개최, 2019년부터 '파주기록학교'로 발전 • 시민포럼: '파주 DMZ를 둘러싼 전쟁과 평화의 기록' 개최 • 파주시 공무원 간부회의 때 발표: '파주 기록화 사업 어떻게 할 것인가' • 파주 기록화 방향에 대한 전문가 간담회 실시 • 개관 기념 포럼: '파주 기록화 사업의 방향과 과제' 개최 • 시민기록네트워크 구성	2017.4 2018.12 2019.4 2019.9 2019.11 2020.2
조직 및 법제 정비	• 기록관리 팀 신설(사서팀장 1, 사서 2, 학예사 1, 기록연구사 1) • 「파주시 민간기록물 수집·관리 및 활용에 관한 조례」 (경기도파주시조례 제1581호) 제정 • 「파주시 민간기록물 수집·관리 및 활용에 관한 조례시행규칙」 (경기도파주시규칙 제696호) 제정 • 민간기록물 관리 위원회 구성	2019.6 2020.2 2020.6 2020.5
민간기록물 공모전	• 제1회: 숨겨진 파주를 만나다/1954~1984년간 일기와 영농일기 외 758점 접수 • 제2회: 파주의 기억을 담다/1900년대 생활상을 담은 기록과 박물 외 932점 접수 • 제3회: 당신의 앨범 속 파주를 찾습니다/1980~1990년대 취재 수첩 외 2,201점 접수	2019.12 2020.10 2021.10
주제별 기록화	• DMZ 기록화: 파주 DMZ 및 접경지역 국외자료, 파주 DMZ 장단지역 자료(문서 20, 사진 500, 영상 70롤) • 금촌재개발지역(율목지구)기록화: 1940~1990년대 가옥구조, 대표적 살림집 구술채록, 수목지도, 4계절 사진 및 스케치➜기록화 과정에서 개성 전통가옥 발견➜가옥 구조물 '전통건축수리기술진흥재단'과의 협약 체결 후 이관 보존 • 교하·운정신도시 기록화: 10개월간 18명 기록활동가 양성, 1,304점, 27명의 구술채록 수집 • 선유리 기록화: 국지도 78호선 확장공사로 철거될 지역의 기록	2019.7 2020.7 2021.4 2022.9
시정자료 기록화	• 시청 홍보담당관실에서 수집한 1980년대 시정홍보 사진자료 디지털화(91,457점) • 시청에서 수집하여 파주시 역사자료관에 보존 중인 자료 17,000점 인수	2020.2 2020.2
민간공동체 기록화	• 파주시 작은도서관: 평화도서관 기록물 디지털화 및 정리 • 가사문학의 전문가 (기증 받은) 최강현 교수 자료 디지털화 및 정리 등록	2021.4 2023.1

자료: https://blog.naver.com/pajulibrary 참고.

지역에 대해 시민들과 함께 배우고 정주민들의 삶을 발굴하고 연계하는 일련의 활동은 도서관의 주요한 역할로 자리매김했다. 이렇게 조성된 여론에 힘입어 파주시장은 '파주중앙도서관이 파주시 기록관리의 컨트롤타워가 되도록 하라'는 지시를 내렸다. 이에 중앙도서관은 '휴먼 in Paju'의 성과를 객관화하고 이를 기록화 사업의 동력으로 만들기 위해 전국의 기록관리기관을 벤치마킹하고 '파주 아카이브 사업계획서'를 작성하여 기록관리를 체계화할 수 있는 기록관리 팀(1팀 5명) 신설을 요구했다. 시에서는 도서관에서 요구한 팀장을 비롯해 학예사, 기록연구사, 사서 2명을 포함한 1팀 5명의 조직을 신설했다.

1) 기록관리 팀의 탄생과 지역 아카이브에 대한 공론화

팀의 신설은 이제까지 도서관의 특성화 서비스에 머물던 것을 본격적인 파주 지역 아카이브의 범주로 전환하는 계기가 되었다. 팀 구성원의 직무를 설계하고 업무를 분장한 후, 지역 아카이브 활동이 일시적 사업이 되지 않도록 하기 위해 「민간기록물 수집·관리 및 활용에 관한 조례」와 시행규칙을 제정했다. 이에 따라 민·관 위원으로 구성된 '민간기록물 관리 위원회'를 구성하고, 파주 곳곳에 숨어 있는 민간기록물을 본격적으로 수집하는 민간기록물 공모전을 해마다 실시하게 되었다.

이와 같은 활동이 성과를 거두기 위해서는 파주시 공무원을 비롯해 도서관 직원과 시민들의 지역 아카이브 활동에 대한 공유와 지지가 필요했다. 그래서 파주시 간부 공무원 회의 때, 파주중앙도서관이 지역 아카이브를 통해 무엇을 하고자 하는지 설명했고, 각종 세미나와 포럼을 개최하여 시민들에게 중앙도서관의 취지를 알리고 시민들의 의견을 수렴하기도 했다.

또한 파주에서 지역 아카이브에 관심을 보일 만한 분야의 전문가를 중심으로 시민기록네트워크를 구축하여 의견을 수렴했다. 그 외 연관되는 부서와 기관, 파주 이야기 가게, DMZ 생태연구소 등 전문가 그룹의 의견을 수렴하러 찾아다니면서 파주 지역 아카이브의 방향을 함께 모색하고자 했다.

이 과정을 통해 파주중앙도서관은 무엇을 기록할 것인가에 대한 몇 가지 원칙을 정하고 그에 따라 예산을 확보했다. 첫째, 민간기록물 공모전을 통해 민간이 보유한 기록물을 수집하고, 둘째, 파주의 상징이 되는 주제를 정해 해마다 주제별 기록화 사업을 통해 자료를 수집하고, 셋째, 파주시 각 부서 및 읍·면·동에서 보유하고 있거나 알고 있는 정보를 공유하는 등 행정기관을 통해 자료를 수집하고, 넷째, '휴먼 in Paju', 마을 잡지, 마을 다큐 등 도서관 활동을 통해 기록된 자료를 수집하고, 다섯째, 파주에서 오랫동안 활동해온 시민공동체 활동기록을 수집하고자 했다. 이와 같은 기록활동은 철저히 협업의 방식으로 이루어졌다. 기록물의 형태와 내용에 따라 전문가 그룹 또는 시민기록학교를 통해 양성된 시민, 담당 공무원(사서, 학예사, 기록연구사), 그 외 지역의 유관기관 및 단체와 협업하여 기록활동 과정에서 함께 배우고 성장할 수 있도록 추진했다.

2) 디지털 기록관 조성 및 지속적 자료수집

수집된 자료와 기록활동으로 각종 보고서 및 책자 형태의 출판물이 생산되었고, 수집된 자료의 일상적 열람이 가능한 공간이 필요해졌다.

이에 2019년 생활 SOC 지원사업으로 2층의 디지털 자료실을 리모델링하여 디지털화에 필요한 장비, 구술채록이 가능한 스튜디오실, 수집된 자료를 열람하고 전시하는 자료실을 갖추어 파주의 과거를 배우고 기억할 수

그림 17-1

(좌) 디지털기록관 입구에서 본 전경   (우) 디지털기록관 복도에서 열린 개관기념 전시

(좌) 디지털기록관 스튜디오실   (우) 디지털기록관 서가의 파주 관련 자료

있는 일상적 공간으로서 디지털기록관을 개관했다(그림 17-1 참조).

표 17-2에서 보는 바와 같이 도서관은 다양한 협업을 통해 출판물을 생산함으로써 출판된 자료를 수집하는 것에서 더 나아가 도서관과 시민들의 활동 결과물을 생산하는 주체로서의 역할도 하게 되었다. 매년 파주의 상징이 되는 주제를 정하고 시행되었던 주제별 기록화 사업은 2019년부터 2020

표 17-2 파주중앙도서관 지역 아카이브 활동으로 생산된 출판물

연도	서명	저자	비고
2019	파주에 살다, 기억하다: 휴먼 in Paju 1	기획: 파주중앙도서관 진행: 양태성 사서 글·사진: 시민채록단 11명	시민채록단, 지역편집자, 도서관과의 협업
2020	파주 DMZ 및 접경지역 국외자료 수집과 콘텐츠 활용 종합보고서	기획: 파주중앙도서관 조사연구: 성공회대학교 동아시아연구소	전문가 용역
	DMZ 희망의 길을 걷다	기획: 파주중앙도서관 진행: 여행작가협동조합 글·사진: DMZ여행학교 수강생	도서관과 여행작가협동조합 협업 DMZ여행학교 수강생의 DMZ 사진과 기록
	리비교와 장마루 사람들	기획: 파주중앙도서관 사진: 현장사진연구소 글: 문발작가협동조합	도서관과 지역 기자 및 지역 활동작가와의 협업
2021	파주 DMZ의 오래된 미래, 장단	기획: 파주중앙도서관 조사연구: 한국민속학회	전문가 용역
	파주 모던타임즈 1950-1980. I~IV	기획편집: 신민경 학예사	전문가 용역으로 수집된 자료의 2차 저작물
	파주 보물찾기	기획: 파주중앙도서관 글: 박생강 진행: 김수연 사서	도서관 상주작가 지원사업의 일환으로 작가와 도서관의 협업
	그리운 금촌, 보고플 율목 1: 금촌재개발지역의 집과 골목길 그리운 금촌, 보고플 율목 2: 금촌재개발지역 사람들	기획: 파주중앙도서관 (신민경 학예사) 글·사진: 시민채록단 그림: 어반스케치	기록관리 팀과 시민채록단 어반스케치 동아리의 협업
	대성동: DMZ의 숨겨진 마을	기획: 파주중앙도서관 글: 임종업 출판사: 소동	대성동 마을 및 파주 역사의 기록으로 도서관과 지역 출판사 협업
	파주 역사여행: 용미리 마애불부터 DMZ까지		
2022	교하·운정 택지개발 기록화 1~4	주관: 파주중앙도서관 기획: 메모리플랜트 글: 기록학교 수강생	기록학교(2021.4.20~2022.3.31) 수강생이 전문가 그룹에게 배우고 익혀 기록한 교하·운정 택지개발 기록
	환상박물관 술이홀	기획: 파주중앙도서관 글: 박생강 그림: 오승민 출판사: 달달	도서관 상주작가 지원사업의 연장으로 파주 기록물을 소재로 한 창작동화
	지금 여기, 선유리	기획: 파주중앙도서관 글·사진: 시민채록단 그림: 어반스케치 전시: 파주타이포그라피 배곳	도서관, 시민채록단, 어반스케치, 파주타이포그라피 배곳의 협업

| 월롱, 그리고 나 | 기획: 파주중앙도서관
진행: 월롱도서관(정재연·
이종민 사서)
글: 김순자 | 월롱도서관이 월롱지역의
사람들을 구술채록한 기록 |

자료: https://blog.naver.com/pajulibrary 참고.

년까지 DMZ 파주 관련 자료를 수집했다. 미국국립문서기록관리청(NARA)을 통한 기록물 770점을 수집했고, 육군기록정보관리단 사진자료 757점, 체코대사관 및 폴란드대사관 DMZ 사진자료 402점, 중립국감독위원회 NNSC 사진자료 100여 점, 국가기록원 사진과 문서 자료 534점을 수집했다. 이어 2020년에는 시민들과 함께 DMZ를 기록한『DMZ 희망의 길을 걷다』, 2021년에는 지금은 사라진 장단 기록물 수집의 결과로『파주 DMZ의 오래된 미래, 장단』을 발간했고, DMZ 관련 자료를 시대별로 엮은 사진집『파주 모던타임즈 1950-1980. I-IV』를 발간했다. 시민들과 함께 기록이 무엇인지부터 배우고 참여하는 기록화 과정으로 재개발로 사라져가는 금촌 율목리를 기록화하여『그리운 금촌, 보고플 율목 1, 2』를 편찬했고, 교하·운정 신도시 기록화 과정을 정리하여 4권의 소책자로 펴냈다. 모든 과정은 시민들이 참여하여 배우고 성장할 수 있도록 강좌, 워크숍, 실습의 교육과 병행했으며, 전 과정을 전시와 출판으로 연결하여 공유할 수 있도록 했다. 이 과정에서 시민들은 파주에 대한 지식이 축적되었으며, 파주를 알아갈수록 애정과 자부심이 커졌고, 활동 경험을 통해 시민활동가로서 성장할 수 있었다.

3) 서비스와 활용

다양한 협업을 통해 수집된 자료는 1층 커뮤니티실과 2층 디지털기록관 및 복도에 연중 전시되었다. 수집되거나 전시된 자료는 다시 도서관 서비스의 자원이 되어 도서관을 찾는 이용자들이 일상적으로 이용했고, 마을기록활동가들의 필요에 의해 활용되었다. 파주시 각 부서에서 수시로 진행되는 행사나 소식지 발간 시 필요한 자료로 활용되었다. 또한 외부 방송사 및 신문사에서도 6·25 및 8·15 기념에 필요한 자료를 중앙도서관에 요청하기도 했다(MBC 뉴스데스크, 2019.12.17). 민간기록물 공모전과 관련해서는 방송보도 및 인터뷰도 계속되었다(MBC 뉴스투데이, 2020.12.17; YTN, 2022.6.6).

시민과 공무원, 학부모들은 도서관을 파주의 과거를 교육하는 역사 교육장으로 활용했고, 학교장 및 교사들도 도서관에서 발간한 자료를 파주를 알리는 교육자료로 활용했다. 파주기록학교를 통해 성장한 시민들은 파주의 시민단체 및 각 부서의 주요 활동가로 활동하게 되었으며, 평화도서관에서 축적한 활동 자료, 헤이리 예술마을 관련 자료, 민간이 수집하거나 기증한 자료를 정리해 공동체 활동을 기록할 수 있는 토대도 구축했다.

4. 성과와 과제

파주중앙도서관의 지역 아카이브 활동은 누구나에게 열려 있는 도서관에 파주의 정체성을 담은 자료를 지속적으로 수집하여 시민들이 일상적으로 이용할 수 있게 함으로써 도서관의 역할 증대에 기여했다. 도서관이 다른 곳에서 볼 수 없는 보통 사람들의 평범한 삶을 보여주는 다양한 자료를 수집하고 공유함으로써 기록하는 도서관으로서의 위상을 높이고, 파주만의 정체성을 가진 지역교육의 플랫폼으로서 역할을 해낼 수 있었다. 또한 매 단계에서 시민 스스로 지역 아카이브의 주체로 참여하게 함으로써 지역에 대한 애정과 관심을 높이고 기록활동가로서 능력을 배양하여 자부심을 높일 수 있었다. 한 사람의 생애를 기록하는 과정에서 시민 개개인이 자신의 삶을 가치 있게 여기고, 역사의 주인공이 되어가는 과정을 경험함으로써 기록되지 않아 사라질 뻔했던 파주 사람들의 삶을 새롭게 조명할 수 있었다. 또한 내부 직원과 전문가, 시민, 유관기관의 다양한 협업으로 함께 일하는 방법을 터득할 수 있었다. 사서, 학예사, 기록연구사가 한 팀으로 공동의 목표를 향해 일하면서 자연스럽게 라키비움의 토대를 구축해왔으며, 조례 등의 법적 기반을 마련하여 운영 인력과 지역 아카이브의 지속성을 유지할 수 있었다.

그러나 다양한 방식으로 수집된 자료들은 수집 이후 등록되어 시민들이 열람 가능한 시스템으로 구축되는 데 어려움이 많았다. 기록연구사가 자주 교체되어 안정적인 운영이 어려웠으며, 제안사에 따라 시스템 구축 비용에서 상당한 차이가 났기 때문에 도서관의 요구에 부합하는 신뢰할 만한 업체를 찾기가 힘들었다. 수집된 자료는 우선 디지털화한 후 엑셀에 필수 기술요소 위주로 정리했고, 효율적 예산 집행을 위해 시범적으로 저예산의 소규모 시스템을 설계하여 실행해보았다. 2023년에는 이전의 시행착오와 소규모 시스템 설계 경험을 바탕으로 신규 예산을 확보하여 수집된 자료를 등록하고 있다. 국가기록원에서 제정한 영구기록물 기술규칙 2.0의 기술영역 및 기술요소에 근거하여 파주시에 적합한 고유의 다중분류체계를 만들어 등록하고 있다(국가기록원, 2011; 송영규 외, 2022). 이는 파주중앙도서관 직원들이 혁신 동아리 활동의 일환으로 기록물 분류체계를 연구하여 개발한 것이다. 이 분류체계에 의해 그동안 수집한 자료를 2024년까지 등록하고, 2025년에 웹페이지를 구축하여 도서관 자료와 함께 검색과 열람이 가능하도록 할 계획이다.

2023년 파주중앙도서관 조직은 관장을 비롯하여 팀장과 팀원이 거의 바뀌었다. 공무원 조직의 순환보직 특성상 한 부서나 팀이 영원할 수는 없으나 조직과 시스템이 존재하는 한, 팀 구성원의 교체에도 불구하고 지속성을 유지할 수 있을 것이다. 그러나 도서관 내 기록관리 팀의 존재가 일반적이지 않은 상황에서 언제든 문화원이나 문화예술과의 업무 중복에 대한 견해가 존재할 수 있다. 그러므로 여전히 도서관이 시민과 함께하는 기록활동은 도서관 내 기록관리 팀의 존재 이유이기도 하며 지역사회에 기록활동의 중요성을 알리는 주요한 원칙이 되어야 할 것이다. 앞으로 파주중앙도서관의 기록관리 팀은 수집된 자료를 정리하여 시민 누구나 온·오프라인으로 열람 가능한 시스템을 구축하고, 공론화와 협업의 과정을 지속하여 더욱 공고히 지역사회에 자리매김해야 할 것이다.

5. 나아가며[2]

2022년 7월, 2023년 1월 파주중앙도서관은 두 차례의 큰 인사이동 이후에도 기존의 기록관리 팀 업무를 지속적으로 유지하기 위해 노력했다. 먼저 파주시 고유의 다중분류체계(그림 17-2 참조)에 따라 본격적인 등록 작업에 착수했다(송영규 외, 2022).

---

2   기록관리 팀 송영규 사서와의 인터뷰(2023.8.25)를 통해 조사.

그림 17-2 파주시 기록물의 다중분류체계

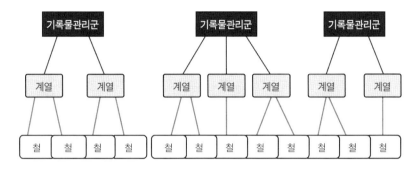

그림 17-2에서 보는 바와 같이 파주시 다중분류체계 모형은 '군-계열-철'로 구성되었다. 여기서 기록물관리군을 가장 먼저 배치한 이유는 출처의 원칙을 우선순위로 삼아 출처별(개인, 단체, 기관 등) 질서 그대로 입수하여 기록물의 맥락이 흩어지지 않게 하기 위해서다. 파주시 다중분류체계는 크게 다섯 가지로 구성되었다. 첫째, 파주시 기록물관리군은 무한히 생성할 수 있으며, 기록물을 수집하고 생산해왔던 개인·단체·기관을 말한다. 둘째, 군 아래 계열 역시 무한히 생성할 수 있으며, 개인 및 기관 등이 수집한 기록물을 시기별·지역별 등 원 수집자의 수집 및 생산 의도대로 생성한다. 셋째, 계열 아래 철 역시 무한히 생성할 수 있으며, 시기별·지역별 생성된 자료 아래 기록물의 형태별(사진, 박물, 문서, 구술, 도서 등)로 생성한다. 넷째, 철 폴더 안에 들어갈 기록물은 더 이상 나눠질 수 없는 사진 한 장 한 장과 같은 유형의 개별 기록물을 의미하며, 주제별로 분류했다. 다섯째, 이 모든 계층별 분류체계는 매년 수정하여 완성도를 높이고, 각 계층마다 메타데이터를 활용해 기술하여 이용가능성을 높이고, 맥락을 바로잡도록 했다(송영규 외, 2022).

주제별 기록화 사업도 지속적으로 이어져 표 17-3과 같이 'DMZ'의 연장

표 17-3 2023년 파주중앙도서관 출판물

연도	서명	저자	비고
2023	민통선과 함께 살아온 임진강변 탄현 6개 마을: 파주 DMZ 및 탄현 민통선 기록사업보고서	기획: 파주중앙도서관 조사연구: 서울대 비교문화연구소	전문가 용역
2023	6·25 전쟁과 파주 여성: 파주 여성 발굴 기록사업	기획: 파주시중앙도서관 진행: 협동조합 커뮤니티플랫폼 이유 글: 시민기록활동가	전문가 그룹과 시민기록활동가의 협업

선에서 민통선과 함께 살아온 임진강변 탄현 6개 마을에 대한 기록사업보고서와, 격변의 시대를 살아온 파주 여성의 기록으로 『6·25 전쟁과 파주 여성』을 발간했다.

또한 「파주시 민간기록물 수집·관리 및 활용에 관한 조례」 일부를 개정하여 민간기록물 공모전의 포상 근거를 명확히 하고, 민간기록물 관리 위원회 역할을 강화했다. 시민채록단은 구성원의 일부 변동을 통해 갈등을 관리하고 시민참여에 기반한 지역 아카이브의 원칙을 유지하고 있다.

그러나 주제별 기록화 사업에서는 매년 변경되는 주제선정 원칙이 무엇인가에 대해 논란의 여지가 많았다. 파주시 조리읍에 거주했던 가사문학 전문가 최강현 교수로부터 기증 받은 자료를 등록하는 데 필요한 예산을 편성하는 과정에서 왜 파주시가 개인에게 기증 받은 가사문학 자료를 등록해야 하는지에 대해 시의회 의원들과 팽팽한 논의가 있었다. 파주중앙도서관의 끈질긴 노력으로 예산(1억 2천만 원) 확보에는 성공했으나, 이후 지속적으로 수집할 자료의 우선순위와 원칙에 대해서는 시의회 및 외부 기관으로부터 주제 접근에 대한 다양한 요구가 발생했다. 한정된 자원 속에서 무엇을 우선하여 수집할 것인지를 정하는 구체적이고 장기적인 계획이 요구되고 있는 실정이다.

파주중앙도서관은 2017년 이후 시민참여 기반의 지역 아카이브 활동으로 매년 상당한 규모의 예산과 인력을 배치하여 수집과 이용 활성화라는 성과를 거둬 '기록하는 도서관'으로서 전국적 위상을 높여왔다. 2023년까지는 초기의 '파주시 아카이브 추진계획'에 준해 직무를 설계하고 예산 확보의 근거를 마련해왔다. 앞으로는 지금까지의 체계와 경험을 바탕으로 한 단계 업그레이드된 전략계획을 수립해야 한다. 즉, 성장한 시민 그룹과의 관계 설정, 주제별 기록화 사업에 대한 확장된 관심 속에서 주제 선정의 원칙, 자체 계발한 다중분류체계에 의해 수집된 자료 등록의 목표 설정 및 품질 관리, 마케팅적 관점에서 이용 활성화를 위한 방안, 내부 직원들과의 협업 및 공감대 형성, 중앙도서관 이외 지역도서관 및 유관기관, 전문가의 협업 등에 이르는 성과 평가 및 향후 방향 모색이 필요할 것으로 보인다. 그리고 기록물의 수집, 정리, 활용 및 보존에 이르는 보다 종합적·구체적이고 심화된 접근이 요구된다.

무엇보다 중요한 것은 갈수록 증대되는 지역의 요구와 관심 속에서 왜 지역 아카이브가 필요하고, 궁극적으로 시민의 삶과 어떻게 연결되는지 그 존재 이유를 도서관 비전 속에서 명확히 하여 직원들의 업무와 일치하도록 하는 것이다. 기록관리 팀의 예산 및 사업의 규모가 커질수록 외부에서의 관심 또한 커지고 다양한 의견이 요구될 것이다. 왜 하는지에 대한 질문이 일상의 업무에 연결되어 전 직원이 공감하는 조직 문화를 만들어가는 것, 그것이 다양한 요구와 이견 속에서 적절한 의사결정을 내릴 수 있는 가장 확실한 근거가 될 것이다.

참고문헌

국가기록원. 2011. 영구기록물 기술규칙 2.0.(2011.9.30)(행정안전부 고시 제2011-42호).

송영규·임봉성·백희순·이강준·안지은·이정희. 2022. 혁신 동아리 성과 심사자료: 파주중앙도서
　　관 스쿱 메모리 11 동아리.

윤명희. 2022. 『관장의 이메일: 도서관장이 쓰는 공공도서관 경영노트』. 경기도 도서관 총서 30.
　　수원: 경기도사이버도서관.

파주중앙도서관. 2014.2.28. https://blog.naver.com/pajulibrary

MBC 뉴스데스크. 2019.12.17. "[단독] 전쟁 상흔 위 희망의 씨앗을 … DMZ 과거를 만나다".
　　https://imnews.imbc.com/replay/2019/nwdesk/article/5641782_28802.html

MBC 뉴스투데이. 2020.12.17. "소시민들 '삶과 기억' … 도시의 역사로 재탄생". https://imnews.
　　imbc.com/replay/2020/nwtoday/article/6029897_32531.html

YTN. 2022.6.6. "전쟁 일지 이렇게 생생한데 … 문턱 높은 비군인 유공자 등록". https://www.
　　ytn.co.kr/_ln/0103_202206060517377432

18

지역 아카이브의 지속가능성과 역할

정소안

이 글은 동작구 공공도서관에서 운영했던 기록사업을 바탕으로 지역 아카이브의 지속가능성에 대한 방법을 모색하고자 쓰여졌다. 동작구는 2013년 9월 지역 내 대표 구립도서관이 설립된 이후 공공기관을 중심으로 지역의 기록을 수집한다는 목적으로 현재까지 지역 아카이브 사업을 운영하고 있다. 지역의 기록을 공공도서관에서 수집하여 활용한다는 것은 어찌 보면 국가나 시·도 차원의 시스템이 부재하다는 것과 비슷한 맥락일 수도 있다. 이에 동작구 공공도서관에서 지역 아카이브 사업을 하는 과정 중에 겪었던 고민과 경험을 공유하여 지속가능성에 대한 방향을 제시하고자 한다.

1. 들어가며

기록학 용어 사전에서 정의하는 아카이브(archive)는 역사적 가치 혹은 장기보존의 가치를 지닌 기록이나 문서를 의미하는 경우가 많았지만 몇 년 전부터는 지역에서 생산하는 기록뿐 아니라 자료, 사진, 영상 등과 같은 기록을 정리하고 활용한다는 의미로도 자주 쓰이고 있다.

그뿐만 아니라 제3차 도서관 발전종합계획(2019~2023)에서도 '소실 우려가 있는 다양한 공동체의 자료를 잘 보존하여 미래 세대에 전해주기 위한 공동체 자료 전산화 체계를 구축한다'라는 목표가 나와 있는 만큼 공공도서관 역할이 공동체 기억의 보존과 공유, 그리고 확산을 위해 노력해야 한다는 점은 분명해 보인다.

2. 동작구 기록사업의 시작

1) 추진 배경

동작구 기록사업은 2017년에 시작되었는데 청소년들이 수집한 지역 이야기를 자서전으로 제작한 것이다. 이 책은 정보의 선별 없이 구술 그대로를 기록한 형태였다. 기록사업은 구술기록의 목적에 따라 질문을 하고 답을 유도해야 하는데 학생들의 경험과 지식으로는 지역의 오랜 이야기를 끌어내는 데 한계가 있을 수밖에 없었다. 그렇기에 지역 아카이브 사업을 시작하는 가장 기본적인 형태의 구술기록이었음에도 지역의 이야기를 깊이 있게 담아내지 못했다는 점에서는 아쉬움이 남는다.

첫 기록사업에서 느낀 부족한 점을 바탕으로 해당 지역의 주민들이 직접 지역의 이야기를 수집하고 활용할 수 있도록 도시재생지원센터와 연계하여 공모사업을 진행했는데 주민들이 직접 모임을 만들고 운영했다는 점에서 공동체 아카이브가 시작되었다고 볼 수 있다.

'공동체'는 특정한 사회적 공간에서 공통의 가치와 유사한 정체성을 가진 사람들의 집단을 가르키는 용어로 마을의 역사성과 정체성을 확립하기 위해 수집 또는 생산한 기록물을 보존하고 관리하는 조직, 즉 공동체 아카이브라고도 이야기할 수 있다.

2) 추진 과정

동작구에는 박물관, 미술관 등 문화를 향유할 만한 시설이나 기관이 없기 때문에 공공도서관의 역할 확대가 필요한 상황이었고 이러한 이해관계가 맞물려 2019년부터 도시재생지원센터와 함께 기억재생을 목적으로 사업을 운영했다.

이전의 도시재생이 건축과 공간 위주였다면 공공도서관을 중심으로 하는 기억재생은 사람과 이야기를 큰 틀로 삼아 문화적 재생이라는 이념으로 변화를 모색했고 이를 위해 지역주민이 직접 이야기의 주체가 될 수 있도록 함으로써 자긍심과 지역의 정체성을 가질 수 있도록 구성했다.

동작구 기록사업의 기본 추진방향의 첫 번째는 지역주민이 중심이 되어야 한다는 것, 두 번째는 지역의 삶과 문화를 수집하고 기록으로 남기는 것, 세 번째는 시대적 변화에 맞춰 수집된 기록을 재가공하는 것으로 정의할 수 있다. 지금까지의 추진 과정을 구분하여 살펴보면 표 18-1과 같다.

동작구 기록사업의 대부분은 구술 녹취를 기반으로 진행되었으며 2019

표 18-1 **동작구 기록사업 추진 경과**

연도	사업명	운영 내용	기획	운영	참여
2019	동행	청소년들이 쓰는 우리 동네 사람 이야기	담당자	담당자	청소년
	드로잉 아카이빙	지역의 모습을 그림 엽서로 제작			지역주민
	도시재생 아카이브	지역주민 구술 녹취 및 라디오 녹음			담당자
2020	도시재생 아카이브	해설사 양성을 위한 답사 프로그램 개설			담당자
	동작 기억보관소	구술 녹취를 통한 자료집/예술콘텐츠 제작			담당자 연구사 예술가
	인문기행 지리서	지역자료 발굴 및 자료집 제작			담당자 지역 서점
2021	동작 기억보관소	구술 녹취를 통한 자료집/전시 콘텐츠 제작			담당자 연구사
	도시재생 아카이브	코스 개발 및 해설집 발간			담당자 지역 서점

년에는 인터뷰어(interviewer)가 청소년이었지만 2020년 기억보관소 사업부터는 구술에 대한 기본적인 이해와 지식이 있는 기록 전문가 및 연구자로 변화했는데 지역의 이야기를 주민으로부터 듣고 수집한다는 목적 아래 기관의 담당자가 직접 기획을 했으며 사업에 따라 참여자가 변화하면서 조금씩 지역 서점 및 주민을 중심으로 변화하는 양상을 보이고 있다.

현재 도시재생 아카이브는 사당동 기반의 코스 개발까지 완성된 상태로 하반기에는 주민들이 직접 해설집과 지도를 제작할 예정이며 기억보관소는 지역 선정부터 전시를 위한 콘텐츠까지 연구사와 함께 사전 회의를 통해 기획했다.

3. 지역 아카이브의 시작

1) 기록사업의 시작: 구술

동행 프로젝트는 지역의 문화와 주민의 생애를 기록으로 남기기 위해 시작된 지역 아카이브 사업으로 지역에서 오랫동안 거주하신 어른들의 이야기를 지역의 청소년들이 직접 듣고 남길 수 있는 자서전 형태이다.

그림 18-1 **동행 프로젝트 표지 2017년(위), 2019년(아래)**

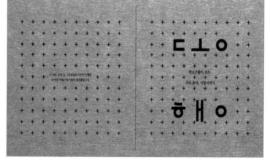

구술 인터뷰를 위해서는 체계적인 교육과 관리가 필요하지만 수집 주체가 기본적인 인터뷰 방법과 글쓰기 교육만을 진행한 후 사업을 진행했기 때문에 구술자료집보다는 수필집 형식에 더 가깝고 지역의 이야기를 지역주민이 직접 수집하고 기록하여 남겼다는 점에서 의미 있다고 볼 수 있다. 이렇듯 동작구 내에서 공공의 주도로 시작된 지역공동체 아카이브 사업의 첫 시작이라고 볼 수 있을 것이다.

2) 기록사업의 변화: 기억재생

지역공동체 아카이브 사업을 진행하면서 주민들이 직접 주체가 되어 운영할 수 있는 네트워크가 필요하다는 생각이 들었고 우연한 계기로 지역 내 도시재생지원센터와 연계하여 주민공모사업을 시작하게 되었다.

그림 18-2 **기억재생 아카이브 사업을 소개한**
마을신문

공공도서관이 사업을 기획하고 도시재생지원센터를 통해 지역주민을 모집하는 형태로 공모사업이 진행되었으며 시작 단계임을 감안하여 보다 많은 주민들에게 아카이브라는 단어를 알릴 수 있도록 사례 중심으로 강의를 진행했다. 실제로 지역에서 기억을 재생시킬 수 있는 방법을 모색하고자 노력한 결과 아카이브에 대한 관심을 가지고 참여하는 지역주민이 늘어나는 한편, 지역문화자원의 발굴과 활용에 대해 고민할 수 있는 첫걸음이 되었다.

도시재생지원센터와 함께 진행한 아카이브 사업은

지역주민들의 모임을 통해 궁금했던 내용을 바탕으로 대상자 섭외와 인터뷰, 마을신문까지 참여하여 직접 우리 동네 이야기를 듣고 기록할 수 있도록 기획되었다.

실제로 사당동에 마을버스 종점이 있었다가 사라진 이유에 대해 조사하고 함께 이야기를 하던 중 사당4동 종점버스를 운전하셨던 기사님을 섭외하게 되었고 이야기만 듣기에는 아쉬움이 남아 도시재생지원센터 내 까치둥지에서 발간하는 마을신문과 팟캐스트까지 참여하게 되면서 주민이 주체가 되는 공동체 사업으로서 의미를 확장할 수 있었다.

도시재생이 도시를 변화시키고 개발하는 과정이라면 기억재생은 잊혀지고 사라지는 것들에 대한 복원 과정으로 지역공동체의 역사문화정보를 수집·보존할 수 있는 가치 있는 작업이다. 이러한 일련의 과정 속에서 시작은 공공기관이 주도했지만 미약하게나마 지역주민들이 자생적으로 모임을 가지고 인터뷰를 진행한 뒤 글을 쓰고 라디오 녹음까지 하게 된 것은 지역 아카이브 사업의 동력이 기관에서 주민 중심으로 변화하고 있음을 보여주는 반증이기도 하다.

3) 기록사업의 활용: 콘텐츠 제작과 전시

자치구 내 지역 아카이브 사업을 확장시키기 위해 재단 내 문화정책 팀과 사전 논의를 통해 기억보관소 사업을 진행하게 되었는데 이 사업은 지금까지 도서관에서 진행한 지역의 이야기를 바탕으로 예술콘텐츠로까지 확대시키고자 기획되었다. 지역의 이야기를 보다 체계적으로 수집하기 위해 기록에 대한 이해와 지식이 있는 연구자 이상의 전문가를 모집했고 수집된 기록을 재창조해서 주민들에게 다시 보여주기 위해 지역을 기반으로

표 18-2 기억보관소 사업 흐름도

일자	구분	내용
5월 26일(화)	사전 기획회의	사업방향 논의
6월 18일(목)	사전 간담회	사업 소개 및 조 편성
8월 13일(목)	중간 워크숍	채록내용 공유 및 작품기획안 논의
6월 25일(목)~10월 15일(목)	사당동 구술 인터뷰	지역별 8회씩 인터뷰 진행 (지역주민, 연구자, 예술가)
6월 25일(목)~10월 26일(월)	상도동 구술 인터뷰	
6월 29일(월)~10월 6일(화)	흑석동 구술 인터뷰	
10월 26일(월)	사업 중간평가 및 자문회의	애로사항 및 개선점 논의
11월 13일(금)	자료집 초안 제작	A5, 150P, 나눔바른고딕, 12pt, 기본 여백
10월 26일(월)~11월 27일(금)	자료집 및 예술콘텐츠 제작	
12월 1일(화)~12월 31일(목)	글: 타래 공간 전시	자료집 1권, 대형 사진 및 도록, VR 영상, 오디오 드라마

활동하고 있는 예술가들도 함께 섭외했다.

기억보관소는 지역주민들의 개인사를 통해 지역의 역사를 살펴보는 사업으로서 지역을 기반으로 활동 중인 예술가와 연구자들이 함께 일상을 '수집'하고, 이야기를 '기록'하여, 작품을 '재창조'하는 것을 목적으로 한다.

사업의 시작 전 사전 간담회를 통해 예술가들이 제작하고자 하는 콘텐츠를 미리 들어본 후 사는 지역과 콘텐츠의 연계성을 고려하여 조를 편성했고 인터뷰어와 인터뷰이(interviewee)의 원활한 라포(rapport)를 형성하기 위해 조별로 대화할 수 있는 시간을 제공했다. 그리고 본격적인 인터뷰를 진행하기에 앞서 지역주민들의 공동 이용 협약서와 구술 동의서를 받았으며 동일한 인터뷰 양식을 조별 연구자들과 공유하여 매 인터뷰 진행 시 사진자료와 녹취자료, 설명자료를 함께 제공 받기로 협의했다.

그리고 다양한 형태의 작품을 제작하기 위해 예술가 및 연구자들과는 별도로 업무회의를 했으며 사전 간담회를 시작으로 5월부터 10월까지 지역당

표 18-3 사업 참여자의 운영과 역할

구분	운영 내용
담당자	사업 기획 및 운영, 참여자 모집, 결과물 제작 논의
연구자	구술 인터뷰 진행, 자료집 제작
예술가	구술 인터뷰 진행 보조, 예술콘텐츠 제작
지역주민	구술 인터뷰 참여

8회씩 총 24회에 걸쳐 다음과 같이 사업을 진행했다.

기억보관소 사업은 문화정책 팀과의 협력 사업으로 지역주민 섭외와 연구자 모집, 구술 녹취와 자료집 제작은 도서관에서 진행했으며 예술가 모집과 콘텐츠 제작은 문화정책 팀에서 진행했다.

구술 녹취를 바탕으로 제작한 자료집은 연구자 3명이 모여 공통 주제와 키워드를 발굴해서 가공되지 않은 원본 이야기를 가독성 있게 편집하여 제작했으며 2차 콘텐츠는 인터뷰 과정에 함께 참여했던 예술가들이 생활문화사와 일상생활사를 바탕으로 가공했다.

이번 사업을 토대로 공공도서관에서 기록을 수집하고 활용하기까지 다음과 같이 역할을 구분할 수 있다.

지역공동체 아카이브 사업을 운영하기 위해서는 담당자, 연구자, 예술가, 지역주민으로 역할을 구분할 수 있다.

담당자는 사업 기획과 함께 체계적인 관리를 위해 구술기록 공동 협약서와 구술 동의서, 그리고 구술사 인터뷰 양식을 준비해야 하며 사업 시작 전 연구자들에게 충분히 안내하여 회차별 구술 인터뷰 진행 시 작성할 수 있도록 녹취록과 일지를 검토하고 인터뷰 전 지역주민에 대한 사전정보를 제공하여 인터뷰가 원활히 진행될 수 있도록 지원해야 한다. 연구자는 사업에 대한 이해와 더불어 구술 진행 시 지역주민에게 녹취에 대한 고지를 분명하게 하고 담당자가 제공한 사전정보를 바탕으로 인터뷰를 진행하되 연구사가 어떤 위치와 시각으로 인터뷰를 이끌어 나갔는지 일지에 명시해야 한다.

예술가는 연구자가 진행하는 인터뷰 보조로 참여하면서 듣는 방대한 이야기 중 본인이 제작하고자 하는 콘텐츠에 부합하는 내용을 들을 수 있도록 지속적으로 연구자와 소통하고 공유하면서 인터뷰 질문의 전략을 구성해야 한다. 지역주민은 40년 이상 거주한 주민을 대상으로 선정하되 라포 형성이 되기까지 민감한 질문은 하지 않으며 전반적인 삶에 대해 주관적인 이야기를 할 수 있도록 분위기를 형성해주어야 한다.

이처럼 하나의 결과물을 만들기까지 많은 사람들이 참여했으나 이 역시 지역주민이 주도한다기보다는 기관에서 중심을 잡고 움직이고 있으므로 공동체 아카이브라고 정의하기에는 어려운 면이 있다.

또한 원자료가 가지고 있는 힘도 대단하지만 자치구를 기반으로 지역 아카이브를 활성화하기 위해서는 2차적인 가공을 통해 사회·문화적으로 보

그림 18-3 구술자료집

어주고 함께 향유할 수 있도록 활용하는 것도 반드시 필요하다.

그리고 이번 사업을 토대로 원자료를 담은 자료집과 더불어 예술콘텐츠를 제작함으로써 지역 아카이브 사업을 활용할 수 있는 범위를 확대했다는 점에서 의의가 있다.

사당, 상도, 흑석 지역에서 채록한 구술을 바탕으로 사진과 삽화, 그림을 넣어 전체적으로 큰 틀은 통일하고 목차별 내용은 구분하여 지역의 이야기를 조금 더 쉽고 재미있게 볼 수 있도록 연구자료집보다는 소설책 형태로 제작했다.

- 사당동 주민 중 '48년 이용사'가 운영하는 이용원과 그곳에서 사용하는 물건을 시각적으로 수집하고 펼쳐놓아 물건과 장소가 지닌 가능성을 탐구하고 48년간 반복된 일상에 이야기를 덧입힌 사진집을 전시함으로써 과거와 현재를 돌아볼 수 있도록 구성했다.
- 상도동 주민들과의 인터뷰를 바탕으로 상도동 지역 사진 위에 그림을 덧씌운 삽화와 스토리텔링을 결합한 예술작품으로 제작하여 주민의 일상과 지역의 변화를 함께 표현하고자 했으며 전자책과 도록(B4)의 형태로 지역주민 누구나 작품을 감상할 수 있도록 전시했다.
- 흑석동 주민들과의 인터뷰를 통해 주민들이 공통적으로 이야기했던 재개발을 키워드로 삼아 연극 대본을 작성하고 목소리를 녹음하여 오디오 드라마 형태로 재구성했다. 지역의 재개발로 얻은 것과 잃은 것에 대해 이야기하고자 했으며 재개발 후 변화된 모습을 담고자 노력했다.

그림 18-4 **사진 콘텐츠 '볕이 머무는 곳'**

그림 18-5 **이야기 콘텐츠 '기억의 편(片)'**

그림 18-6 **오디오 콘텐츠 '아웃소싱'**

4. 지역 아카이브의 지속가능성과 한계점

2017년 처음 지역 아카이브 사업을 시작할 때만 해도 많은 사람들에게 아카이브라는 단어 자체가 매우 생소했다. 지금은 미디어에서도 공공연히 사용될 만큼 낯설지 않은 단어지만 익숙함과는 별개로 지역의 이야기를 수집·보존하여 활용하는 측면에서는 조금 더 노력이 필요한 시점이다.

지역 아카이브는 지역의 문화와 삶을 보존해야 하는 시대적 과제이며 도서관은 박물관인 동시에 지역문화자원을 보존·활용하는 거점기관이 되어야 한다.

장기적으로는 지역의 주체인 주민이 정체성과 고유성을 보존하면서 공동체를 구성해야 하는데 지역 기반 네트워크를 구성하여 운영하는 것조차 쉬운 과정이 아니기 때문에 민·관 협의체를 통해 많이 노력해야 한다. 그뿐만 아니라 자치구 기반의 지역 아카이브의 경우 이야기를 수집하는 과정에서 주제별 구성요소를 분석하고 지역성 가치를 도출하여 아카이빙의 우선순위를 결정하고 현실적으로 어떤 수집이 선행되어야 하는지가 우선되어야 한다. 그리고 앞으로의 지역 아카이브는 지역을 브랜딩하는 과정에서 다양한 문화자원과 예술콘텐츠를 접목시키는 방법을 고민해야 한다.

이러한 일련의 과정 속에서 담당자는 수집가이자 문화기획자, 예술가의 역할을 담당해야 할 텐데 원자료를 수집·보존하는 일 외에도 자료를 발굴·기획한 후 재가공·활용할 수 있는 능력이 앞으로 지역 아카이브 사업에서 더욱 요구되는 능력이 아닐까 생각된다. 더 나아가 원자료(구술 녹취 포함)를 아카이빙하는 방법도 같이 고민하는 것이 지역 아카이브 사업 담당자와 기관의 역할일 것이다.

5. 나아가며

필자는 문헌정보학과 기록관리학을 전공했고 공공도서관에서 지역 아카이브를 담당하다가 현재는 공공기관에서 기록물관리 전문요원으로 근무하고 있다. 공공도서관에서 근무할 당시 지역과 함께할 수 있는 일에 대해 고민하다가 지역 아카이브를 생각하게 되었고 2017년부터 2021년까지 점차 기록사업을 확대 운영해 나갔다. 당시에는 아카이브라는 개념이 생소했기 때문에 관내 학교와 연계해서 자서전 형태로 결과물을 제작했고 이후에는 도시재생지원센터의 주민공모사업에 참여하여 조금씩 주민들에게 홍보를 하다가 2020년에 들어서야 지역 아카이브 사업의 형태를 갖추게 되었다.

지역 아카이브 사업을 운영하려면 지역주민들뿐만 아니라 유관기관이 연계되어 네트워크를 구축해야 하는데 현재 동작구는 동작문화재단을 중심으로 구립김영삼도서관과 연계하여 우리 동네 이야기라는 카테고리로 지역 아카이브를 확장·운영하고 있다.

참고문헌

김화경. 2012. 「마을 아카이브 구축을 위한 수집 전략: 부산 산복도로 아카이브 사례를 중심으로」. 《한국기록관리학회지》, 제12권 제2호, 143~161쪽.
오동욱. 2013. 「지역 문화예술 아카이브에 관한 연구: 공연 분야를 중심으로」. 《대구경북연구》, 제12권 제1호, 99~112쪽.
윤은하. 2012. 「공동체와 공동체 아카이브에 대한 고찰」. 《기록학연구》, 제33호, 3~37쪽.
이영남. 2013. 『도서관을 거점으로 하는 마을아카이브』. 마을이야기.
최진선. 2020. 「민간 아카이브의 구축과 관리: 느티나무도서관의 사례」. 《한국기록관리학회지》, 제20권 제3호, 167~173쪽.

맺는말

아카이브와 기록관이 자리한 토양은 아직 차갑고 척박합니다. 이런 환경에서도 기록관리의 원칙을 지켜내기 위해 실무 현장에서 고군분투하는 전문가들의 이야기를 이 책에 담았습니다. 이 사례들을 통해 아카이브와 기록관이 과거의 조용한 문서들이 잠들어 있는 서고가 아니라 다양한 정보들이 모여들고 실시간으로 교류되는 역동적인 소통의 장으로 기억되기를 바랍니다.

아카이브와 기록관이 사라져가는 기억을 보호하고 현재의 문제를 회복하며 미래의 성장 기반을 마련하기 위해서는 다양한 주체들의 참여가 필요합니다. 보다 많은 사람들이 아카이브에서 함께 머리를 맞대고 직면한 문제를 해결하는 과정에서 비로소 아카이브와 기록관은 성장할 수 있을 것입니다. 이 책에 묶인 18편의 사례들은 아카이브의 경계를 확장하고 지평을 넓히기 위한 현장의 경험들입니다. 이 경험들이 기록관리의 기반을 견고히 하는 데 기여하고 기록관리 전문가의 성장과 혁신 역량을 뒷받침하는 데 쓰이기를 바랍니다.

한국에서 기록관리 전문가로서 걸어온 20여 년을 뒤돌아보면 평탄한 여정만은 아니었습니다. 하지만 바다를 꿈꾸며 흐르는 강물처럼 서로의 어깨를 걸고 앞으로 나아가며, 척박한 토양에서도 싹을 틔우고 열매를 맺어왔습니다. 멈추지 않고 앞으로 나갈 동력을 얻기 위해서는 내 곁의 현장 실무자와 경험을 나누고 공유하는 것이 더욱 소중합니다. 여느 일과 마찬가지로 기록관리 영역에서도 혼자 가는 길은 멀리 가지 못합니다. 이론과 원칙을 지켜내기 위한 지성과 문제를 해결하기 위한 지혜를 나누고 역량을 발전시켜야 합니다. 앞으로도 우리가 마주한 문제를 해결하기 위해 고민들을 나누며 더 크게 성장하는 아카이브의 여정이 계속되기를 기원합니다.

한국기록관리학회 부편집위원장

이경남

지은이

강구민   한국국토정보공사 선임연구직(차장)

중부대학교 대학원에서 기록학 석사과정을 마치고 동 대학원에서 박사과정을 수료했다. 국가기록관리 고도화 TF 실무위원으로 활동했으며 2014년부터 한국국토정보공사에서 기록연구사로 근무하고 있다.

강석주   경기도사이버도서관 책임

한신대학교 국사학과에서 학사과정을 마치고, 동 대학 기록관리학(협)에서 석사학위를 취득했다. 2020년부터 경기도사이버도서관에서 재직 중이다. 매뉴스크립트의 수집과 관리 방법론에 관심이 많으며, 지역 내 다양한 기록물 생산 주체들과 상생할 수 있는 방안을 모색하고 있다.

강성봉   성북문화원 사무국장

성균관대학교에서 한국 고대사를 전공하며 박사과정을 수료했다. 2012년부터 성북문화원 사무국장으로 재직하면서 지역자원조사, 성북동문화유산야행, 성북마을아카이브 등을 총괄하고 있다. 한성대학교 역사콘텐츠트랙 겸임교수를 병행하면서 지역학 및 역사문화콘텐츠 관련 강의를 진행하고 있다.

고순영   지역앤사람역사연구소 소장

공주대학교에서 학사·석사·박사학위를 취득했고, 조선시대사를 전공했다. 2015년 공주학아카이브 구축 시작 단계부터 약 7년간 전문 연구원으로서 사업을 기획 및 관리했다. 주요 관심분야는 지역학아카이브, 충남지역사, 조선시대사이다.

김슬기　한국항공우주연구원 기록연구사

부산대학교에서 문헌정보학을 전공하고 기록관리학 석사학위를 취득했다. 2015년에 한국항공우주연구원에 입사하여 도서관에서 기록물관리와 연구성과물 업무를 담당하고 있다.

김조은　투명사회를 위한 정보공개센터 활동가

'모든 사람들이 알 권리를 누리는 투명하고 책임 있는 사회'를 만들기 위해 활동하는 단체인 정보공개센터에서 일하고 있다. 시민들과 함께 공공정보를 모으고 분석하고 변화를 만드는 활동을 해왔다. 〈1997 외환위기 아카이브〉를 비롯하여 권력감시데이터 사이트 〈오픈와치〉, 중대재해사업장공개 프로젝트 〈일하다 죽지 않을 직장 찾기〉 등을 기획하고 만들었다.

김종희　서울신용보증재단 고객가치부 부장

서울시립대학교 법학 전공, 동 대학원에서 행정학 석사학위를 취득했다. 2004년 서울신용보증재단에 입사하여 고객가치부 부장으로 기록관리업무를 총괄하고 있다. 민관협력 활성화 유공을 인정받아 서울특별시장 표창을 수상했다.

김학래　중앙대학교 문헌정보학과 교수

아일랜드에 있는 DERI(Digital Enterprise Research Institute) 연구소, 삼성전자, 한국과학기술정보연구원에서 근무했다. 현재는 데이터 기반 인공지능과 지식 그래프에 관한 이론과 실무의 융합에 중점을 두고 있으며, 지속 가능한 디지털 아카이브 구축에 대한 연구를 진행 중이다.

문경호　공주대학교 역사교육과 교수

공주대학교 역사교육과 졸업 후 역사교사로 활동했으며, 현재 공주대학교 역사교육과 교수로 재직 중이다. 한국사 고려시대사를 전공했으며, 주요 저서에 『1123년 코리아 리포트, 서긍의 고려도경』, 『바다에서 발굴한 고려사』 등이 있다.

손동유   (협)아카이빙네트워크연구원 원장

1999년 기록학에 입문했다. 현재는 지역, 문화, 공동체를 키워드로 아카이빙 교육, 연구, 컨설팅을 하는 (협)아카이빙네트워크연구원의 원장이며 여러 대학에서 강의도 하고 있다. 한국기록관리학회 및 한국기록학회의 이사이며, 2019년에는 국가기록관리 대통령표창을 받았고, 지은 책에 『세상을 바라보는 따뜻한 시선, 아카이브』(2024)가 있다.

신유림   증평군 기록연구사

이화여자대학교에서 문헌정보학 학사, 기록학 석사과정을 마치고, 한국외국어대학교 정보기록학과 박사과정에 있다. 2010년부터 충청북도 증평군 기록연구사로 재직 중이며 지역 아카이빙, 시민기록 관리 업무를 담당하고 있다.

신정아   경기도사이버도서관 팀장

전남대학교 문헌정보학과 학사, 연세대학교 석사를 마치고 중앙대학교 박사과정을 수료했다. 2005년부터 경기도사이버도서관에서 근무하면서 경기도메모리 구축을 시작했으며 지역사회에서의 도서관의 역할과 정보서비스에 관심이 많다. 지은 책에 『경기도메모리, 기억의 도서관』(2018, 공저), 『도서관과 함께하는 청소년정보활용교육프로그램』(2015, 공저), 『사서가 말하는 사서』(2012, 공저), 『청소년, 도서관에서 길을 찾다』(2011, 공저) 등이 있다.

신정엽   인천대학교 문헌정보학과 교수

경북대학교 문헌정보학과에서 학사·석사·박사학위를 마쳤다. 인사혁신처 기록연구관으로 근무했으며 2024년부터 인천대학교 문헌정보학과 교수로 재직 중이다. 주 관심분야는 기록 유산, 기록관 경영, 서지학 등이다.

연지현   한국항공우주연구원 기록연구사

한남대학교에서 문헌정보학을 전공하고 충남대학교에서 기록관리학 석사학위를 취득했다. 한국항공우주연구원 KARI 아카데미 도서관에서 장서관리와 기록물관리 업무를 함께하고 있다.

윤명희   연세대학교 대학도서관발전연구소 연구교수

연세대학교에서 도서관학을 전공한 후 석사과정을 마치고 문헌정보학 박사학위를 취득했다. 28년간 파주시 공공도서관에서 일하면서 도서관정책팀장, 교하도서관장, 중앙도서관장을 역임했으며, 지역사회와 함께하는 서비스 개발, 시민과 함께하는 도서관 운영을 실천해 왔다. 주요 저서에 『관장의 이메일』(2022), 『소통과 협력으로 성장하는 공공도서관과 작은도서관』(2011, 공저) 등이 있다.

윤지현   울산광역시교육연구정보원 기록연구사

울산대학교에서 역사학을 전공하고 명지대학교 기록정보과학전문대학원에서 문화자원기록전공 박사과정을 수료했다. 대학 및 공공기관에서 기록관리자로 근무했으며, 전쟁과여성인권박물관, 백기완노나메기재단, 마을기록프로젝트 등 시민사회 아카이브 관리 경험이 있다. 주요 관심사는 기록문화활동이며 현재 울산광역시교육연구정보원에서 울산교육 역사기록관리 업무를 담당하고 있다.

이은주   동의대학교 문헌정보학과 교수

부산대학교 문헌정보학과에서 학사·석사·박사학위를 취득하고 현재 동의대학교 문헌정보학과 교수로 재직 중이다. 기록학 관련 주 관심분야는 기록정보서비스, 기록조직 등이며, 지은 책에 『목록이론의 이해와 적용』(2023, 공저)이 있다.

임진수   법무부 기록관 운영팀장

명지대학교 기록정보과학전문대학원 석사과정을 마치고 박사과정을 수료했다. 법무부 기록연구사로 입사 이후 「법무행정 기록관리체계 기반 확립」의 유공을 인정받아 2012년 대통령표창을 수상한 바 있다. 2024년 1월 준공된 '법무부 기록관'의 건립을 추진했으며, 현재 동 기록관의 운영팀장으로 재직 중이다.

장윤서   대한민국역사박물관 학예연구원

이화여자대학교 기록관리학 석사학위를 취득한 후 2021년 연세대학교 김대중도서관 사료 팀에서 근무했다. 퇴사 후 대한민국역사박물관 학예연구원으로 입사하여 박물관 생산기록물과 해외 수집기록물 대상 아카이브 업무를 담당하고 있다.

장현종   부산대학교 기록연구사

부산대학교 기록물관리협동과정 석사학위를 취득했으며 동 대학원에서 박사과정을 수료했다. 현재 부산대학교에서 기록연구사로 재직 중이다.

전가희   경상남도기록원 기록정책팀장

경남대학교에서 기록물관리 협동과정 석사과정을 마치고 현재 경북대학교 기록학과 박사과정에 있다. 2008년 경상남도청 기록연구사로 공직에 첫 입문했으며, 2018년 경상남도기록원 개원으로 지방기록물관리기관에 대해 알아가고 있다. 지은 책에 『네모의 기록 이야기』(2020)가 있으며 국가기록관리 발전 유공으로 대통령표창을 수상(2022)했다.

정미리   서울신용보증재단 기록연구사

명지대학교 기록정보과학전문대학원에서 기록관리 석사과정을 마치고 동 대학원 박사과정을 수료했다. 주 관심분야는 전자기록, 현용기록관리이며 기업기록관리, 기록 생산포맷과 관련된 논문이 있다. 2017년부터 서울신용보증재단에서 기록연구사로 재직 중이다.

정소안   아동권리보장원 기록연구사

문헌정보학부를 나와 이화여자대학교에서 기록관리 석사학위를 취득했으며, 국민대학교에서 문화재보존학과 박사과정을 수료했다. 2020년까지는 도서관에서 근무했으나 2021년 이후부터는 아동권리보장원에서 기록연구사로 재직 중이다. 주 관심분야는 근현대기록물의 보존 방안이다.

한울아카데미 2529

현장 사례로 보는 기록관리

ⓒ 한국기록관리학회, 2024

엮 음 ㅣ 한국기록관리학회
지은이 ㅣ 강구민·강석주·강성봉·고순영·김슬기·김조은·김종희·김학래·문경호·손동유·
　　　　　신유림·신정아·신정엽·연지현·윤명희·윤지현·이은주·임진수·장윤서·장현종·
　　　　　전가희·정미리·정소안
펴낸이 ㅣ 김종수
펴낸곳 ㅣ 한울엠플러스(주)
편 집 ㅣ 배소영

초판 1쇄 인쇄 ㅣ 2024년 9월 6일
초판 1쇄 발행 ㅣ 2024년 9월 13일

주소 ㅣ 10881 경기도 파주시 광인사길 153 한울시소빌딩 3층
전화 ㅣ 031-955-0655
팩스 ㅣ 031-955-0656
홈페이지 ㅣ www.hanulmplus.kr
등록번호 ㅣ 제406-2015-000143호

Printed in Korea.
ISBN 978-89-460-7529-0 93020 (양장)
　　　978-89-460-8323-3 93020 (무선)

※ 책값은 겉표지에 표시되어 있습니다.
※ 이 책은 강의를 위한 학생판 교재를 따로 준비했습니다.
　　강의 교재로 사용하실 때에는 본사로 연락해 주시기 바랍니다.